FRIEDRICH HÖLDERLIN

COMUNISMO DE LOS ESPÍRITUS

1ª Edición, mayo de 2025.
2ª Edición, septiembre de 2025.

Imagen de la cubierta:
Capilla de Wurmlingen. Aludiendo al texto, en la cubierta delantera la capilla preside la colina, representando así la fe y la Religión; en la trasera la colina aparece desnuda, sin capilla, representando de este modo la «incredulidad generalizada» y la Ciencia.

Fotografía original de Toni Echter, con quien no hemos podido contactar y al que reconocemos sus derechos sobre la imagen. Edición de la fotografía de cubierta por Adriana Roslin.

Traducción y estudio introductorio:
Clara Ramas San Miguel y Antonio Sánchez Domínguez.
Estudio extraductorio: Mohamed B. Djibril.
Comentario: Helena Cortés Gabaudan.
Traducción de los textos de J. Albernaz: Boliá Doubai Sánchez.
Traducción del texto de J. D'Hondt: Ximo Peris Mesado.
Traducción del texto de Lukács: Manuel Sacristán.
Traducción del *Primer programa* y *Eleusis*: José María Ripalda.

ISBN: 979-13-990449-1-1
Depósito legal: M-20731-2025

Ediciones Mnemosyne / Asociación Cultural Bonch-Bruyévich

www.ediciones-mnemosyne.es
info@ediciones-mnemosyne.es

Capilla de Wurmlingen, en la que en 1790 Hölderlin tuvo el diálogo con Hegel que inspiró el manuscrito del *Comunismo de los espíritus*.

NOTA EDITORIAL

Hacia 1794, el poeta alemán Johann Christian Friedrich Hölderlin parece haber sido el primero en acuñar, en un sentido específicamente moderno, el vocablo «comunismo» («Communismus»). Y lo hace en un breve, desconocido e ignorado manuscrito –titulado precisamente COMUNISMO DE LOS ESPÍRITUS*– donde el poeta, quizá el más grande de todos los tiempos, reflexiona sobre la ausencia de comunidad y certezas en el mundo contemporáneo.*

Esta brevísima sinopsis del texto hölderliniano justificaría su publicación por parte de nuestra editorial proletaria: el mero estudio etimológico de la palabra que da nombre a nuestra misión histórica nos parece de interés suficiente. Pero creemos que este texto contiene más. Mucho más. Los interrogantes que formula resuenan todavía en nuestro presente, que padece aún con más intensidad la «incredulidad generalizada» que diagnostica Hölderlin para su propio tiempo. ¿Cómo crear para la humanidad «una existencia grandiosa, digna e independiente»? ¿Qué formas de conciencia son necesarias para alcanzar prácticamente ese fin? ¿Cuál es el papel de la ciencia en semejante empresa? ¿Cuál el de la verdad? ¿Cuál el de la formación («Bildung»), que tanto obsesiona a Hölderlin?

Son, en definitiva, cuestiones típicamente ilustradas. Si aún siguen vigentes es porque los retos de la Modernidad siguen sin haberse cumplimentado: el modo de producción capitalista y la sociedad burguesa que de él emerge han demostrado, tanto en su madurez postfeudal como en su senilidad imperialista, ser constitutivamente incapaces de ofrecer a la humanidad esa «existencia grandiosa, digna e independiente». Y cada día es más dudoso que pueda, siquiera, garantizar a medio plazo su mera existencia, la simple supervivencia de nuestra especie. El texto del poeta planteó en el pasado algunas preguntas adecuadas para toda nuestra época: las respuestas que para afrontar el futuro dé cada cual deben entrar en contienda, «ya que –Hölderlin dixit– sólo puede haber una verdad».

* * *

¿Qué decir de esta edición? Para empezar, que, felizmente, la cosa misma tomó vida propia y se nos ha ido literalmente de las manos: el volumen que el lector tiene entre las suyas alcanza las 300 páginas, cuando el texto que da título al conjunto ocupa apenas 4 carillas. El largo, laborioso y costoso proceso de investigación, coordinación y edición –sin duda el más exigente que hemos afrontado hasta el presente– casi nos cuesta la existencia misma de la Editorial. Pero la exitosa culminación de esta publicación inicia, a su vez, una nueva andadura en la vida del proyecto, más profesional y ambiciosa.

Esta edición del COMUNISMO DE LOS ESPÍRITUS *se remonta, sin embargo, a la ya lejana primavera del 2022. Por aquellas fechas propusimos a Clara Ramas San Miguel, en calidad de experta en la materia y en el idioma, la traducción para nuestra editorial del texto hölderliniano; labor a la que se sumó, por mediación y consejo de Clara, Antonio Sánchez Domínguez. Queremos agradecer a los dos –además de su paciencia– su desinteresado trabajo de traducción, que acometieron gratuitamente, y al que añadieron por propia voluntad y sin haberlo pedido nosotros un estudio introductorio inédito. No podíamos negarnos a publicar sus reflexiones, que –sin ser las nuestras– expresan con elocuencia una determinada comprensión de la obra de Hölderlin y sus implicaciones para el presente.*

Por lo demás, lo que en un primer momento iba a ser un estrechísimo volumen de bolsillo fue creciendo hasta convertirse en la formidable monstruosidad que es ahora. En el plan original, además de nuestra nota editorial, el estudio introductorio de los traductores y el propio texto de Hölderlin, sólo figuraba el trabajo de G. Lukács sobre EL HIPERIÓN DE HÖLDERLIN *–cuya traducción, a cargo de Manuel Sacristán, nos ha permitido utilizar su amable hija Vera–, que constituye una inmejorable aproximación, desde las posiciones materialistas del marxismo revolucionario, tanto al profundo contenido de la obra de Hölderlin como al restablecimiento de la verdad factual respecto al lugar que él ocupa en la historia cultural y política contemporánea. También teníamos previsto incluir el decisivo* PRIMER PROGRAMA DE UN SISTEMA DEL IDEALISMO ALEMÁN *–traducido por José María Ripalda–, un verdadero manifiesto programático revolucionario en el que se reflejan las ideas de Hölderlin –y quizá también las de Hegel y Schelling– hacia 1796-97.*

A este conjunto decidimos añadir el intrigante poema Eleusis, *escrito por Hegel como misiva para su amigo Hölderlin en 1796 y también traducido por Ripalda. Además, quisimos incorporar –prácticamente a última hora–, los minuciosos y extensamente documentados trabajos sobre el* Comunismo de los espíritus *de Jacques D'Hondt y Joseph Albernaz (quien asimismo nos ha cedido el «uso libre» de sus textos, y al que estamos igualmente agradecidos), hasta ahora inéditos en castellano. En la estela que van dibujando ambos textos –y siguiendo la secuencia iniciada por Lukács– se percibe lo que podríamos llamar un «corrimiento al rojo» de Hölderlin, por usar una metáfora astrofísica: según se ha ido alejando el poeta de nosotros, más roja se nos aparece su obra. Y ello a pesar de que, de manera acorde con estos tiempos disolutos –si pasamos a la metáfora química–, la concentración marxista de los estudiosos citados va disminuyendo con el pasar de las décadas.*

Por último, lo que iba a ser nuestra habitual nota editorial se dividió en dos: quedando, por un lado, esta somera explicación de los motivos, la historia y los contenidos de la presente edición; y, por otro, un extenso y también inédito posfacio en forma de estudio extraductorio –titulado Hölderlin y el comunismo–, *que delegamos finalmente en Mohamed B. Djibril y que expresa los puntos de vista de la Editorial.*

Con todo, creemos haber alumbrado la edición crítica más completa y actualizada, en cualquier idioma, del Comunismo de los espíritus *de Hölderlin. Nuestros objetivos con esta publicación son fundamentalmente dos: primero, acercar la figura y la obra de Friedrich Hölderlin a nuestros lectores comunistas, ya que consideramos al gran poeta parte relevante de las tradiciones emancipatorias que ya sólo puede reclamar para sí el proletariado revolucionario; segundo, acercar el comunismo a los cultos lectores de Hölderlin, cuya obra con demasiada frecuencia se ha querido y conseguido despolitizar y, cuando no, desradicalizar.*

A 20 de marzo de 2025,
en el inicio de la primavera del corriente
y, también, en el 255º cumpleaños de F. Hölderlin.

Ediciones Mnemosyne

Post data*: esta segunda edición del* COMUNISMO DE LOS ESPÍRITUS *la cierra un inédito comentario crítico –escrito* ad hoc *para esta edición– de la doctora Helena Cortés Gabaudan, seguramente la mayor especialista en Hölderlin en lengua castellana, y a quien agradecemos tanto su contribución general al estudio, la traducción y la difusión de la obra hölderliniana como, naturalmente, sus particulares observaciones al respecto del importante objeto que esta publicación aborda.*

Estudio introductorio:

Clara Ramas San Miguel
y Antonio Sánchez Domínguez

El espectro del espectro del Comunismo o Hölderlin y el anhelo frustrado de hogar

> La filosofía alemana es el género más profundo de nostalgia de hogar que ha habido jamás.
>
> Friedrich Nietzsche

> Ser moderno es asumir que el punto de vista crítico de realizar un hogar en nuestro mundo parcialmente alienado es nuestro propio destino moderno. Ser moderno, esto es, ser hegeliano.
>
> Terry Pinkard

Un espectro recorre Europa; es el espectro del espectro del comunismo. Todo es, en puridad, en esencia, dos. Todo es, dice Proust, doble. Pero el doble del espectro no es aquí cuerpo alguno, sino, también, espectro, las huellas del espectro, el camino cumplido y dibujado por las migas de pan que promete un hogar al final. Las migas de pan subrayan el bosque y ofrecen un camino. El comunismo es el camino o el comunismo es el hogar, el comunismo es el comunismo y el espectro es el espectro; el espectro del camino es el espectro del comunismo. Es pleno 1794, el año en el que se fecha este hölderliniano *Comunismo de los espíritus*, faltan solo 54 años para que Marx publique el *Manifiesto comunista*.

Las dos citas con las que comienza este texto[1] delimitan con precisión los dos problemas que, a nuestro juicio, articulan el texto de Hölderlin que aquí se presenta: por un lado, en qué consisten nuestros tiempos modernos, y, por otro, si en esos tiempos modernos cabe la posibilidad de un retorno a lo que se haya perdido que, según Nietzsche, parece ser ante todo un «hogar». Por precisar todavía más las ambigüedades que envuelven las palabras de Pinkard: la pregunta es si el destino moderno consiste en realizar un hogar *en* nuestro mundo alienado o si más bien se trata de que ese mundo alienado constituye él mismo *el único hogar posible*; si cabe edificar un hogar en el que refugiarse de la alienación o si la pretensión de una vuelta al hogar sólo se puede cumplir en su imposibilidad, resultando en nostalgia; si la nostalgia podría ser aliviada alguna vez o si más bien significaría que no hay que hacer un hogar en la alienación, sino que la alienación misma es el hogar; si hay un pasado glorioso al que se puede volver o si solo queda aprender a habitar el final, el ocaso, el crepúsculo, el atardecer.

Dichas cuestiones habrían quedado, parece, estrictamente planteadas en el espacio filosófico acotado por Hegel y Nietzsche. Pues bien: ¿qué tiene que decir Hölderlin, el poeta, un poeta que, por lo demás, es en cierto modo un eslabón entre ambos pensadores? O, más aún, ¿qué tiene que decir Hölderlin, el mejor lector –si se nos permite semejante impostura hermenéutica– de Hegel y Nietzsche, de estas cuestiones?

[1] La primera, Nietzsche citado en ARENDT, Hannah, *La vida del espíritu*, trad. F. Birulés y C. Corral, Barcelona, Paidós, 2002, p. 389, traducción levemente modificada. La segunda, Pinkard en *Das Interesse des Denkens*, citado por ROCCO, Valerio, «Contra la nostalgia. Hegel huyendo de Hölderlin», en VVAA, *Hegel y Hölderlin. Una amistad estelar*, Madrid, Círculo de Bellas Artes, 2021, p. 210.

¿La verdad debe ser una? Finitud y unidad de la razón

Para empezar a situar el problema: ¿quién es Hölderlin en el momento en que escribe *Comunismo de los espíritus*? Sabemos de aquella famosa escena del 14 de julio de 1793, siendo el tercer aniversario de la fiesta de la Federación, en la cual Hölderlin, junto con sus compañeros de seminario de Tubinga, Schelling y Hegel, planta un árbol en honor a la libertad. Lo hicieron mientras entonaban versos de *La Marsellesa*, canturreando también una traducción de la misma realizada por el compañero y amigo de seminario Friedrich Schelling.[2] A los pocos días Hölderlin escribe a su hermano un quejumbroso «que Francia se vaya a pique o que se convierta en una gran nación cuelga de la punta de un pelo».[3] ¿Con qué se ocupaba el Hölderlin que miraba tan de cerca lo que ocurría en Francia? ¿A dónde miraba cuando volvía a su cuarto y se encerraba en sus lecturas? Ciertamente no era el único que miraba a Francia. Este mirar lo que ocurría en Francia se había convertido en la ocupación principal de los filósofos alemanes, del reino del pensamiento alemán, y no solo los jóvenes –los todavía jóvenes Hölderlin, Schelling o Hegel–, sino que también Kant, que se había convertido en el máximo representante de la filosofía alemana, miraba a Francia. Unos días antes, en mayo de 1793, escribe Hölderlin a Neuffer, gran amigo y confidente, y cierra la carta mencionando sus ocupaciones: «Kant y los griegos».[4] La *Crítica del Juicio* se había publicado en 1790,

[2] Para más información véase FERRER, Anacleto, «Hölderlin ante la revolución», en: Marrades, J., Vázquez, M. E. (eds.), *Hölderlin: poesía y pensamiento*, Pre-Textos, Valencia, 2001, pp. 87-102.

[3] Carta a su hermano de principios de julio de 1793. HÖLDERLIN, Friedrich, *Correspondencia completa*, Intr. y trad. Helena Cortés y Arturo Leyte, Madrid, Hiperión, 1990, pp. 146-147.

[4] «Y así me suelo pasar todo el día en mi celda hasta la tarde; a menudo en compañía de la sagrada musa, a menudo con mis griegos; y precisamente

cerrando así la saga de las tres Críticas kantianas; Kant era ya el filósofo oficial de la revolución, lo quisiera él o no. Kant y los griegos, los griegos y Kant, esta era la tarea lectora de Hölderlin durante esos años. El 10 de julio de 1794 escribirá a su amigo, no otro que Georg Wilhelm Friedrich Hegel, al que se refiere como «querido hermano», y le dirá, también a él, «mi trabajo está ahora muy concentrado. Kant y los griegos son casi mis única lecturas».[5] Pero no para ahí; Francia sigue siendo noticia, y en 1795 el tono elevado de sus cartas se irá apagando poco a poco; toca volver sobre uno mismo, sobre ese que uno no aguanta, y ahí, cuando todo parece apagarse, sigue estando Kant: «Si es posible te mandaré la elegía prometida en un par de semanas. Ahora he vuelto a refugiarme en Kant, como siempre que no me puedo soportar a mí mismo».[6] Ese mismo Kant del que, ya en 1799, dirá que es el Moisés de la nación alemana.[7] Pero si Kant es Moisés lo que cruza es, desde luego, y, ante todo, un desierto.[8] ¿Qué desierto? Seguramente el de la especulación, el de la reflexión, el de esa forma de pensar que, sin la brújula que es la kantiana saga de las tres críticas, conduce a que el hombre sea un pordiosero cuando reflexiona pero un Dios cuando sueña.[9]

---

ahora, de nuevo en la escuela del señor Kant.» Carta a Neuffer, mayo de 1793. *Ibid.*, p. 146.

[5] Carta a Hegel, 19/7/1794. *Ibid.*, p. 199.

[6] Carta a Neuffer, 1795. *Ibid.*, p. 272.

[7] Carta al hermano, 1 de enero de 1799. *Ibid.*, p. 405.

[8] «En la misma carta a su hermano, el mítico ensalzamiento a Kant –"Kant es el Moisés de nuestra nación"–, esconde a su vez la sombría realidad de ese nuevo horizonte: Moisés sacó a su pueblo, como Kant al suyo, de una postración y esclavitud inconmensurables –de su minoría de edad en Kant–, pero no para llevarlos a la tierra prometida, sino para conducirlos al "desierto libre y solitario de la especulación"». LEYTE, Arturo, «El filósofo que no quiere serlo», en: *Cartas filosóficas de Hölderlin*, Madrid, La Oficina, 2020, p. 42.

[9] HÖLDERLIN, Friedrich [1797], *Hiperión*, trad. Jesús Munárriz, Madrid, Hiperión, 2015, p. 26.

Kant y los griegos donde poco a poco se apagaba Francia: tales son los contornos del universo del poeta en este momento. Cuando el desasosiego y el desierto asedia el alma del poeta, Kant se convierte en el interlocutor privilegiado. ¿Por qué ese doble rostro, griego y alemán, para mirar a Francia?

Y, en efecto, el texto que nos ocupa comienza planteando la gran pregunta que ocupa a la filosofía alemana después de Kant: *la unidad de la razón*. «Pues la verdad debe ser una»; así, en la Edad Media, dice Hölderlin, la verdad resplandecía bajo el signo de la unidad. Ciencia y religión, fe y saber, constituían un único bloque sostenido en los órdenes concretos de las órdenes religiosas. El pasado es el tiempo de la unidad. Pero hasta aquí uno podría no diferenciarlo del Novalis de la *Cristiandad o Europa*. El pasado, sí, es el tiempo de la unidad; pero, para Hölderlin, el pasado es, sobre todo, el pasado, y el tiempo de la unidad es, ante todo, el pasado de la unidad, la pérdida de la unidad, el recursar de la unidad; el, veremos, asumir la pérdida como lo propio y el buscar, aun así, contra todo pronóstico, algo de lo que decir: «esto es mío».[10] Si lo que es mío es algo o lo mío es solo la búsqueda de ese algo será lo que se dirima en las diferentes recepciones de lo que significa la palabra *comunismo*.

Por el contrario, el signo del tiempo del hoy es para Hölderlin el de la separación. El trueno de la intervención kantiana, a decir de Deleuze, lanza su eco y configura el suelo filosófico de la generación de Hölderlin y Hegel. Un joven Hegel escribe a Schelling en 1795: «Del sistema de Kant y de su supremo perfeccionamiento aguardo una revolución en Alemania basada en principios que ya están ahí y solo necesitan ser elaborados universalmente y ser aplicados a todo el saber anterior».[11] La edad

[10] *Ibid.*, p. 24.

[11] Carta a Schelling, 16/4/1795, recogida en HEGEL, G. W. F., *El joven Hegel. Ensayos y esbozos*, ed. de J. M. Ripalda, FCE, Madrid, 2014, p. 91.

kantiana es la era de la crítica: «Nuestra época es, de un modo especial, la de la crítica. Todo ha de someterse a ella».[12] Religión, Estado y ciencia han de someterse al examen público y libre de la razón. La crítica supone someter religión, Estado y ciencias a las preguntas que esgrime desde su tribunal no la autoridad, no la tradición, sino la razón argumentando públicamente. Ello supone, para empezar, que la razón emprende una labor de distinción: pregunta por los contornos y condiciones de sus objetos de estudio. Naturaleza y libertad,[13] derecho y moral, ciencia y religión: la primera tarea de la razón, aunque solo pueda explicitarse en último lugar, es la de cartografiarse a sí misma para distinguir sus elementos y llevarlos a unidad. Es decir, como se concluye en los pasajes conclusivos de la *Crítica* en la «Arquitectónica de la razón pura», para trazar una arquitectónica o arte de los sistemas. En qué quedará tal unidad, y en qué consiste tal unidad para Kant, es cosa que está por ver: para sus herederos, por de pronto, los dominios de la razón aparecen surcados por la labor de la distinción. Hölderlin lo narra. La religión se ha separado de la ciencia, las ciencias positivas avanzan por su camino, la pérdida de fe convive con la crítica científica, que ya ha adelantado a la especulación. La intervención kantiana nos ha dejado, en fin, una disyuntiva, que Hölderlin recoge en nuestro texto: «La ciencia debe o bien destruir el cristianismo o bien ser uno con él». La disyuntiva es: o programa completo de positivismo científico y secularización o unidad sistemática completa del espíritu. La disputa sobre el spinozismo que también hereda el joven Hölderlin obedece a este mismo problema.

---

[12] KANT, Immanuel, *Crítica de la razón pura*, trad. de P. Ribas, Madrid, Alfaguara, AXII, nota k, p. 9.

[13] Hölderlin se ocupa de esta dualidad en un fragmento de tono kantiano en esta misma época, «Sobre la ley de la libertad». Le obsesiona la posibilidad de conciliar la antinomia entre «el mecanismo de la naturaleza (o sea, también el destino)» y la «finalidad»: en ello ve todo el espíritu del sistema kantiano (Carta a Hegel, 26/1/1795. *Correspondencia completa*, p. 233).

La apuesta de Hölderlin es reconducir la ciencia a esa unidad conocida y anhelada por el ser humano a la ciencia del mero anhelo y de lo meramente buscado. Es el tema de un fragmento de aproximadamente el mismo momento, «Hermócrates a Céfalo»: «¿Crees, pues, seriamente que el ideal del saber podría aparecer en algún tiempo determinado en algún sistema determinado, el ideal que todos presintieron, que los menos conocieron del todo? ¿Crees incluso que ahora este ideal se haya efectivo ya, y que a Júpiter Olímpico no le falte más que el pedestal?».[14] La pregunta es si la unidad total del saber puede aparecer en un tiempo, en un lugar, en una lengua. Pues, continúa el poeta, sería asombroso que «precisamente este modo del aspirar mortal» tuviera el privilegio de cumplir la unidad del saber absoluto. La especificidad de lo humano es su mortalidad, su finitud: y ello le coloca en un estado de permanente aspiración. Por ello, concluye, siempre había pensado que el ser humano necesitaba para saber y actuar un progreso y un tiempo infinito en el que desplegar su camino hacia el infinito ideal. El ser humano está y no está en lo divino: lo anhela, pero no lo tiene. No lo alcanza, pero tampoco puede dejar de buscarlo. Un arco en tensión, dirá Nietzsche, es lo humano; y anhelarlo será una forma de tenerlo, pensará Hegel y desplegará entre a ese anhelar que es un «ya tener» su sistema. Hölderlin es plenamente consciente de esta tensión:

> El desagrado conmigo mismo y con lo que me rodea me ha empujado a la abstracción; intento desarrollar la idea de un progreso infinito de la filosofía, intento mostrar que la exigencia inevitable que hay que plantearle a cada sistema, la reunión del sujeto con el objeto en un absoluto –Yo, o como se quiera denominar– es posible estéticamente en la intuición intelectual, pero que teóricamente sólo lo es mediante una infinita aproximación, como la aproximación del cuadrado al círculo, y que para

[14] HÖLDERLIN, Friedrich, *Ensayos*. Ed. de F. Martínez Marzoa, Madrid, Libros Hiperión, 1976, p. 21

realizar un sistema de pensamiento es tan necesaria la inmortalidad como lo es para un sistema de la acción.[15]

No son pocas las cosas queridas que pueden caer bajo la aproximación infinita en el siglo XIX. Para Kant, todavía en el XVIII, ya lo eran unas cuantas; la República, un reino moral de los hombres, división de poderes y perfeccionamiento jurídico del mundo, todo ello bienes muy queridos por una razón que espera encontrar calma, pero que sabe que depende de una insuperable e infinita aproximación. ¿Comunismo, socialismo, en el siglo XIX, reparto definitivo de los bienes de la tierra? ¿Cómo puede haber algo definitivo en un mundo finito, si finitud y definitivo, si la tensión de un mundo preñado de contingencias impide un reparto último del haber del mundo? ¿Si siempre habrá alguien que, todavía, nazca cerca de un río y cerca de un desierto? ¿Cómo repartirnos, cómo redistribuir, sino infinitamente, mediante una aproximación sin final, las diferentes bondades del inventario de la tierra? Solo estéticamente en la intuición intelectual, dice Hölderlin, esto, solo ahí, en la intuición, esto es, lejos, muy lejos, infinitamente lejos, a un abismo infinito de aproximación de lejos, de la praxis.

La noche del presente

Ahora bien: si el nuevo advenimiento de la unidad perdida de la razón y la comunidad es posible es algo que está por ver. Al mismo tiempo que lo anhela, Hölderlin reconoce ya en nuestro texto que nos encontramos por de pronto en «la noche del presente»: «¡Lothar! ¿Acaso no te atenaza a ti también un dolor secreto cuando el ojo del cielo es arrancado de la naturaleza y la vastedad de la tierra yace ahí, como un enigma a cuya solución

[15] Carta a Schiller del 4 de septiembre de 1795, *Correspondencia completa*, p. 263.

le falta la palabra? [...]; me ha ocurrido cien veces, cuando debo regresar del libre éter de la Antigüedad a la noche del presente, y no he encontrado otra salvación que la rendición aterida que es la muerte del alma; [...]». Hegel escribirá poco después: el hombre es la noche del mundo. Estamos en la tierra vasta y baldía. La mirada de los celestes se ha retirado. Aquí no hay salvación: todo recuerdo de la gloria y la belleza pasadas es solo veneno que nos intoxica con ilusiones. Parece que solo queda la retirada. En «Calias» se nos advierte de que ante las ardientes fantasías y la serena naturaleza que nos acaricia, solo cabe echar mano de Homero. «Eché mano a mi Homero»: ya no se vive, ya no se guerrea, solo se recuerda. Y, si ante el ardor que provoca recordar cómo triunfaron la fuerza y la audacia de los héroes homéricos cupiera la tentación de pensar que algo de eso queda aún para nosotros, solo irrumpe el pudor: «Esto estaba dispuesto también para ti –me hizo saber, y yo hubiera querido ocultar en la tierra mi rostro incandescente, ¡tan violentamente se apoderó de mí vergüenza ante héroes de Homero y los nuestros! [...] ¡Tendrías que ver cómo, a puro artificio, impuse alegres colores al más serio apremio de mi corazón, para hacérmelo tolerable, y poder reírlo como una buena ocurrencia y olvidarlo!»[16]. Calias nos recuerda entonces que ante la lejanía de lo griego solo queda experimentar pudor. Ante los héroes de Homero, uno solo puede experimentar vergüenza. Nuestros cuerpos ya no pueden erizarse con la euforia o ánimo para la acción: solo quedan en ellos pudor y el veneno de la nostalgia. Ya no hay «una buena guerra» en la que enrolarse.[17]

Este momento de renuncia es lo que se conquista al final del *Hiperión*. Se comenzaba con un anhelo: «Ser uno con todo, esa es la vida de la divinidad, ese es el cielo del hombre. [...] volver, en

[16] *Ensayos*, p. 31.
[17] *Hiperión*, p. 44.

un feliz olvido de sí mismo, al todo de la naturaleza, [...]».[18] Esa naturaleza que es hogar es la que la ciencia no puede apresar –tal y como se ve ya en este *Comunismo de los espíritus*–. El héroe buscó esa naturaleza en la vuelta a su natal Grecia: el camino a Grecia es el camino a la inocencia perdida, el camino a la infancia –«¡Calma de la infancia, calma divina! ¡Cuántas veces te contemplo en silencio, amorosamente, y quisiera alcanzarte con el pensamiento!»–.[19] Hiperión lo busca en los amigos, lo busca en Adamas, en Alabanda, en la guerra por la liberación de Grecia. Pero «de la infancia y de la inocencia no tenemos nociones»[20], esto es, no podemos apresarlas mediante la fuerza del concepto. Diotima se lo revela: «No querías a hombres, créeme; lo que querías era un mundo».[21] Pero ese mundo nunca adviene, y esas flores solares han sido devastadas por el viento del norte.[22] «Solo lo iniciante e inicial es venidero», nos recuerda Heidegger.[23] Pues bien, ese mundo que Hölderlin busca solo puede localizarse en el futuro, ese futuro del que es partero el presente, ese futuro que nace de un presente que, como dijera Hegel y recogiera su propio hijo, está roto, y que lo esté significa que conlleva otro, otro presente, otro presente que sin duda también roto estará. En las notas de su hijo podemos leer:

> En el último curso de su vida, en la clase sobre Lógica del verano de 1831 le tomó nota su hijo (F. W.) Carl: «La realidad inmediata está rota; es, pero conlleva otra cosa, la posibilidad; por consiguiente, no está intacta, por ejemplo [puede haber una] revolución. Para que otro estado de cosas se convierta en

---

[18] *Ibid.*, p. 25.
[19] *Ibid.*, p. 27.
[20] *Ibid.*, p. 27.
[21] *Ibid.*, p. 98.
[22] *Ibid.*, p. 34
[23] HEIDEGGER, Martin, *Conceptos fundamentales. Curso del semestre de verano de 1941*, Madrid, Alianza Editorial, p. 135.

realidad inmediata tienen que darse las condiciones. Luego el presente está roto, conlleva otro».[24]

La patria de la infancia de la humanidad ha sido arrasada por el frío viento de la razón calculadora moderna. Atenas es ya solo ruinas, Diotima ha muerto, Hiperión es ya extranjero incluso en la patria de su infancia, porque no quedan dioses que puedan ligarle al pasado. No queda un mundo donde vuelva a florecer la inocencia. De modo que solo queda vagabundear hacia Alemania, el pueblo de «bárbaros calculadores» desgarrado por la técnica, la ciencia y la burocracia que convierte todo lo sagrado en recurso. Como recuerda Hegel, Catón y otros antiguos se quitaron la vida al ser suprimida la Constitución de su patria: no pudieron retirarse a la vida privada.[25] «Ojalá no hubiera ido a vuestras escuelas»[26], dice Hölderlin en el Hiperión pocos años después de clamar por una «Nueva Universidad» en este *Comunismo de los espíritus*. Es ahí donde se «volvió tan razonable», donde aprendió a diferenciarse de lo que le «rodea», quedando así, aislado, de la «hermosura del mundo», expulsado del «jardín de la naturaleza».

Así pues, en este texto, Hölderlin responde a la primera pregunta que planteamos: nuestros tiempos modernos, la noche del presente, son los tiempos de la tierra baldía, y ya no cabe volver a Grecia. ¿Qué dirá de la segunda? ¿En qué consiste en tales condiciones la nostalgia de un hogar? ¿Qué quedan de las ilusiones republicanas? ¿Quiere o no quiere finalmente Hölderlin ser un jacobino?

---

[24] Recogido en RIPALDA, José María, *Fin del Clasicismo. A vueltas con Hegel*, Madrid, Trotta, 1992, p.33.

[25] HEGEL, Georg Wilhelm Friedrich, *El joven Hegel. Ensayos y esbozos*, ed. de J. M. Ripalda, FCE, Madrid, 2014, p. 94 y ss.

[26] *Hiperión*, p. 44.

El anhelo de la comunidad

«Un yo que es un nosotros»[27], dice Hegel en la *Fenomenología del espíritu*; esto es, un *yo* que es ya despliegue de algún tipo de, dicho aquí en sentido laxo, *comunismo*. Hegelianamente, y sin nostalgia alguna, el yo se descubre siempre como un nosotros. La única forma verdadera de decir *yo* es haber dicho, antes que nada, *nosotros*. Bucear en uno mismo es descubrirse como un otro. La *Fenomenología* empieza con un yo, pero la *Fenomenología* no comienza donde comienza la *Fenomenología*. El comienzo, volver a decir yo, poder volver a decir yo, es haber llegado al final, esto es, a un nosotros ciertamente absoluto, a un nosotros que ciertamente se nos va de las manos y que nos recuerda que podemos volver a decir yo, a hacer el estudio de cómo el yo se encuentra arrojado siempre ya al mundo. El yo se pierde y se extravía por cada uno de sus excesos narcisistas, como también a veces el nosotros, en un exceso de soberbia, peca y convierte el mundo en un infierno. Si esto es así, ¿por qué ese *Wehmut*? ¿Por qué esa nostalgia? ¿Por qué esa melancolía? ¿No seguimos siendo, a fin de cuentas, nosotros? ¿O acaso nuestro nosotros es un nosotros de segunda, ese que solo aparece, de nuevo, cuando el campo, el tiempo, el mundo? ¿Por qué hace falta, pues, ese escenario? ¿No es cualquier escenario el escenario de ese nosotros en el que siempre estamos ya inmersos?

Tal vez sea mucho decir que Hölderlin, en uno de sus primeros textos, ha sido ya capaz de localizar la tensión que será luego el coto de caza del idealismo alemán, y que, entre los dos primeros párrafos, entre el idilio y la nostalgia, entre el ornamento y el delito, ha sancionado, solo y simplemente, lo irresoluble en tanto que irresoluble. Es mucho decir, seguramente, que la decisión

---

27 HEGEL, G.W.F. [1807], *Fenomenología del espíritu*, trad. Antonio Gómez Ramos Madrid, Abada, 2010, [108], p. 255.

aquí ya ha sido tomada. Pero desde luego, si ofrece algo el texto, es un mapa de dónde está el problema.

De nuevo, preguntamos, ¿qué es ese espíritu de *Wehmut*? En imitación al espíritu creador de antaño, dice nuestro texto, habrá que fundar nuevas academias, nuevas universidades. Eugen dirige la mirada de Lothar hacia la fuerza del espíritu que levantó una religión: sometió a poblaciones enteras, fundó órdenes concretos, insufló el poder de la creencia, instituyó formas de eticidad y costumbre. ¿Qué nos queda de todo ello? No me pregunto, continúa el joven, por el contenido de lo que nos ha legado esa época, sino por su forma, pues en dicha forma reside lo propio del espíritu humano: ¿dónde está en 1794 la fuerza y la energía que permitirían fundar una nueva religión? Se pronuncia la palabra esencial de este fragmento: «[...] ahora, compara aquel tiempo y el nuestro, ¿dónde quieres encontrar una comunidad?». La mirada a la historia universal que se esquematiza en el último fragmento va precedida por un lema: «Para nosotros, todo se concentra en lo espiritual: nos hemos vuelto pobres para poder volvernos ricos». La apuesta es perderlo todo para recobrarlo de nuevo –el amante que da, nada pierde, aumenta así sus ingresos, dice un joven Hegel leyendo a Romeo y Julieta–.[28] Hemos atravesado las formas de la monarquía y la república, en sus variantes católica y protestante, para conseguir una riqueza inédita. Tal riqueza consiste en encontrar una comunidad.

Pues bien, como decíamos, Hölderlin escribe este fragmento en los primeros años de la década de 1790. Es tiempo de celebración. Con Schelling y Hegel, es el tiempo de la juventud, el tiempo de los amigos, el festejo, el vino y la revolución. Es el tiempo de soñar Francia para alumbrar Alemania. Es tiempo

---

[28] «Recibir no le hace a uno más rico que el otro; enriquece, sí, pero no más que al otro. Igualmente, el amante que da no se hace más pobre; tampoco le hace más pobre dar, pues haciéndolo aumenta en otro tanto sus propios tesoros; Julieta en *Romeo* [*y Julieta*]: cuanto más doy, más tengo, etc.». «Amor y unificación», en *Escritos de Juventud*, p. 264.

para anhelar la comunidad por venir. Hegel lo cuenta a Schelling; crece constantemente el interés de Hölderlin por la dimensión pública de las ideas. Este interés era también un muy kantiano interés. Poco después, la esperanza de los tres amigos en la fundación de una comunidad encontrará su cristalización más cumplida en el tradicionalmente conocido como «Primer programa de un sistema del idealismo alemán», escrito entre 1796 y 1797.[29] En este texto, la promesa de la moderna libertad republicana nacida en suelo francés ha de ser fecundada por toda la fuerza del mito alemán. De ese modo, podrá quizás cumplirse lo que afirma Hölderlin en la mencionada carta a Hegel: que siempre podrán reconocerse por el rasgo más propio de ambos, la consigna «Reino de Dios». Ese reino de Dios ha de venir ahora a la Tierra. Los amigos reciben con entusiasmo los vientos revolucionarios del país vecino. En este año, Hegel escribe en un fragmento: «En una república se vive para una idea, en las monarquías siempre para el individuo».[30] La idea republicana envuelve una normatividad, un *deber ser*, y como tal una llamada a la acción, pero lejos del fanatismo del ideal religioso de un místico, un religioso o un dogmático. Lo mejor de este tiempo, escribe Hegel a Schelling, es que por fin la humanidad quiere presentarse a sí misma como digna de respeto, acabando con la necesidad de legitimidades exteriores, sean divinas o dinásticas. El despotismo hasta ahora existente se ha sostenido sobre dos pilares coordinados: religión y política. Es hora de descubrir una razón autónoma: «Los filósofos demuestran esa dignidad, los pueblos llegarán a sentirla y, en vez de exigir sus derechos pisoteados, se los volverán a tomar por sí mismos».[31] Por eso, y pese a los temas compartidos como el rechazo a la lógica abstracta de la sociedad burguesa o la división capitalista del trabajo, Lukács considera

---

29 Cf. *El joven Hegel. Ensayos y esbozos*, p. 305 y ss.

30 *Ibid.*, p. 99.

31 Carta a Schelling, 16 de abril de 1795, recogida en *El joven Hegel. Ensayos y esbozos*, p. 91.

que Hölderlin no es un romántico: el momento esencial de la degradación que hay que combatir es la pérdida de libertad.[32]

Jacobino que no quiere ni puede serlo

Hölderlin se diferencia de Hegel en que no encuentra en las formas modernas la sede posible de la nueva comunidad. Su desprecio por el Estado, su nulo interés en el Estado se advierte ya en estos textos de juventud. Ni en el formalismo del Estado y su producción de leyes ni en la lógica abstracta de la sociedad civil y su forma de intercambio de mercancías encuentra Hölderlin tejido para una nueva forma de comunidad.

A juicio de Lukács, lo idiosincrásico de Hölderlin es una forma específica de helenismo o amor a lo griego: no como clasicismo, no como erudición academicista, sino como el fracaso trágico de su pérdida.[33] Hölderlin simpatiza con los ideales revolucionarios porque ve en ellos y en su naturalismo rousseauniano la promesa de revivir los ideales de la vida y la virtud públicas de la polis griega. A diferencia de Hegel y de su estirpe marxiana, Hölderlin ignora la moderna sociedad civil, pero no porque piense que es posible volver a Grecia, sino porque la única manera de hacer justicia a Grecia es dejar que ese intento fracase. En palabras de Lukács, «Hölderlin, en cambio, no concierta ningún compromiso con esa realidad post-thermidoriana, sino que sigue fiel al viejo ideal revolucionario de la democracia de la *polis* que había que renovar, y así se estrella contra la realidad, en la cual no cabían ya, ni siquiera poética o filosóficamente, aquellos

---

[32] LUKÁCS, Georg, *Goethe y su época*, trad. M. Sacristán, Grijalbo, Barcelona-México, 1968, p. 229.

[33] Para reconstruir filológicamente la relación de Hölderlin con Grecia la que consideramos la mejor aportación y la más actualizada puede leerse aquí: GARRIDO, Germán, «Los últimos homéridas. El primero romanticismo y la ciencia de la antigüedad», en: *Anales del Seminario de Historia de la Filosofía*, 40(2), 2023, 333-343.

ideales».[34] En ese estrellarse reside la grandeza de Hölderlin: este solitario Leónidas poético de los ideales jacobinos y democráticos, concluye Lukács, ha caído en las Termópilas del Estado moderno. Hölderlin no quiso poetizar la prosa del *bourgeois*, como Goethe o Tieck; quiso escribir un *epos* del ciudadano. Y ese intento tenía que fracasar, como fracasa y revienta desde dentro la propia noción de ciudadano o de Estado bajo condiciones técnicas y capitalistas. Lo que se pierde con ello es un auto-engaño, el de la propia clase burguesa: a la época moderna, como argumentó Marx, le corresponde la forma de la comedia, por ser la época de caída y la disolución de sus propios ideales.[35]

No había en Alemania nadie que escuchara ese grito revolucionario: no había patria en Alemania, pero tampoco fuera de ella. Hölderlin es además para Lukács el poeta sin sucesores: no tuvo sucesores ni podía tenerlos. «Hölderlin ha caído valerosamente, mártir tardío, en una abandonada barricada del jacobinismo, y, además, ha dado a ese martirio –el martirio de los mejores hombres de una clase en otro tiempo revolucionaria– la forma de un canto inmortal.»[36] Y ello porque el problema es aún más grave, a nuestro juicio, que lo que plantea Lukács. No había oídos para Hölderlin en Alemania no porque no existiera una clase social revolucionaria alemana. Los habría habido entonces en Francia en 1848 o en Moscú en 1917. No había oídos para Hölderlin en todo Occidente porque lo que no existía era la posibilidad de estar en claro respecto del propio destino moderno o de la poesía misma. No es que Hölderlin sublimara una «tragedia social» en una «tragedia cósmica»: es que la tragedia que veían los ojos de Hölderlin nace del lenguaje mismo e irradia a todo lo humano.

---

[34] *Goethe y su época*, p. 215.

[35] Cf. MARX, Karl, *El 18 Brumario de Luis Bonaparte*, trad. y ed. de C. Ramas, Tres Cantos, Akal, 2023.

[36] *Goethe y su época*, p. 236

Pasaje al silencio

A entender de Benjamin, en la forma interior del poema titulado «Coraje de poeta» de 1800 se juega la relación del poeta con «los vivos» o con su propio pueblo. A través del verso «También somos buenos y hábiles en algo para alguien», descubrimos, según Benjamin, que el pueblo es un signo para un destino propio del poeta. ¿Cuál? Transformar ese mismo orden de lo vivo en una fuerza mítica, mediante el orden sensorial del sonido y la rima. Ahora bien, lo que se acaba descubriendo es que el «apocamiento» es la verdadera actitud del poeta.[37] Ello será el signo de los poemas tardíos de Hölderlin. El coraje del poeta no consistía en ser el médium para refractar las potencias subterráneas del mito en forma de haces que orientaran las energías de un pueblo vivo, como se quiso en el «Primer programa», sino en la sobria entrega a las cosas. Para Benjamin, «Así atrapa el canto a los que viven, y así son conocidos para él, ya no emparentados».[38] Rozamos la sagrada sobriedad o la sobria sacralidad [*heilignüchtern*] en «Hälfte des Lebens». Como ha explicado José Luis Villacañas en su clásico ensayo *Narcisismo y objetividad*, el hallazgo del Hölderlin del *Empédocles*, que debe proyectarse sobre los Himnos,

---

37 BENJAMIN, Walter, «Dos poemas de Friedrich Hölderlin», en *Obras*. II.1, ed. De J. Barja, F. Duque y F. Guerrero, Madrid, Abada, 2016. p 129.

38 *Ibid*. Nuria Sánchez Madrid ha puesto en palabras este vuelco a la objetividad y el tiempo: «Toma forma así, en los últimos poemas de Hölderlin, no ya una suerte de insistencia en la no-correspondencia entre Grecia y el Occidente moderno, sino entre la vida que cada sujeto porta en su interior como una vasija de barro y la vida "más amplia" de una naturaleza que ni siquiera precisa arrojar al ser humano a un exterior radical. En efecto, no hay traducción de nuestro cuidado –*Sorge*– al ritmo implacable del tiempo, sino en el mejor de lo casos una mirada distante y admirada hacia un radicalmente Otro que no comparece para ser domeñado ni tampoco para reencontrarse con la existencia "como en un día de fiesta"». SÁNCHEZ MADRID, Nuria, «"Se sueña con el antiguo caos creador". La poesía como arte *queer* en Hölderlin», en VVAA, *Hegel y Hölderlin. Una amistad estelar*, p. 248-249.

es que hay que deponer al poeta carismático. La modernidad debe ser pensada como algo diferente de una excesiva y autodestructiva imitación de la antigüedad:

> La forma subjetiva de este futuro greco-hespérico consiste en un hombre que se haya despedido de la sobreexcitación dominadora, de la pretensión de hacer de la naturaleza eco preciso de su deseo, y de su poder. De otra forma: se nos reclama la despedida de la omnipotencia del deseo y del narcisismo. También el muro que coloca la realidad frente a la obstinación de nuestra autoafirmación forma parte del orden. El sujeto nuevo, en el que se han de realizar las plenas disposiciones del hombre occidental, deja de ser héroe, y héroe esculpido sobre la forma del superhombre, del mesías, del que garantiza su idilio con la realidad, del gran Narciso que disemina a su alrededor las incontables figuras de su deseo. Ahora emerge un sujeto que se reconcilia con su finitud, que recoge la objetividad de todas las cosas y, dentro de ellas, la objetividad de la muerte.[39]

Decíamos al principio de esta introducción que todo es en esencia dos, y que, tal vez, el doble de un espectro solo pueda ser otro espectro. Ciertamente, la pulsión comunista pretende localizar como doble del espectro un cuerpo; valga decir, un cuerpo político. Esa orientación lectora resolvería lo que sin duda Hölderlin no podía resolver, o al menos no podría resolverlo conforme el tiempo hace su trabajo y el entusiasmo de juventud por la revolución francesa, por el reino de Dios, por la república pura, da paso a la locura.

Seguramente sea también mucho pedir considerar que merece la pena no leer la locura de Hölderlin como producto alguno de una psique débil o, como dirían los contemporáneos, tardomodernos, como un problema de salud mental, sino más bien

---

[39] VILLACAÑAS, José Luis, *Narcisismo y objetividad. Un ensayo sobre Hölderlin*, Madrid, Editorial Verbum, 1997, p. 189.

una locura ontológica, un desgarro metafísico; el desgarro entre el deber ser y el ser, el desgarro entre lo que pudo pasar en Francia y lo que en Francia pasó, el desgarro entre la Alemania del presente, de su presente, y la Alemania imaginada. La Torre al borde del Neckar en la que pasa sus últimos años, torre en la que sin duda vio muchas luces similares a las que acompañan este uno de sus primeros textos, seguramente fue solo síntoma de ese desgarro. Dar sus poemas a mendigos, a niños, dejarse engañar, dejarse trufar, dejarse estafar por los ciudadanos de Nüremberg, ser el loco de la colina, era haber ganado ya la colina, el Neckar, la torre, a los niños y a los ancianos. Regalar la poesía era asumir ese yo que es un nosotros…

> Respecto a esto, el comunismo siempre ha sido y permanecerá espectral: siempre está por venir y se distingue, como la democracia misma, de todo presente vivo como plenitud de la presencia a sí, como totalidad de una presencia efectivamente idéntica a sí misma. Las sociedades capitalistas siempre pueden dar un suspiro de alivio y decirse a sí mismas: el comunismo está acabado desde el desmoronamiento de los totalitarismos del siglo XX, y no solo está acabado, sino que no ha tenido lugar, no fue más que un fantasma. No pueden sino denegarlo, denegar lo innegable mismo: un fantasma que no muere jamás, siempre está por aparecer y por (re)aparecer.[40]

---

[40] DERRIDA, Jacques [1993], *Espectros de Marx*, trad. J. M. Alarcón y C. de Peretti, Madrid, Trotta, 2012, p. 115.

Introducción:

Joseph Albernaz[1]

COMUNISMO DE LOS ESPÍRITUS, DE FRIEDRICH HÖLDERLIN

En 1926, Franz Zinkernagel publicó un artículo en la *Neue Schweizer Rundschau* anunciando varios textos inéditos de Hölderlin.[2] Entre estos documentos, que incluían varios poemas y una carta de la adolescencia de Hölderlin, el hallazgo más interesante constaba de dos fragmentos de prosa conectados entre sí y copiados a mano por Christoph Theodor Schwab, editor de Hölderlin del siglo XIX. Ambos fragmentos llevaban el título general de *Communisimus der Geister* («*Comunismo de los espíritus*»). Si bien las siguientes ediciones del trabajo de Hölderlin (incluyendo la de Zinkernagel) consideraron que el texto era auténtico, en 1961 la obra magna de Friedrich Beißner, la *Grosse Stuttgarter Ausgabe* (StA), comenzada en la década de los 40, relegó desdeñosamente al *Comunismo de los espíritus* a un apéndice titulado «Zweifelhaftes» («dudoso»), sosteniendo que el trabajo había sido escrito más probablemente por el editor Schwab. Después de esto, prácticamente todas las ediciones alemanas posteriores a la de Beißner, incluyendo la descomunal edición de veintiún volúmenes de D. E. Sattler (comenzada en la década de los 70), han excluido completamente el fragmento.

---

[1] Joseph Albernaz es Profesor Ayudante de Inglés y Literatura Comparada en la Universidad de Columbia. Está especializado en la literatura, especialmente la poesía, del período romántico, con un interés particular en el legado del Romanticismo en diversos ámbitos teóricos y críticos.

[2] Franz Zinkernagel, «Neue Hölderlin-Fünde», *Neue Schweizer Rundschau* 19, número 4 (Abril 1926), 333–348.

Si para mediados de siglo el *Comunismo de los espíritus* había desaparecido en gran parte de su efímera y siempre precaria posición en el corpus textual de Hölderlin, ni siquiera había llegado a entrar en el debate académico. Hasta el día de hoy, no ha habido ni un solo artículo sobre el *Comunismo de los espíritus* en la academia alemana. Si bien se ha deslizado a través de algunas rendijas, apareciendo en algunos textos en alemán, como en una cita escondida en Heidegger, o en un garabato en los cuadernos póstumos de Celan, el texto es un fantasma. La situación en otras lenguas es solo ligeramente mejor: hay una traducción completa y un análisis del texto en francés (D'Hondt en 1989) y una en italiano (Carosso en 1995)[3], además de un pequeño puñado de cautelosas menciones que invocan este pequeño fragmento sobre el comunismo. En 2015, David Brazil y yo redactamos un borrador de la primera traducción en inglés del *Communismus der Geister*. Perplejo por el silencio que rodeaba este seductor fragmento, viajé en febrero de 2017 al Archivo Hölderlin en la Württembergische Landesbibliothek en Stuttgart para examinar el manuscrito en persona. Esta introducción presenta la traducción del *Comunismo de los espíritus* realizada por David y por mí y un artículo anexo comparte los resultados de mi investigación en curso sobre este texto.[4]

---

[3] La traducción y los comentarios de Jacques D'Hondt se encuentran *Cahier Hölderlin*, ed. Jean-François Courtine (Paris: L'Herne, 1989), 219-241 [En este mismo volumen a partir de la p. 95]. También hay una traducción francesa parcial y anterior en Guerne y Beguin, *Les romantiques allemands* (Paris: Desclée de Brouwer, 1950), 58-60, que excluye la segunda parte del fragmento, y no contiene comentarios editoriales. En italiano, Domenico Carosso, *Il Comunismo Degli Spiriti: Forma e Stori in um frammento di Hölderlin* (Roma: Donzelli, 1995). Hay una traducción española sin discusión crítica en la revista venezolana *Filosofía* en 2007.

[4] Entre tanto, se publicó en 2018 una traducción inglesa por H. Bolin, acompañada por un estudio introductorio por Bruno Duarte en la revista literaria *Tripwire*, vol. 14 (Oakland 2018), 262-278. Si bien nuestra traducción data de 2015 y mi investigación inicial se desarrolló entre 2015 y 2017, me encontré con esta versión en *Tripwire* a mediados de 2020 mientras

Si el *Comunismo de los espíritus* es realmente de Hölderlin y puede fecharse hacia principios de la década de 1790 –ambas cosas, bajo mi punto de vista, no solo plausibles sino muy probables–, entonces el *Comunismo de los espíritus* no sólo es significativo por ser un texto auténtico de Hölderlin que prácticamente no ha sido reconocido y que casualmente utiliza el discordante término «comunismo», sino que, además, *es la primera utilización de la palabra «comunismo» en cualquier idioma*. La palabra «Communismus» (en el manuscrito está escrito con «C» en vez de con la posterior «K») fue, por tanto, acuñada por ni más ni menos que el poeta alemán más importante de su época.

El *Comunismo de los espíritus* consiste en dos fragmentos conectados: el primer fragmento contiene una «disposición» [*Disposition*] de una escena, seguida por el principio de esa escena con un personaje que se dirige a otro, mientras que el segundo fragmento, que ha recibido el título [*Disposición para un ensayo sobre los períodos históricos*] por los editores expone un plan para un trabajo de mayor envergadura que recorre las eras de la historia: desde el mundo antiguo, pasando por la Edad Media, hasta la modernidad. ¿Qué contiene, por tanto, este trabajo con ese provocativo título que incluye la palabra «Comunismo»? Si bien el encabezado del manuscrito enumera cuatro nombres, que presumiblemente iban a participar en un diálogo mayor o en un conjunto de diálogos que se perdieron o se abandonaron, el cuerpo principal del texto presenta solo a dos hombres jóvenes: Eugen y Lothar.[5] Tras un esbozo que consiste en una descripción del paisaje y el debate de temas cercanos, Eugen comienza un apasionado

---

preparaba esta publicación, y me he valido del importante trabajo de Bolin y Duarte. [El «artículo anexo» al que se refiere Albernaz se publica, en este mismo volumen, a partir de la p. 131.]

[5] Una biografía reciente de Hölderlin acepta que el *Comunismo de los espíritus* es auténtico, y sugiere que el personaje llamado Lothar se refiere a los reyes medievales Lotario I y Lotario II, y al reino homónimo de Lotaringia. Véase Benoît Chantre, *Le clocher de Tübingen: Œvre-vie de Friedrich Hölderlin* (París: Bernard Grasset, 2019), 30-32.

discurso dirigido a Lothar frente a una capilla medieval mientras se pone el sol. La ubicación es inconfundible: la descripción de esta capilla, que se eleva sobre una gran colina, con vistas a sus alrededores que incluyen el cercano «río Neckar», no deja duda de que se trata de la Wurmlinger Kapelle, una capilla del siglo XI en una preciosa colina a las afueras de Tubinga. En el corto arrebato que Eugen dirige a Lothar, el texto aborda muchas de las mismas preguntas que obsesionaban a Hölderlin y a su séquito en el *Tübinger Stift* (el seminario teológico al que asistió Hölderlin desde 1788 hasta 1793, donde compartió habitación con Hegel y Schelling), y prefigura varios temas que pasarían a ser más prominentes en la poesía y la prosa posteriores de Hölderlin.

El tema fundamental del *Comunismo de los espíritus* es el cambio de era, mismo tema que impregna casi toda la obra de Hölderlin. Los jóvenes Eugen y Lothar están frente a una antigua iglesia medieval, pero también están frente al umbral de la modernidad, en la ruptura del momento posrevolucionario. Es central en el sentir de esta nueva era la escisión entre la «ciencia» [*Wissenschaft*], por un lado, y la religión cristiana, con todas las formas de la vida en comunidad que el cristianismo uniforma y organiza, por otra. El texto, auspiciado por la vieja capilla con vistas al valle, explora la noción perdida de una comunidad unida y un espíritu comunitario, encarnados aquí en las «órdenes monásticas según su significado ideal» y la Edad Media representando el ápice de esta forma de vida ahora atenuada. La «ciencia» que aquí amenaza con «destruir el Cristianismo» es específicamente la nueva filosofía crítica kantiana que arrasaba el mundo intelectual germanoparlante en la década de 1790; y esta presencia kantiana es inconfundiblemente evidente en la referencia en el texto a la «crítica» [*Kritik*] y en sus formulaciones kantianas como la «libertad como ley» [*freiheit als Gesetz*].[6] Si la religión no debe ser

---

[6] Compárese también con el ensayo de Hölderlin de alrededor de 1794 titulado *Über das Gesetz der Freiheit* [*Sobre la ley de la libertad*, en *Ensayos*, p. 21]

destruida, dice la primera disposición, la escisión debe ser sanada y la religión se debe unir con la ciencia –o, mejor dicho, con la filosofía–. No obstante, esta unificación reconciliatoria no es una tarea sencilla, pues tanto el narrador en tercera persona como el personaje espiritualmente ansioso de Eugen en el *Comunismo de los espíritus* se ven sobrepasados por una tristeza ubicua, atenazados por «un dolor secreto» ante el abismo y la atomización de la nueva era moderna, la «*Neue Zeit*», usando el término de la segunda parte del *Comunismo de los espíritus*.

El autor del *Comunismo de los espíritus* claramente está lidiando con una crisis de fe, una crisis que es personal pero que también está ligada a una nueva y más amplia corriente social, una «incredulidad generalizada», y la obra parece por tanto haber sido escrita tras la vigorizante revolución kantiana y el *Spinozatreit*.[7] Estos dos últimos desarrollos resonaron con particular intensidad en Tubinga y Jena a principios y mediados de la década de 1790 (lugares en los que Hölderlin vivió), de formas que no se podían divorciar fácilmente de las actitudes políticas revolucionarias del momento. La «disposición» con que abre el fragmento mantiene una esperanza, sin embargo, de reunificación de la ciencia, la religión y la vida comunitaria (o política), una reunificación que resultaría en una especie de renovación y generalización de la forma de vida monástica en la modernidad: la educación. Se trata de una nueva y revitalizada noción de educación, una «*Nueva Academia*» concebida en líneas generales en sus registros institucional e intelectual –de hecho, espiritual–, que podrían engendrar un florecimiento de la vida común en la empobrecida era moderna. Tras afirmar la importancia de crear para la humanidad «una existencia grandiosa, digna e independiente», la

---

esta formulación también se da en *Die Religion innerhalb der Grenzen der bloßen Vernuft* [*La religión dentro de los límites de la mera razón*] (1793) de Kant, un texto importante para Hölderlin y para Hegel en la década de 1790.

[7] La «controversia de Spinoza» tuvo que ver con la explosiva revelación de Jacobi sobre la confesión de espinosismo de Lessing en su lecho de muerte.

primera «disposición» del *Comunismo de los espíritus* concluye esbozando lo que el debate probablemente habría tratado en una forma más completa: «Seminarios y academias de nuestra época. Universidades. *La Nueva Academia*». La educación, entonces, es un *topos* clave para este texto y para su autor.

A pesar de que el fragmento se interrumpe antes de que se trate en detalle la cuestión de la nueva academia, el problema conexo de la comunidad, como sugiere el título, es de crucial importancia. En ausencia de un orden social unificador ejemplificado por la Iglesia en la Edad Media, es decir, en ausencia de un único «punto central» [*Mittlepunkt*], ¿cómo es posible la comunidad? Eugen pregunta directamente: «ahora, compara aquel tiempo y el nuestro, ¿dónde quieres encontrar una comunidad [*gemeinschaft*]?». Si bien el tono del texto es casi suntuosamente melancólico, la posibilidad nostálgica de recuperar o revertir ingenuamente alguna presencia anterior que fundamentaría una nueva comunidad está categóricamente descartada: «debo dar por perdido todo lo que una vez fue bello, perdido para siempre [*verloren auf immer*]». Los dioses se han marchado, y no hay vuelta atrás. De ahí que la palabra en clave «*Communismus*» del título no evoque el mundo bajo la influencia de «aquel espíritu devoto y poderoso» –que está irremediablemente perdido–, sino más bien la posibilidad de la comunidad y la vida común en el nuevo mundo sin el poder uniformador de un único gran espíritu, que ha dado paso ahora a la pluralidad de los *Geister*. Estos espíritus no poseen un fundamento único como esencia o sustancia común, pero buscan una vida común o «existencia» que es «independiente» [*selbständige Existenz*]: un comunismo de los espíritus. El texto sugiere que este comunismo de los espíritus puede parecerse, en cierto modo, a las órdenes monásticas medievales, pero desprendido de cualquier comunalidad homogénea de sustancia compartida con el creador («*Alles, wie aus Einem Gusse*» [«Todo como de un solo golpe»]), y plenamente consciente del «abismo entre aquí y allá», entre el «mundo de entonces» [*damalige Welt*] y sus formas de vida, y el nuevo y abierto campo del tiempo. Eugen no desea una repetición de la «materia muerta» de unas «glorias pasadas», sino que desea una nueva «forma» [*Form*] de vida común y de «espíritu humano». El fragmento, por tanto, presenta el nombre «Comunismo» como posibilidad de una comunidad sin fundamento, de comunidad sin autorización transcendente, compulsión o garantía. El comunismo aquí no es un *telos* de necesidad histórica, como sería concebido posteriormente; el comunismo es más «un enigma a cuya solución le falta la palabra» que una solución, es la *pregunta*: «¿dónde quieres encontrar una comunidad?».

La parte principal del fragmento termina con una serie de preguntas, mientras que la segunda parte, que recibió el nombre de «Disposición para un ensayo sobre los períodos históricos» por los editores, presenta un breve y esquemático plan para un trabajo sobre tres períodos de la historia: el «Mundo antiguo», «la Edad Media» y «la Nueva era» [*Neue Zeit*]. El borrador termina con el «protestantismo como preludio»[8] a algo nuevo.

---

[8] En la versión castellana de Clara Ramas y Antonio Sánchez (vid. p. 46), «preludio al protestantismo». El original alemán [«Vorspiel der Protestantismus»] permitiría ambas lecturas. D'Hondt (1989), Carosso (1995) y Albernaz (2022) son del criterio –al que nosotros nos sumamos– de interpretar el «protestantismo como preludio» a algo nuevo, algo por venir en esa *Neue Zeit* dominada por el principio republicano. Bolin (2018) es del criterio de Ramas y Sánchez, leyendo «prelude to Protestantism». La versión castellana de Alberto Arvelo (2007) ni siquiera llega a traducir esta segunda parte del manuscrito. | Nota de Ediciones Mnemosyne.

F. HÖLDERLIN

COMUNISMO
DE LOS ESPÍRITUS

Sobre esta edición

Nuestra edición del *Comunismo de los espíritus* saca a la luz un texto prácticamente inédito en castellano. Se trata de la primera traducción íntegra en nuestro idioma. Hasta ahora sólo existía la versión parcial, y excesivamente libre en determinados pasajes, de Alberto Arvelo Ramos, que no traduce más que la *Disposición* y el intento de ejecución, dejando de lado la última página del manuscrito [*Disposición para un ensayo sobre los períodos históricos*].[1]

El texto fuente se ha tomado de HÖLDERLIN, Friedrich, *Sämtliche Werke* (Tempel Klassiker series), ed. Paul Stapf, Berlin & Darmstadt, Tempel, 1956, pp. 985-987. Publicamos también el texto de esta versión alemana (a partir de la página 47 del presente volumen), que hemos contrastado con la copia manuscrita que se conserva (reproducida a partir de la página 51) y la edición de Beißner.

Una discusión actualizada del texto, fuentes y recepción puede consultarse en ALBERNAZ, Joseph, «The Missing Word of History: Hölderlin and "Communism"», *The Germanic Review: Literature, Culture, Theory*, 97:1, 2022, pp. 7-29. La traducción castellana de este texto puede encontrarse, en este mismo volumen, a partir de la página 131.

[1] Arvelo antepone esta nota a su traducción: «Este fragmento de diálogo nos sorprende por la exaltación de la ciencia. El comunismo de los Espíritus es un comunismo científico. Hölderlin es [el] poeta por antonomasia del romanticismo alemán. Todos [los] románticos satanizan la ciencia. Ningún romántico europeo podría decir: "O la ciencia tiene que aniquilar a la cristiandad, o debe unificarse con ella". En el romanticismo, eso que es la unidad del "craso materialismo científico" con la fuente del espíritu cristiano era –y es– anatema» (*Revista Filosofía*, 17-18, p. 9. Venezuela, Mérida, 2006-2007).

Friedrich Hölderlin

Comunismo de los espíritus

Eugen y Lothar — Theobald y Oskar

Disposición

Puesta de sol. Capilla. Vasta, rica tierra. Río. Bosques. Los amigos. Solo la capilla aún iluminada. La conversación viene a parar a la Edad Media. Las órdenes monásticas según su significado ideal. Su influencia sobre la religión y al mismo tiempo sobre la ciencia. Ambas direcciones se han separado, las órdenes han caído; ¿no deberíamos desear, empero, instituciones similares? Partimos precisamente del principio opuesto, de la incredulidad generalizada, para demostrar que tal incredulidad es necesaria en nuestro tiempo. Esta incredulidad está relacionada con la crítica científica propia de nuestros tiempos, que adelanta a la especulación positiva; el lamento es inútil, la tarea es ayudar. La ciencia debe o bien destruir el cristianismo o bien ser uno con él, y ya que solo puede haber una verdad, se trata de no permitir que la ciencia dependa de circunstancias externas y, confiando en esa unidad que todo aquel que conoce y ama a la humanidad desea y presiente, crear para ella una existencia grandiosa, digna e independiente. Seminarios y academias de nuestra época. Universidades. *La Nueva Academia.*

[*Intento de ejecución*]

Una bella tarde se inclinaba a su fin. La luz, ya en retirada, parecía reunir todas sus fuerzas y arrojaba los últimos rayos dorados sobre una capilla que, sobre una colina cubierta de prados y viñedos, se alzaba con encantadora simplicidad. El valle, a pie de la colina, ya no estaba tocado por el resplandor de la luz, y solo el murmullo de las olas daba testimonio de la proximidad del río Neckar que, cuanto más se acallaba la melodía del día, más elevaba su voz murmurante, saliendo al saludo de la noche venidera. Los rebaños ya habían regresado a casa y solo de vez en cuando algún animal salvaje, buscando su alimento al aire libre, asomaba tímidamente desde el bosque. La montaña aún estaba iluminada. Un espíritu de paz y nostalgia se derramaba por sobre todas las cosas.

«Lothar», comenzó uno de los dos jóvenes, que había contemplado la escena durante un tiempo desde los escalones de la capilla y ahora se desplazaba levemente de su sitio para dar su adiós al último rayo de sol que se vertía sobre el tejado de la iglesia, «¡Lothar! ¿Acaso no te atenaza a ti también un dolor secreto cuando el ojo del cielo es arrancado de la naturaleza y la vastedad de la tierra yace ahí, como un enigma a cuya solución le falta la palabra? Mira, ahora la luz se ha retraído y las orgullosas montañas ya se cubren en la oscuridad, esta quietud angustia y el recuerdo de la belleza pasada se convierte en veneno; me ha ocurrido cien veces, cuando debo regresar del libre éter de la Antigüedad a la noche del presente, y no he encontrado otra salvación que la rendición aterida que es la muerte del alma; es un sentimiento torturador, ante el recuerdo de glorias pasadas uno se encuentra como un criminal ante la historia, y cuanto más profundamente lo ha atravesado, más fieramente se ve sacudido por el despertar de este sueño, uno ve un abismo entre aquí y allá y, al menos por mi parte, debo dar por perdido todo lo que una vez fue bello y grande, perdido para siempre. Mira esta capilla; qué espíritu tan colosal, tan vigoroso, fue el que la construyó, con qué fuerza sometió al amplio mundo, a los cerros silenciosos los coronó con el santuario plácido, en el llano del valle estableció su monasterio y en el tumulto de la ciudad la catedral majestuosa y miles de hombres le fueron súbditos y pobres y abandonados por la caricia de la tierra se congregaron vistiendo hábitos a su alrededor como sus apóstoles y obraron; pero no necesito contártelo, tú ya conoces la historia universal; y, ¿dónde está todo eso? Tú me entiendes, no pregunto por lo que aquella época nos ha legado, no pregunto por la materia muerta, sino, si quieres, por la forma en la que ello aconteció, por aquella energía y resolución que parecía perderse en el infinito pero que, incluso en lo más alejado, concordaba con el punto central, que conserva, en cada variación, el sonido de la melodía original; la forma en ese sentido es lo único que puede ofrecernos un punto de comparación en nuestra situación, puesto que la materia es siempre algo dado; la forma es, empero, el elemento del espíritu humano en el que la libertad opera como ley y la razón se hace presente; ahora, compara aquel tiempo y el nuestro, ¿dónde quieres encontrar una comunidad? ¿Dónde está el puente que traería tanto esplendor de esa tierra a nosotros? ¿Dónde está aquel espíritu devoto y poderoso que ha construido iglesias, que ha fundado órdenes, y Todo como de un solo golpe, que, desde un punto central que le elevó por encima del mundo de entonces lo sometió Todo a su inteligencia y la fuerza de su fe?.......................

[*Disposición para un ensayo sobre los períodos históricos*]

Para nosotros, todo se concentra en lo espiritual;
nos hemos vuelto pobres para poder volvernos ricos.

Mundo antiguo.

1) *Monarquía*. Grecia, Roma tardía.

Edad Media.

2) *Monarquía constitucional.*

Nueva era.

3) *República.*

ad 2) distintas naciones – Una Iglesia con Un Papa.
ad 3) sacerdocio universal, preludio al protestantismo.

Friedrich Hölderlin

Communismus der Geister

Eugen und Lothar

Theobald und Oscar

Disposition

Sonnenuntergang. Kapelle. Weites, reiches Land. Fluß. Wälder. Die Freunde. Die Kapelle allein noch beleuchtet. Das Gespräch kommt auf das Mittelalter. Die Mönchsorden nach ihrer idealen Bedeutung. Ihr Einfluß auf die Religion und zugleich auf die Wissenschaft. Diese beiden Richtungen sind auseinandergegangen, die Orden gefallen, wären aber nicht ähnliche Institute zu wünschen? Wir gehen eben vom entgegengesetzten Prinzip aus, von der Allgemeinheit des Unglaubens, um ihre Notwendigkeit für unsre Zeit zu beweisen. Dieser Unglaube hängt mit der wissenschaftlichen Kritik unsrer Zeiten zusammen, welche der positiven Spekulation vorausgeeilt ist, darüber läßt sich nicht mehr klagen, es handelt sich drum, zu helfen. Entweder muß die Wissenschaft das Christentum vernichten oder mit ihm eins sein, da die Wissenschaft nur eine sein kann, es handelte sich also drum, die Wissenschaft nicht von äußerlichen Umständen abhängig werden zu lassen und im Vertrauen auf jene Einheit, die jeder, der die Menschheit kennt und liebt, wünscht und ahnt, ihr eine großartige, würdige, selbstständige Existenz zu schaffen. Seminare und Akademien unserer Zeit. Universität. *Die neue Akademie.*

[*Ausführungsversuch*]

Ein schöner Abend neigte sich zu seinem Ende. Das scheidende Licht schien alle seine Kräfte noch zusammenzuraffen und warf die letzten goldenen Strahlen über eine Kapelle, die auf der Spitze eines mit Wiesen und Wein bewachsenen Hügels in reizender Einfalt sich erhob. Das Tal am Fuße des Hügels war nicht mehr berührt vom Schimmer des Lichts und nur die rauschende Woge gab Kunde vom nahen Neckar, der, je mehr die Melodie des Tags verhallte, um so lauter seine murmelnde Stimme erhob, die kommende Nacht zu grüßen. Die Herden waren heimgezogen und nur selten schlich ein schüchternes Wild aus dem Walde hervor, sich unter freiem Himmel seine Nahrung zu holen. Das Gebirge war noch erleuchtet. Ein Geist der Ruhe und Wehmut war über das Ganze ausgegossen.

„Lothar", so begann der eine von zwei Jünglingen, die von der Staffel der Kapelle aus längere Zeit diese Szene betrachtet hatten, und nun von ihrem Orte etwas gewichen waren, um dem letzten Strahl, der das Dach der Kirche traf, Lebewohl zu sagen, „Lothar! Erfaßt dich nicht auch ein geheimer Schmerz, wenn das Auge des Himmels aus der Natur genommen ist und so die weite Erde daliegt, wie ein Rätsel, dem das Wort der Lösung fehlt, siehe, nun ist das Licht dahingegangen und schon hüllen sich auch die stolzen Berge ins Dunkel, diese Bewegungslosigkeit ängstigt und die Erinnerung an die vergangne Schönheit wird zum Gift; es ist mir hundertmal ebenso gegangen, wenn ich aus dem freien Äther des Altertums zurückkehren mußte in die Nacht der Gegenwart, und ich fand keine Rettung, als in starrer Ergebung, die der Tod der Seele ist; es ist ein peinigendes Gefühl um die Erinnrung verschwundner Größe, man steht, wie ein Verbrecher, vor der Geschichte, und je tiefer man sie durchlebt hat, um so heftiger erschüttert einen das Erwachen aus diesem Traum, man sieht eine Kluft zwischen hier und dort, und ich wenigstens muß so vieles, was doch schön und groß war, verloren geben, verloren auf immer. Sieh diese Kapelle an; was war es für ein kolossaler, kraftvoller Geist, der sie erschuf, mit welcher Macht zwang er die weite Welt, den stillen Hügel krönte er mit dem friedlichen Heiligtum, in die Ebene des Tals stellte er sein Kloster und ins Gewühl der Stadt den majestätischen Dom und tausende von Menschen waren ihm untertan und zogen im härenen Kleid arm und verlassen vom Zärtlichsten, was die Erde gibt, umher als seine Apostel und wirkten – doch ich brauche dir nicht zu erzählen, du kennst die Weltgeschichte; und wo ist es alles? Du verstehst mich, ich frage nicht nach dem, was uns jenes Zeitalter überliefert hat, ich frage nicht nach dem toten Stoffe, sondern, wenn du so willst, nach der Form, in der es geschah, nach jener Energie und Konsequenz, die sich ins Unendliche zu verlieren schien und dennoch auch in das Entfernteste die Übereinstimmung mit dem Mittelpunkt trug, die in jeder Variation den Klang der ursprünglichen Melodie festhielt; die Form in diesem Sinne ist ja das Einzige, was für uns in unsern Verhältnissen einen Vergleichungspunkt darbieten kann, da der Stoff immer etwas Gegebenes ist; die Form aber ist das Element des menschlichen Geistes, in welchem die Freiheit als Gesetz wirkt und die Vernunft gegenwärtig wird; nun vergleiche aber jene Zeit und unsere, wo willst du eine Gemeinschaft finden? wo ist die Brücke, die so vieles Herrliche aus jenem Lande zu uns trüge? wo ist jener fromme, gewaltige Geist, der die Kirchen erbaut, die Orden gegründet hat, Alles wie aus einem Gusse? der von einem Mittelpunkte, welcher über die damalige Welt sich erhob, Alles unter seine Intelligenz und Glaubenskraft niederzwang?......................

[*Aufsatzentwurf über die Geschichtsperioden*]

Es konzentriert sich bei uns alles aufs Geistige,
wir sind arm geworden, um reich zu werden.

Alte Welt.

1) *Monarchie.* Griechenland, später Rom.

Mittelalter.

2) *Konstitutionelle Monarchie.*

Neue Zeit.

3) *Republik.*

ad 2) verschiedene Nationen Eine Kirche mit Einem Papst.
ad 3) allgemeines Priestertum, Vorspiel der Protestantismus.

Communismus der Geister. 13.

Eugen v. Solzer. Theobald v. Olten.

Disposition.

Sonnenuntergang. Kapelle. Weiher, einsames Land. Fluss. Wälder. Die Freunde. Die Kapelle allein noch beleuchtet. D. Gespräch kommt auf das Mittelalter. Die Kunst oder nach ihrer idealen Bedeutung. Ihr Einfluss auf die Religion u. zugleich auf die Wissenschaft. Diese beiden Richtungen sind v. einander gegangen, d. beiden gefallen, wären nicht ähnliche Zustände zu wünschen? Wir gehen aber vom entgegengesetzten Prinzip aus, v. der Allgemeinheit des Unglaubens, um ihre Rcht. für unsere Zeit zu beweisen. Ihr Unglb. ist d. d. wissenschaftl. Kritik unserer Zeit gk., wo d. positiven Spekulation vorgestellt ist, darüber läst sich nicht klagen, es fehlt s. darum, z. helfen. Entweder muss d. Wissensch. d. christlichen [illegible] od. d. ihr [illegible], da d. Wahrheit [illegible], es sollte s. also darum, d. Wissensch. v. d. äußerl. Umständen abhängig werden z. lassen u. im Vertrauen d. jener Einsicht d. Jeder, der d. Menschheit kennt u. liebt, wünscht u. ehrt, ihr die großartige, würdige, festige Existenz zu schaffen. Seminaren u. Akademien unserer Zeit. Universitäten. Die Neue Akademie

14

Ein schöner Abend neigte sich zu seinem Ende. Das scheidende Licht schien alle seine Kräfte auf zusammenzuraffen u. warf die letzten goldenen Strahlen ~~auf~~ über eine stille Kapelle, die sich auf der Spitze eines mit Wiesen u. Wein bewachsenen Hügels in einsamer Einfalt erhob. Das Thal am Fuße des Hügels war nicht mehr beleuchtet vom Schimmer des Lichts u. nur die rauschende Woge gab Kunde ~~von der Nähe~~ immer näher des Neckar, der, je mehr die Melodie des Tags ~~verschwand~~ verhallte, um so lauter seine ~~bezaubernde~~ überwallende Stimme erhob, die kommende Nacht zu grüßen. Die Heerden waren heimgezogen u. nur selten schlich sich ein scheues Wild aus dem Waldesgrün, sich ~~in stillen Lüften~~ unter freiem Himmel seine Nahrung zu holen. Das Gebirge war noch erleuchtet. Ein Geist der Ruhe u. der Wehmuth war über ~~die Gegend~~ das Ganze ausgegossen.

Lothar, so begann der Eine von zwei Jünglingen, die von der Schwelle der Kapelle aus längere Zeit diese Scene betrachtet hatten, u. ~~nun~~ von ihrem Orte etwas gewichen waren, um den letzten Strahl, der das Dach der Kirche traf, Lebewohl zu sagen, Lothar! erfaßt dich nicht auch ein geheimer Schmerz, wenn das Auge des Himmels aus der Natur genommen ist u. nun die weite Erde da liegt, wie ein Räthsel, dem das Wort der Lösung fehlt, siehe nun ist das Licht dahingegangen u. schon hüllen sich auch die stolzen Berge ins Dunkel, diese Bewegungslosigkeit ängstigt u. die Erinnerung an die vergangene Schönheit wird zum Gift, es ist mir hundertmal ebenso gegangen, wenn ich ~~in die Stille~~ ~~[illegible]~~ aus dem freien Aether des Alterthums zurückkehren mußte in die Nacht der Gegenwart u. ich fand keine Rettung, als in stummer Ergebung, die der ~~[illegible]~~ Seele ist, es ist ein peinigendes Gefühl um die Erinnerung verschwundener Größe,

Ep. F. 63. C. 9

…nen steht, wie ein Verbrecher, vor der Geschichte, u. je lieber man sie gehabt hat, um so heftiger erschüttert Einen das Erwachen aus diesem Traum, man sieht eine Kluft zwischen hier u. dort u. ich wenigstens möchte so vieles, was doch schön u. groß war, verloren geben, verloren auf immer. Sieh diese Kapellen – was war es für ein kolossaler, kraftvoller Geist, der sie erschuf, mit welcher Macht zwang er die weiten, stillen Hügel krönte er mit dem friedlichen Heiligthum, in die Ebene des Thals stellte er sein Kloster u. ins Geräusch der Stadt den majestätischen Dom u. tausende von Menschen waren ihm unterthan u. zogen im härenen Kleid aus u. verließen das Theuerste, was die Erde gibt, um sich als seine Apostel zu wirken – ich darf ich brauche dir nicht zu erzählen, du kennst die Weltgeschichte; u. wo ist es Alles? du verstehst mich, ich frage nicht nach dem, was uns jenes Zeitalter überliefert hat, ich frage nicht nach dem todten Stoffe, sondern, wenn du so willst, nach der Form in der es geschah, nach jener Energie u. Empfindung, die sich ins Unendliche zu verlieren schien u. dennoch auch in dem Entferntesten die Uebereinstimmung mit dem Mittelpunkt bewahrte, die in jeder Variation den Klang der ursprünglichen Melodie festhielt; die Form in diesem Sinn ist ja das Einzige, was für uns in äußern Verhältnissen einen Vergleichungspunkt darbieten kann, da der Stoff immer etwas Gegebenes ist; die Form aber ist das Element des menschlichen Geistes, in welchem die Freiheit als Gesetz wirkt u. die Vernunft gegenwärtig wird; nun vergleich aber jene Zeit u. unsere, wo willst du eine Gemeinschaft finden? wo ist die Brücke, die so vieles Herrliche aus jenem Lande zu uns trüge? wo ist jener fromme, gewaltige Geist, der die Kirchen erbaut, die Orden gegründet hat, Alles; wie aus Einem

8 Geschöpfe der von einem Mittelpunkte, welcher über die damalige Welt sich erhob, Alles unter seine Intelligenz u. Glaubenskraft niederzwang.

Es concentrirt sich bei uns alles auf's Geistige, wir sind arm geworden, um reich zu werden.

Alte Welt.

1) Monarchie. Griechenland, später Rom

Mittelalter.

2) Constitutionelle Monarchie.

Neue Zeit.

3) Republik.

ad 2) verschiedene Nationen — eine Kirche mit einem Pabst.

ad 3) allgemeines Priesterthum, Beispiel des Protestantismus.

ANEXOS

G. W. F. Hegel

Eleusis

A Hölderlin (agosto 1796)

En torno a mí, dentro de mí la calma habita –los atareados
con su incansable ansia duermen, proporcionándome la libertad
y el ocio–, gracias a ti, libertadora mía,
¡oh noche! Con un blanco cendal de neblina
cubre la luna la frontera incierta
de las lomas lejanas; amablemente me llama
la clara franja de aquel lago;
se aleja el recuerdo del tumulto monótono del día,
como si hubiera años de distancia entre él y el ahora.
Y tu imagen, querido, se presenta ante mí; tu imagen
y el placer de los días que han huido, aunque pronto los borra
la dulce espera de volver a vernos...
Se me presenta la escena del abrazo
anhelado, fogoso; más tarde las preguntas, el interrogatorio
más profundo, recíproco,
tras cuanto en actitud, expresión y carácter
el tiempo haya cambiado en el amigo... placer de la certeza
de hallar más firme, más madura aún la lealtad de la vieja alianza,
alianza sin sellos ni promesas,
de vivir solamente por la libre verdad y nunca, nunca,
en paz con el precepto que opiniones y afectos reglamenta.
Ahora con la inerte realidad pacta el deseo
que atravesando montes y ríos fácilmente hasta ti me llevó,
pero pronto un suspiro lanza su desacuerdo
y con él huye el sueño de dulces fantasías.

Mi vista hacia la eterna bóveda celestial se alza,
hacia vosotros, ¡astros radiantes de la noche!,
y el olvido de todo, deseos y esperanzas,
de vuestra eternidad fluye y desciende.

~~El sentir se diluye en la contemplación;~~
~~lo que llamaba mío ya no existe;~~
~~hundo mi yo en lo inconmensurable,~~
~~soy en ello, todo soy, soy sólo ello.~~
~~Regresa el pensamiento, al que le extraña~~
~~y asusta el infinito, y en su asombro no capta~~
~~esta visión en su profundidad.~~
~~La fantasía acerca a los sentidos lo eterno~~
~~y lo enlaza con formas~~...[1]
¡bienvenidos seáis,
oh elevados espíritus, altas sombras,
fuentes de perfección resplandecientes!
No me asusta... Yo siento que es mi patria también
el éter, el fervor, el brillo que os baña.
¡Que salten y se abran ahora mismo las puertas de tu santuario,
oh Ceres que reinaste en Eleusis!
Borracho de entusiasmo captaría yo ahora
visiones de tu entorno,
comprendería tus revelaciones,
sabría interpretar de tus imágenes el sentido elevado,
oiría los himnos del banquete divino,
sus altos juicios y consejos...

Pero tu estruendo ha enmudecido, ¡oh Diosa!
Los dioses han huido de altares consagrados
y se han vuelto al Olimpo;
¡huyó del profanado sepulcro de los hombres
de la inocencia el genio, que aquí les encantaba!...

---

[1] Tachamos los versos que así aparecen en el manuscrito. | N. de la E.

Tus sabios sacerdotes callaron; de tus sagrados ritos
no llegó hasta nosotros tono alguno... En vano busca
el investigador, más por curiosidad que por amor,
a la sabiduría ~~tal hay en los que buscan y a Ti te menosprecian~~...

¡Por dominarlas cavan en busca de palabras
que conserven la huella de tu excelso sentido!
¡En vano! Sólo atrapan polvo, polvo y ceniza
en las que no retorna nunca jamás tu vida.
¡Aunque lo inanimado y el moho les contentan
a los eternos muertos!..., ¡los muy sobrios!..., en balde...,
no hay señal de tus fiestas ni huella de tu imagen.
Era para tu hijo tan abundante en altas enseñanzas tu culto,
tan sagrada la hondura del sentimiento inexpresable,
que no creyó dignos de ellos secos signos.
Pues casi no lo era el pensamiento, aunque sí el alma,
que sin tiempo ni espacio, absorta en el penar de lo infinito,
se olvidó de sí misma y se despierta ahora de nuevo a la conciencia.
Pero quien de ello quiera hablar a otros,
aun con lengua de ángel, sentirá en las palabras su miseria.
Y le horroriza tanto haberlas empleado en empequeñecerlo
al pensar lo sagrado, que el habla le parece pecado
y en vivo se clausura a sí mismo la boca.
Lo que así el consagrado se prohibió a sí mismo, una ley sabia
prohibió a los más pobres espíritus hacer saber
cuanto vieran, oyeran o sintieran en la noche sagrada:
para que a los mejores su estrépito abusivo
no molestara en su recogimiento ni su hueco negocio de palabras
les llevara a enojarse con lo sagrado mismo, y para que éste
no fuera así arrojado entre inmundicias, para que nunca
se confiara a la memoria, ni tampoco
fuera juguete y mercancía del sofista
vendida igual que un óbolo,
ni manto del farsante redicho, ni tampoco
férula del muchacho piadoso, y tan vacío
quedara al fin que solamente en eco extrañas lenguas

siguieran conservando raíces de su vida.
Porque tus hijos, Diosa, no exhibieron
por calles y por plazas tu honor, sino que avaros
en el santuario de su pecho lo guardaban.
Por eso no vivías tú en su boca.
Te honraban con su vida. Aún vives en sus hechos.
¡También en esta noche te he escuchado, divinidad sagrada,
a ti, que me revelas a menudo la vida de tus hijos;
a ti, que yo presiento que a menudo eres el alma de sus hechos!
Eres el alto pensamiento, la fe sincera,
que una Deidad, aunque todo se hunda, nunca se desmorona.

Hölderlin – Hegel – Schelling

Primer programa de un sistema del idealismo alemán

(invierno 1796/97?)

...*una ética.* Puesto que, en el futuro, toda la metafísica caerá en la *moral*, de lo que Kant dio sólo un *ejemplo* con sus dos postulados prácticos, sin *agotar* nada, esta ética no será otra cosa que un sistema completo de todas las ideas o, lo que es lo mismo, de todos los postulados prácticos. La primera idea es naturalmente la representación de *mí mismo* como de un ser absolutamente libre. Con el ser libre, autoconsciente, emerge, simultáneamente, un *mundo* entero –de la nada–, la única *creación de la nada* verdadera y pensable. Aquí descenderé a los campos de la física; la pregunta es ésta: ¿Cómo tiene que estar constituido un mundo para un ser moral? Quisiera prestar de nuevo alas a nuestra física que avanza dificultosamente a través de sus experimentos.

Así, si la filosofía da las ideas y la experiencia provee los datos, podremos tener por fin aquella física en grande que espero de las épocas futuras. No parece como si la física actual pudiera satisfacer un espíritu creador, tal como es o debiera ser el nuestro.

De la naturaleza paso a la obra humana. Con la idea de la humanidad delante quiero mostrar que no existe una idea del *Estado,* puesto que el Estado es algo *mecánico,* así como no existe tampoco una idea de una *máquina.* Sólo lo que es objeto de la *libertad* se llama *idea.* ¡Por lo tanto, tenemos que ir más allá del Estado! Porque todo Estado tiene que tratar a hombres libres como a engranajes mecánicos, y puesto que no debe hacerlo debe *dejar de existir.* Podéis ver por vosotros mismos que aquí todas las ideas de la paz perpetua, etc., son sólo ideas *subordinadas* de una idea superior. Al mismo tiempo quiero sentar aquí los principios para una *historia de la humanidad* y desnudar hasta la piel toda la miserable obra humana: Estado, gobierno, legislación. Finalmente vienen las ideas de un mundo moral, divinidad, inmortalidad, derrocamiento de toda fe degenerada, persecución del estado eclesiástico que, últimamente, finge apoyarse en la razón, por la razón misma. La libertad absoluta de todos los espíritus que llevan en sí el mundo intelectual y que no deben buscar ni a Dios ni a la inmortalidad *fuera de sí mismos.*

Finalmente, la idea que unifica a todas las otras, la idea de la *belleza*, tomando la palabra en un sentido platónico superior. Estoy ahora convencido de que el acto supremo de la razón, al abarcar todas las ideas, es un acto estético, y que la *verdad* y la *bondad* se ven hermanadas *sólo en la belleza.* El filósofo tiene que poseer tanta fuerza estética como el poeta. Los hombres sin sentido estético son nuestros filósofos ortodoxos. La filosofía del espíritu es una filosofía estética. No se puede ser ingenioso, incluso es imposible razonar ingeniosamente sobre la historia, sin sentido estético. Aquí debe hacerse patente qué es al fin y al cabo lo que falta a los hombres que no comprenden [nada de las] ideas y que son lo suficientemente sinceros para confesar que todo les es oscuro, una vez que se deja la esfera de los gráficos y de los registros.

La poesía recibe así una dignidad superior y será al fin lo que era en el comienzo: *la maestra de la humanidad*; porque ya no hay ni filosofía ni historia, únicamente la poesía sobrevivirá a todas las ciencias y artes restantes.

Al mismo tiempo, escuchamos frecuentemente que la masa [de los hombres] tiene que tener una *religión sensible.* No sólo la masa, también el filósofo la necesita. Monoteísmo de la razón y del corazón, politeísmo de la imaginación y del arte: ¡esto es lo que necesitamos!

Hablaré aquí primero de una idea que, en cuanto yo sé, no se le ocurrió aún a nadie: tenemos que tener una nueva mitología, pero esta mitología tiene que estar al servicio de las ideas, tiene que transformarse en una mitología de la *razón.*

Mientras no transformemos las ideas en ideas estéticas, es decir en ideas mitológicas, carecerán de interés para el *pueblo* y, a la vez, mientras la mitología no sea racional, la filosofía tiene que avergonzarse de ella. Así, por fin, los [hombres] ilustrados y los no ilustrados tienen que darse la mano, la mitología tiene que convertirse en filosófica y el pueblo tiene que volverse racional, y la filosofía tiene que ser filosofía mitológica para transformar a los filósofos en filósofos sensibles. Entonces reinará la unidad perpetua entre nosotros. Ya no veremos miradas desdeñosas, ni el temblor ciego del pueblo ante sus sabios y sacerdotes. Sólo entonces nos espera la formación *igual* de *todas* las fuerzas, tanto de las fuerzas del individuo [mismo] como de las de todos los individuos. No se reprimirá ya fuerza alguna, reinará la libertad y la igualdad universal de todos los espíritus. Un espíritu superior enviado del cielo tiene que instaurar esta nueva religión entre nosotros; ella será la última, la más grande obra de la humanidad.

György Lukács

El *Hiperión* de Hölderlin

Hubiera una bandera..., unas Termópilas en las que poder desangrar con honor todo el amor solitario que ya nunca me servirá.

[*Hiperión*]

La gloria de Hölderlin es la del poeta del helenismo. Todo el que lee sus obras nota que su helenismo es distinto, más oscuro, más agarrotado por el dolor que la radiante utopía de la Antigüedad vigente en el Renacimiento y en la Ilustración. Pero su helenismo no tiene nada que ver con el aburrido clasicismo académico, carente de contenido, del siglo XIX, ni con la bestialización histérica de lo griego por Nietzsche y el imperialismo. La clave para la comprensión de Hölderlin está, pues, en una captación intelectual de la especialidad de su helenismo.

Marx ha indicado con inimitable claridad el fundamento social de la veneración de la Antigüedad en el período de la Gran Revolución Francesa: «Pero, a pesar de lo poco heroica que es, la sociedad burguesa necesitó el heroísmo, el sacrificio, el terror, la guerra civil y las grandes batallas de las naciones para imponerse en el mundo. Y sus gladiadores hallaron en las rígidas tradiciones clásicas de la República Romana los ideales y las formas artísticas, los autoengaños que necesitaban para ocultarse a sí mismos el contenido burgués limitado de sus luchas y para mantener su pasión a la altura de la gran tragedia histórica».[1]

[1] Cfr. MARX, K.: *El 18 Brumario de Luis Bonaparte.* | N. de la E.

La particular situación de Alemania en el período de transición de la burguesía desde el período heroico al antiheroico consiste en que este país no estaba ni mucho menos maduro para una revolución burguesa real, mientras que en las cabezas de sus mejores ideólogos tenía en cambio que desencadenarse por aquella llamarada heroica de «autoengaños», de modo que la transición trágica entre la edad heroica de la polis republicana soñada en la vida misma por Robespierre y Saint-Just y la prosa capitalista tuvo que realizarse de modo puramente ideológico, utópico, sin previa revolución.

Tres jóvenes estudiantes vivieron con entusiasta júbilo en la Fundación [*Stift*] de Tubinga los grandes días de la Revolución Francesa. Plantaron con juvenil entusiasmo un árbol de la libertad, danzaron en torno suyo y juraron eterna fidelidad al ideal de la gran lucha liberadora. Cada uno de esos tres jóvenes –Hegel, Hölderlin y Schelling– ha representado en su posterior evolución una posibilidad típica de reacción alemana a la evolución de Francia. La vida de Schelling se perdió al final de un torpe oscurantismo propio de la reacción más vil: el nuevo romanticismo del período preparatorio de la Revolución del Cuarenta y Ocho. Hegel y Hölderlin no han sido infieles a su juramento juvenil. Pero la diversidad de sus interpretaciones respectivas cuando se trató de cumplir con él indica claramente las vías ideológicas que pudo y tuvo que emprender la preparación de la revolución burguesa en Alemania.

Todavía no habían dominado intelectualmente ni Hegel ni Hölderlin las ideas de la Revolución Francesa cuando cayó en París la cabeza de Robespierre, ni cuando se impusieron el Thermidor y, luego, el período napoleónico. El desarrollo de su concepción del mundo tuvo pues que ocurrir sobre la base de esa inflexión del proceso revolucionario francés. Con Thermidor apareció cada vez más claramente en primer plano el *contenido prosaico* de la arcaizante forma antigua, de la sociedad burguesa con su progresividad y, al mismo tiempo, sus horrores. Y el nuevo y distinto carácter heroico del período napoleónico puso a los ideólogos alemanes ante un dilema irresoluble: la Francia napoleónica era, por una parte, ideal luminoso de grandeza nacional, que sólo podía florecer en el terreno de una revolución victoriosa; pero, por otra parte, ese mismo imperio francés acarreaba para Alemania la situación de desgarramiento y humillación nacionales más profundos. Como las condiciones objetivas de una revolución burguesa capaz de oponer a la conquista napoleónica una defensa nacional del estilo 1793 no se daban en Alemania, el ansia básicamente burguesa y revolucionaría de una liberación y una unificación nacionales se encontró, pues, ante un dilema irresoluble que llevó al romanticismo reaccionario. «Todas las guerras por la independencia libradas contra Francia llevan el sello indistinto de una regeneración apareada con la reacción.»[2]

Ni Hegel ni Hölderlin han sucumbido a esa reacción romántica. Su enfrentamiento intelectual con la situación post-thermidoriana discurre, empero, por vías contrapuestas. Dicho brevemente: Hegel se acomoda o reconcilia con la época post-thermidoriana, con la conclusión del período revolucionario de la evolución burguesa, y construye su filosofía precisamente sobre la base del reconocimiento de esa nueva inflexión de la historia universal. Hölderlin, en cambio, no concierta ningún compromiso con esa realidad post-thermidoriana, sino que sigue fiel al viejo ideal revolucionario de la democracia de la polis que había que renovar, y así se estrella contra la realidad, en la cual no cabían ya, ni siquiera poética o filosóficamente, aquellos ideales.

Ambos caminos reflejan de modo contradictorio la irregular evolución del pensamiento burgués revolucionario en Alemania. Y esa irregularidad de la evolución –llamada por el propio Hegel, con su lenguaje idealista e ideológico, «la astucia de la razón»– se manifiesta ante todo en el hecho de que la acomodación hegeliana a la realidad post-thermidoriana le ha llevado hasta el

---

2 Cfr. MARX, K.; ENGELS, F.: *La España revolucionaria.* | N. de la E.

gran camino real de la evolución ideológica de su clase, por el cual se ha hecho posible el avance intelectual hasta la mutación de los métodos del pensamiento burgués revolucionario en los proletarios-revolucionarios. (Esto es la inversión materialista de la dialéctica idealista hegeliana por Marx.) La pureza de Hölderlin contra todo compromiso se ha quedado en un trágico callejón sin salida: ignorado y nada llorado, este solitario Leónidas poético de los ideales del período jacobino ha caído en las Termópilas del incipiente proceso thermidoriano.

La acomodación de Hegel produce sin duda, por una parte, su abandono del republicanismo juvenil del período de Berna y, a través del entusiasmo bonapartista, hasta la reconciliación intelectual con la miseria de una monarquía constitucional prusiana. Pero también lleva –aunque con deformaciones e inversiones idealistas– al descubrimiento intelectual y a la elaboración de la dialéctica de la sociedad burguesa. En el pensamiento de Hegel aparece por vez primera la economía política inglesa como elemento de la concepción dialéctica de la historia universal, lo cual no es sino forma ideológica o reflejo idealista del hecho de que para Hegel la dialéctica del capitalismo se ha convertido en fundamento de la dialéctica del presente. El ideal jacobino de la lucha contra la desigualdad de las riquezas, la ilusión jacobina de la equiparación económica en una sociedad de propiedad privada capitalista desaparece así clarividentemente, para dar paso al reconocimiento ricardianamente cínico de las contradicciones del capitalismo. «Las fábricas, las manufacturas, se basan precisamente en la miseria de una clase»[3], escribe Hegel pocos años después de su cambio en la estimación de los acontecimientos de una época. La república de la polis desaparece de su pensamiento como ideal que hubiera que realizar. Grecia es ya un pasado desaparecido, irrecuperable, que nunca volverá.

---

[3] Cfr. HEGEL, G. W. F.: *Filosofía Real*, p. 220. | N. de la E.

La grandeza histórico-universal de la acomodación hegeliana consiste precisamente en que –como acaso sólo Balzac junto a él– entiende la evolución revolucionaria de la burguesía como un proceso unitario, como un proceso en el cual tanto el terror revolucionario como Thermidor y Napoleón han sido simplemente fases necesarias. El período heroico de la burguesía revolucionaria es en el pensamiento de Hegel –igual que la Antigüedad– un pasado irrecuperable, pero un pasado que ha sido inevitablemente necesario para producir la prosa inheroica del presente, reconocida como progresiva, la sociedad burguesa ya desplegada, con sus contradicciones económico-sociales. Esa concepción lleva todas las manchas de la acomodación con la miseria de la situación germano-prusiana, de todas las mistificaciones de la dialéctica idealista; pero eso no basta para anular su significación histórico-universal. Con todos sus defectos, es una de las grandes vías que llevan al futuro, a la constitución de la dialéctica materialista.

Hölderlin se ha negado siempre a reconocer la verdad de ese camino. Cierto que tampoco su pensamiento podía librarse de toda influencia de la realidad post-thermidoriana. Precisamente el período de Frankfurt, la época del cambio histórico-metodológico de Hegel, es el período de su segunda y madura convivencia y de la colaboración entre los dos. Pero para Hölderlin la evolución post-thermidoriana significa sólo el abandono de los elementos ascéticos de la concepción del helenismo como ideal, sólo la acentuación de Atenas como modelo, frente a la rígida virtud espartana de los jacobinos franceses, Hölderlin sigue siendo republicano. Todavía en el tardío *Empédocles* el héroe contesta a los agrigentos, que le ofrecen la corona: «Ya se acabó el tiempo de los reyes», y predica –cierto que en forma mística– el ideal de una completa renovación revolucionaria de la humanidad:

Lo que enseñó y contó la boca de los padres,
Las leyes y los usos, el nombre de los dioses,

Olvidadlo valientes, y alzad, recién nacidos,
Los ojos a la naturaleza divina.

Esa naturaleza es la de Rousseau y Robespierre, el sueño de una transformación de la sociedad que –pese a no haber formulado claramente Hölderlin la cuestión de la propiedad privada– restablezca la plena armonía del hombre con una sociedad adecuada, otra vez hecha naturaleza y, por tanto, la armonía con la naturaleza misma. «El ideal es lo que fue naturaleza», dice un poco schillerianamente el Hiperión de Hölderlin, pero con mucho más pathos revolucionario que Schiller. Y el helenismo es para Hölderlin precisamente ese ideal que en otro tiempo fue realidad, naturaleza. «Los pueblos partieron un día de la armonía infantil», sigue diciendo Hiperión, «y la armonía de los espíritus será el comienzo de una nueva historia universal».

«¡Todos para uno y uno para todos!»: ése es el ideal social de Hiperión cuando parte para ir a la lucha revolucionaria, a la liberación armada de Grecia del yugo turco. Es el sueño de una guerra nacional-revolucionaria por la independencia, que ha de ser al mismo tiempo guerra de liberación para toda la humanidad, más o menos como lo esperaron los soñadores radicales durante la Gran Revolución Francesa –Anacharsis Cloots, por ejemplo– de las guerras de la República. Hiperión dice: «Nadie reconocerá a nuestro pueblo futuro sólo por la bandera; todo tiene que rejuvenecerse, ser distinto desde la raíz, llena de seriedad la alegría y alegre todo trabajo. Nada, ni siquiera lo mínimo y más cotidiano, sin el espíritu y los dioses. Amor y odio y toda voz nuestra tienen que escandalizar al mundo vulgar, y ni siquiera un instante ni *una sola vez* ha de poder recordarnos el vulgar pasado».

Hölderlin ignora pues la limitación capitalista, las contradicciones capitalistas de la revolución burguesa. Su teoría social tiene por tanto que perderse en mística, aunque en una mística que barrunta confusamente una trasformación real de la sociedad, una renovación real de la humanidad. Esas premoniciones son todavía más utópicas y místicas que las de los aislados soñadores de la Francia pre-revolucionaria y revolucionaria. Pues en la Alemania atrasada Hölderlin no puede ni siquiera ver concretamente los gérmenes y conatos de tendencias sociales que ya remiten más allá de la contradictoria limitación del horizonte capitalista. Su utopía es puramente ideológica, el sueño de la vuelta de la Edad de Oro, un sueño en el que la premonición de la evolución de la sociedad burguesa se enlaza con la utopía de una sociedad situada más allá de ella, de una real liberación de la humanidad.

Es muy interesante observar que Hölderlin combate siempre –y especialmente en el *Hiperión*– la sobrestimación del estado, y que su concepción utópica del estado futuro se reduce a su verdadero núcleo, muy al modo de los primeros ideólogos liberales de Alemania, como, por ejemplo, Wilhelm von Humboldt.

La pilastra central que soporta la renovación social no puede ser, por tanto, para Hölderlin más que una nueva religión, una nueva Iglesia. En la evolución de Alemania no podían darse perceptiblemente los fundamentos de sus utopías: objetivamente, porque no estaban de hecho dadas en la realidad burguesa; y subjetivamente porque los conatos de una revolución más allá del capitalismo eran inconcebibles para Hölderlin. Por eso fue inevitable que buscara la fuente de la renovación social en una nueva religión. La inevitabilidad de una orientación religiosa, simultánea con una ruptura completa con las viejas religiones, se da para todos los revolucionarios de este período que quieren llevar la revolución burguesa hasta sus últimas consecuencias, pero retroceden al mismo tiempo ante la realidad de las mismas, ante el desencadenamiento sin inhibiciones del capitalismo, con todos sus efectos sociales y culturales. La introducción del culto del «Être suprême» por Robespierre es el más grande ejemplo histórico-práctico de esa inevitabilidad.

Es claro que tampoco Hölderlin podía sustraerse a ese dilema. Cuando su Hiperión quiere limitar la eficacia del estado sueña con el nacimiento de una nueva Iglesia que sea portadora de sus ideales sociales. La inevitabilidad de esa concepción y, al mismo tiempo, el carácter burgués revolucionario de la misma, se aprecian claramente en el hecho de que también Hegel, en la época de su transición a la aceptación completa de la reorientación capitalista de la revolución, es presa de la idea de una nueva religión «en la cual se absorban el dolor infinito y todo el peso de su contrario, pero disueltos y puros, cuando haya un pueblo *libre* y la razón haya vuelto a dar a luz su realidad como espíritu ético dotado de la audacia de *tomarse en su propio suelo y por propia majestad su forma pura*».

Dentro de ese marco ideológico se desarrolla la acción del *Hiperión.* El punto de partida de la acción es el intento de sublevación de los griegos contra los turcos el año 1770, con la ayuda de una escuadra rusa. Es muy característico de la situación histórica de Hölderlin la naturaleza contradictoria revolucionaria y reaccionaria de ese tema. Pero también lo es el que tenga una cierta comprensión de las tendencias reaccionarias de la situación que describe, mucho más alta y progresiva intelectualmente que las ilusiones de los revolucionarios nacionales de las guerras por la independencia respecto de Rusia. Los héroes bélicos de Hölderlin se comportan sin ilusiones, maquiavélica y realísticamente, respecto a la ayuda rusa: «De este modo un veneno anula otro», dice Hiperión cuando la escuadra rusa aniquila la turca. Tampoco, pues, en esta cuestión ha sido Hölderlin un romántico reaccionario.

La acción interior de la novela es la lucha ideológica entre dos tendencias de realización de la utopía revolucionaria. El héroe Alabanda, presentado con rasgos fichteanos, representa la tendencia a la sublevación armada. La heroína de la novela, Diotima, encarna la tendencia de la Ilustración pacífica, religiosa e ideológica; ella quiere hacer de Hiperión un educador del pueblo. El conflicto termina por de pronto con la victoria del principio bélico. Hiperión se une a Alabanda para preparar y realizar el levantamiento armado. El llamamiento de Alabanda despierta en él autorreproches por su anterior inactividad contemplativa: «He sido demasiado ocioso..., perezoso, celestial. Sí, es hermoso ser suave en el momento oportuno, pero serlo cuando no es tiempo es feo, porque es cobarde».

Diotima advierte: «Conquistarás y te olvidarás del para qué». Hiperión contesta: «La servidumbre mata, la guerra justa da vida a todas las almas». Y Diotima ve entonces el trágico conflicto ante el que se encuentra Hölderlin-Hiperión: «Toda tu alma te lo dice: no seguirla lleva a menudo a la ruina, y el seguirla probablemente también». Se produce la catástrofe. Tras unas batallas menores victoriosamente terminadas, los rebeldes toman Misistra, la vieja Esparta. Pero tras la conquista hay saqueos y asesinatos, e Hiperión se aparta decepcionado de los rebeldes. «En verdad, era un proyecto extraordinario plantar mi Elíseo con una banda de ladrones.» Poco después los rebeldes son derrotados y dispersados, Hiperión busca en vano la muerte en los combates de la escuadra rusa.

La actitud de Hölderlin respecto de la revolución armada no es nueva en Alemania. El arrepentimiento de Hiperión después de la victoria repite a nivel superior el de Karl Moor de Schiller al final de *Die Rauber* [*Los bandidos*]: «que dos hombres como yo bastarían para arrasar todo el edificio del mundo moral». No es nada casual que el clasicista helenizante Hölderlin haya estimado mucho, hasta el final de su vida, los dramas juveniles de Schiller. Solía explicar su estimación mediante análisis de la composición; pero el fundamento verdadero es el parentesco del planteamiento problemático, el ansia de una revolución alemana y al mismo tiempo, inseparablemente, el miedo a los hechos y a las consecuencias de una tal revolución. Pero a pesar del parentesco del planteamiento hay que subrayar también la diversidad. El joven Schiller no se asusta sólo de la dureza de los *métodos revolucionarios,* sino también del *contenido radical de la revolución misma.* Teme que los fundamentos morales del mundo –de la sociedad burguesa– puedan hundirse en una revolución. Hölderlin no teme eso, porque no se siente atado a ninguna forma fenoménica para él visible de la sociedad burguesa. Lo que espera, como hemos visto, es precisamente una trasformación completa de su mundo, después de la cual no debe quedar nada del presente. Su temor y su retroceso se refieren al método revolucionario, del cual teme, de acuerdo con el estilo de los ideólogos idealistas de la revolución, que eternice la maldad de lo existente en alguna otra forma.

Esa trágica escisión de Hölderlin ha sido para él insuperable, porque nacía de la situación de las clases en Alemania. Las ilusiones históricamente necesarias acerca de la renovación de la democracia de la polis fueron para los jacobinos franceses fuente de ímpetu y capacidad de acción a través de la alianza con los elementos *democrático-plebeyos* de la revolución, con las masas pequeño-burguesas y semi-proletarias de las ciudades y con el campesinado. Apoyados en esas masas, pudieron combatir –cierto que por poco tiempo y muy contradictoriamente– la vileza egoísta, la cobardía y la avidez de la burguesía francesa y llevar adelante la revolución burguesa por vías plebeyas. El rasgo antiburgués de ese espíritu revolucionario plebeyo es muy intenso en Hölderlin. Su Alabanda dice sobre los burgueses: «No se pregunta si queréis. Vosotros no queréis nunca, siervos y bárbaros, Y tampoco vale la pena corregiros, pues es en vano. Sólo se procurará que os apartéis de la marcha triunfal de la humanidad». Un revolucionario jacobino habría podido decir esas palabras en el París de 1793 ante el júbilo ruidoso de las masas plebeyas. Pero esa mentalidad significa en la Alemania de 1797 un aislamiento sin perspectivas y desesperado; no había clase social a la que pudieran dirigirse esas palabras, ninguna clase social en la que pudieran suscitar, al menos ideológicamente, algún eco. Georg Forster pudo al menos refugiarse en París tras el fracaso del levantamiento de Maguncia. Para Hölderlin no había ni en Alemania ni fuera de ella patria alguna. No puede asombrar que el camino de Hiperión se pierda, tras el fracaso de la revolución, en una mística desesperada, ni que Alabanda y Diotima sucumban también por el fracaso de Hiperión. Y se comprende que el trabajo siguiente de Hölderlin, su última obra –la tragedia *Empédocles,* que ha quedado en fragmento– tenga por tema el sacrificio místico.

La reacción se aferra siempre a esa disolución mística de la concepción del mundo de Hölderlin. Después de que la historia oficial alemana de la literatura tratara durante mucho tiempo a Hölderlin de un modo episódico, como representante de una corriente secundaria del romanticismo (Haym), el período imperialista lo redescubre de un modo abiertamente reaccionario y lo utiliza para los fines ideológicos de la reacción. Ya Dilthey hace de él un precursor de Schopenhauer y Nietzsche, mediante el simple truco de separar el helenismo y las influencias de la filosofía clásica alemana de la influencia de la Revolución Francesa y reducir esta última a la condición de mero episodio sin significación. Y Gundolf separa ya la «protovivencia» de Hölderlin de su «vivencia cultural». «Vivencia cultural» es todo lo revolucionario; lo meramente «condicionado por la época», que hay que olvidar, claro está, para estimar «esencialmente» a Hölderlin. Lo «esencial» es una «mística órfica». También para Gundolf el camino lleva de Hölderlin a Nietzsche y de éste a la «divinización del cuerpo» por Stefan George. Hölderlin, la trágica víctima de un jacobinismo tardío, se convierte en manos de Gundolf en el precursor del parasitismo del rentista; la trágica elegía de Hölderlin sobre la perdida libertad política, social y cultural del hombre ha de desembocar en la decadente lírica jardinera de Stefan George; el culto helenístico-republicano de la amistad, cuyos prototipos son para Hölderlin Harmodio y Aristogitón, los que mataron al tirano, se transforma en un precursor del esteticista y decadente círculo de George.

Dilthey y Gundolf imaginan poder quedarse con el núcleo esencial de Hölderlin por el procedimiento de eliminar sus rasgos «condicionados por la época». El mismo Hölderlin sabía muy bien que el luctuoso rasgo elegiaco de su poesía, su nostalgia de la perdida Grecia –con pocas palabras: lo esencial de su poesía– estaba plenamente condicionado por la época.

Hiperión dice: «Éste, éste es el dolor no igualado, éste es el inacabable sentimiento de la aniquilación completa, que nuestra vida pierda su significación, que el corazón se diga te vas abajo y no queda nada de ti; no has plantado ninguna flor, no has construido ninguna cabaña; con sólo que pudieras decir, dejo una huella en la tierra bastaría, bastaría. Si hubiera nacido con Temístocles, si hubiera vivido con los Escipiones, mi alma, verdaderamente, no habría tenido que conocerse por este lado».

Así canta Hölderlin la muerte heroica por la patria liberada, tal como él lo entiende:

Acógeme, acógeme en tus filas,
Para que no tenga que morir un día de muerte común.
No quiero morir en vano,
Quiero caer en el monte del sacrificio.
Por la patria...
Y allí bajan mensajeros de victoria: la batalla
Es nuestra. Vive en alto, patria,
Y no cuentes los muertos. Para ti,
Amada, no ha caído ni uno de más.

Y así también canta su propio destino de poeta, la nostalgia del cumplimiento, una vez al menos, del contenido central de su alma:

Sólo un verano concedéis, Poderosos,
Y un otoño para el canto maduro,
Y que el corazón luego, sacio
De dulces juegos, me muera.

El alma que no gozó en vida su divino derecho
No descansa tampoco en el Orco;
Pero si una vez logro lo santo
Que está en mi corazón, el poema
Bien vengas, silencio del mundo de las sombras
Estaré contento aunque mi lira
No me acompañe abajo; una vez
Viví como los dioses, y no hace falta más.

Nada de todo eso debe tomarse aisladamente. Hölderlin es un lírico demasiado auténtico, un poeta, por tanto, demasiado eco real de cada ocasión concreta inmediatamente desencadenadora de vivencias, para poder repetir abstractamente los fundamentos últimos de la vivencia poéticamente configurada en cada caso. En particular, y muy precisamente en el caso de Hölderlin, no puede entenderse de un modo artístico-formal la nostalgia de cumplimiento o logro poético. El contenido y la forma son inseparables también en este caso. El logro poético presupone que su contenido central cobre de un modo u otro realidad, vida. Pero los principios jacobinos son toda la atmósfera de los poemas de Hölderlin. Sólo aquel cuya mirada esté embotada o cegada por su posición clasista puede dejar de percibir esa atmósfera que todo lo determina. ¿Y la mística de la naturaleza? ¿Y la fusión de naturaleza y cultura, de hombre y divinidad, en la vivencia del helenismo? Eso podría tal vez contestarnos algún venerador de Hölderlin influido por Dilthey y Gundolf. Hemos aludido ya a la tradición rousseauniana y robespierriana del culto de la naturaleza y el culto de los griegos propios de Hölderlin. En su gran poema *Der Archipelagus* [*El archipiélago*], elegido por Gundolf como punto de partida de su interpretación de Hölderlin, el poeta da forma con avasallador pathos elegiaco a la naturaleza griega y a la grandeza de la cultura ateniense nacida de ella. Hacia el final del poema, empero, Hölderlin habla con no menor patetismo, con grandeza elegiaca acusatoria, sobre el *fundamento* de su luto por la Grecia desaparecida:

> Pero ¡ay! nuestra generación va por la noche, vive como en [el Orco,
> Sin nada divino. Al propio instinto agitado
> Encadenados sólo, y cada cual se oye sólo
> En el taller ruidoso, y mucho trabajan los salvajes
> Con brazo poderoso, sin pausa, pero siempre, siempre
> Estéril, como las furias, es la fatiga de los pobres.

Esta concepción no es en Hölderlin ni casual ni excepcional. Una vez aplastada la lucha griega por la libertad, una vez Hiperión ha experimentado su decepción, se encuentra al final de la novela el terrible capítulo de acusación contra Alemania, la colérica oda en prosa acerca de la degradación del hombre en la miseria filistea de la incipiente evolución del capitalismo alemán. La apelación a Grecia como unidad de cultura y naturaleza es siempre en el texto de Hölderlin acusación al presente, inútil llamamiento a la acción, a la destrucción de esa realidad miserable.

El «afinamiento» del análisis por Dilthey y Gundolf, la eliminación de todos los rastros de la gran tragedia social presentes en la vida y en la obra de Hölderlin, es la base de la grosera, demagógica, crasamente embustera violación de su recuerdo por los nazis de la historia de la literatura. Del mismo modo que con los pequeños-burgueses que no saben o no saben aún cuál es su camino, así proceden los ideológicos fascistas con los restos de muchos revolucionarios alemanes auténticamente desesperados, escamoteando las reales causas sociales de su desesperación y explicando ésta por el hecho de que aquellas víctimas no han podido ver todavía el Tercer Reich ni el «salvador Hitler».

Eso le ha ocurrido a Hölderlin en el fascismo alemán. Hoy es un elemento más del buen tono entre los literatos fascistas de Alemania el venerar a Hölderlin como gran precursor del Tercer

Reich. Cierto que la realización concreta de esa línea interpretativa, el mostrar concretamente una ideología fascista en Hölderlin, les suscita bastante dificultades. Mucho mayores que aquellas con las que tropezó Gundolf, porque el punto de vista vacío, formalista, de *l'art pour l'art* [del arte por el arte] de la admiración por la forma del lenguaje de Hölderlin le permitía idealizar el helenismo supuestamente místico de éste sin que se presentaran contradicciones internas llamativas. (La «única» contradicción se daba entre la imagen de Hölderlin construida por Gundolf y el verdadero Hölderlin.)

Rosenberg ha hecho así de Hölderlin un portavoz de la nostalgia germánica por la «pureza de raza». Su intento de introducir a Hölderlin en la demagogia social del nacionalsocialismo se basa en la falsificación de la crítica de la época por Hölderlin para hacer de ella una crítica fascista del «burgués». «Hölderlin había sufrido por obra de esos hombres ya antes, cuando todavía no lo dominaban todo como burgueses omnipotentes, cuando Hiperión, buscando almas grandes, tuvo que comprobar que por la aplicación, el trabajo, la ciencia y hasta la religión se habían hecho todavía más bárbaros: artesanos, pensadores, sacerdotes, nobles encontró Hiperión, pero no hombres; piezas rotas sin unidad del alma, sin impulso interior, sin vida total.» Pero Rosenberg se guarda muy bien de concretar lo más mínimo esa crítica social de Hölderlin. El retórico comienzo desemboca en un salto en el vacío: Hölderlin se convierte en representante de la estupidez rosenberguiana de la «voluntad estética».

Esa misma mezcla de charlatanesca retórica hinchada y temerosa evitación de todos los hechos caracteriza la posterior presentación del retrato fascista de Hölderlin. En una serie de artículos se descubre un «gran cambio» en la vida de Hölderlin: su «apartamiento del siglo XVIII», su conversión al cristianismo y, con ella, a la «realidad germánica» romántica y fascista. Se trata de colocar a Hölderlin en un romanticismo reconstruido adecuadamente para que sea un prólogo al fascismo, o sea, en la serie que va de Novalis a Görres. El valor de esa falsificación histórica puede apreciarse por el hecho de que hasta la ideología nazi oficial tuvo que desecharla por «desencaminada» e «incorrecta». Así lo ha hecho Matthes Ziegler en un artículo de los *Nationalsozialistichen Monatsheften* en el cual se presenta como precursores de la concepción nacionalsocialista del mundo a Meister Eckhart, Hölderlin, Kierkegaard y Nietzsche. Pero mientras que Baeumler es capaz de presentar los rasgos romántico-anticapitalistas, místico-irracionalistas de Kierkegaard sin mentira histórica manifiesta, con sólo unos pocos retoques pardos, el artículo de Ziegler es un lamentable parloteo revestido, como es natural, con todo el bombo y platillo de la retórica violentamente apodíctica. El artículo se limita –evitando cuidadosamente toda concreción en las citas– a destacar la oposición de Hölderlin a la cultura de su época (a la «vida burguesa») y su aspiración a una forma de comunidad. Y con la mayor tranquilidad Ziegler transforma esa nostalgia, cuya verdadera raíz social y cuyo contenido auténtico conocemos ya, en una nostalgia de Hitler y en anticipación del Tercer Reich. Su resumen dice: «La tragedia de Hölderlin consistió en que tuvo que separarse de la comunidad de los hombres sin que le fuera concedido dar forma a la comunidad futura. Fue un solitario, un incomprendido en su época, el cual llevaba empero el futuro como certeza. No quería resucitar el helenismo, no quería una nueva Grecia, sino que halló en el helenismo la conducta vital del heroísmo nórdico, anquilosada en la Alemania de su época, pero de la que ha de nacer la comunidad futura. Hölderlin tiene que expresarse con el lenguaje y las representaciones de su época, y por eso nos es difícil a los hombres de hoy, formados por la vivencia de nuestro presente, el entenderle adecuadamente. Nuestra lucha por la edificación del Reich es empero lucha por la misma hazaña que Hölderlin no pudo realizar porque no se habían consumado aún los tiempos».

El resultado temático es ridículamente pobre, incluso medido con el criterio que puede aplicarse a una historia nazi de la literatura; Ziegler llega incluso a confesar involuntariamente que no entiende a Hölderlin, o que le entiende poco. Los literatos nacionalsocialistas tienen que hacer el retrato de Hölderlin de un modo aún más abstracto que Dilthey y Gundolf, aún más vacío de todos los rasgos individuales e histórico-sociales. El Hölderlin de los fascistas alemanes es un poeta romántico cualquiera, que apenas se diferencia del Georg Büchner hoy de nuevo falseado hasta la violación y ya en otro tiempo falsificado como representante del «pesimismo heroico», como precursor del «realismo heroico» de Nietzsche y de Baeumler. Efectivamente: todos los gatos son pardos en la noche espiritual de la falsificación nazi de la historia.

Pero la «metodología» de esas falsificaciones arroja de todos modos un resultado involuntario: la estrecha conexión entre la incapacidad liberal para entender la historia alemana y la falsificación imperialista y fascista, cada vez más consciente, de esa historia. Dilthey polemiza con la interpretación de Hölderlin por Haym como un «brote lateral del romanticismo», pero sólo para catalogar al poeta entre los románticos tardíos y decadentes del siglo, o sea, para hacer de él un precursor de Nietzsche. Gundolf le hace, además, precursor de Stefan George. Y los nacionalsocialistas aprovechan los rasgos románticos y anticapitalistas de la obra de Hölderlin –que en su tiempo no eran aún, ni mucho menos, unívocamente revolucionarios– para colocar el deformado retrato del trágico revolucionario como escultura decorativa en la fachada del presidio fascista en que yace la Alemania trabajadora.

Pero en lo más básico de su personalidad poética, Hölderlin no es ningún romántico, aunque su crítica del capitalismo incipiente presente varios rasgos románticos. Mientras que los románticos, desde el economista Sismondi hasta el poeta místico Novalis, huyen del capitalismo para refugiarse en la economía mercantil simple y contraponen al anárquico capitalismo la «ordenada» Edad Media, y a la división mecánica del trabajo la «totalidad» del trabajo artesano, Hölderlin critica la sociedad burguesa desde otro punto de vista. También él odia románticamente la división capitalista del trabajo. Pero para él, el momento esencial de la degradación que hay que combatir es la pérdida de la libertad. Y esta concepción de la libertad aspira a rebasar –en formas místicas, como hemos visto, y con contenidos vagamente utópicos– el estrecho concepto de la libertad política propio de la sociedad burguesa. La diferencia de temática entre Hölderlin y los románticos –Grecia contra la Edad Media– no es pues una mera diferencia temática, sino una diferencia política e ideológica.

Cuando Hölderlin celebra las fiestas de la antigua Grecia está celebrando la perdida publicidad democrática de la vida. No sólo está recorriendo los mismos caminos que su amigo de juventud Hegel antes de su decisivo cambio, sino que también sigue ideológicamente la ruta de Robespierre y de los jacobinos. En su gran discurso ante la Convención para conseguir la introducción del culto del «Ser Supremo», dice Robespierre: «El verdadero sacerdote del Ser Supremo es la naturaleza, su templo es el universo, su culto la virtud, sus fiestas la alegría de un gran pueblo unido ante sus ojos para estrechar los lazos de la fraternidad universal y para ofrendarle la veneración de los corazones puros y sensibles». Y en el mismo discurso apela Robespierre a las fiestas de la antigua Grecia como modelo de esa consolidación de la educación democrático-republicana en la virtud y la felicidad de un pueblo liberado.

Es cierto que la mística de Hölderlin rebasa ampliamente la inevitable ilusión heroica de Robespierre. Y que es además una huida a la mística y una mística de la huida: una mística de la nostalgia de la muerte, del sacrificio, de la muerte como medio de unificación con la naturaleza. Pero tampoco esta mística Hölderliniana de la naturaleza es inequívocamente reaccionaria.

En primer lugar, siempre es visible en ella la fuente rousseauniana revolucionaria. El punto de partida inmediato de esa huida a la mística, consiste, en efecto, para Hölderlin, en el hecho de que, como idealista, tuvo por fuerza que sublimar la tragedia *social* necesaria y desesperada de sus esfuerzos en una tragedia *cósmica.* Pero, en segundo lugar, también su mística del sacrificio tiene un carácter claramente panteísta y antirreligioso. Antes de que Alabanda vaya a la muerte, habla de su vida «que no fue creada por ningún dios». «Si me ha hecho la mano de un alfarero, ya puede hacer añicos la vasija como le plazca. Pero lo que vive tiene que ser increado, naturaleza divina en su semilla, sublime por encima de todo el poder y todo el arte, y por ello inmortal, eterno.» Muy análogamente escribe Diotima en su carta de despedida a Hiperión acerca de la «libertad divina que nos da la muerte»: «Y si me convirtiera en planta, ¿tanto sería el daño? Seré. ¿Cómo voy a perderme de la esfera de la vida, en la que el eterno amor, común a todos, mantiene juntas las naturalezas? ¿Cómo voy a desprenderme del lazo que ata a todos los seres?».

Si el lector actual quiere conseguir una comprensión histórica verdadera de la mística alemana de la naturaleza de comienzos del siglo XIX, no debe olvidar que en aquel período se descubrió y elaboró la dialéctica de la naturaleza, en forma, ciertamente, idealista y mística. Es el período de la filosofía natural de Goethe, del joven Hegel y del joven Schelling (Marx ha hablado una vez de la «sincera idea juvenil de Schelling»).[4] Es un período en el cual la mística no representa sólo un peso muerto procedente del pasado teológico, sino también muchas veces, y muy frecuentemente de modo difícil de desenredar, una niebla idealista que cubre los futuros caminos, todavía sin descubrir, del conocimiento dialéctico. Del mismo modo que al comienzo de la evolución burguesa, en el Renacimiento y en el incipiente materialismo de Bacon, la embriaguez del nuevo conocimiento adopta formas exageradas y fantásticas, así también ahora, en el entusiasmo del alba del método dialéctico, se produce una filosofía

[4] Cfr. MARX, K.: *OFME*, v. 1, p. 682. | N. de la E.

«cuyos eslabones están todos ebrios» (Hegel). Lo que ha dicho Marx de la filosofía de Bacon –«la materia sonríe al hombre entero en un poético brillo sensorial, mientras que la doctrina aforística misma está todavía llena de inconsecuencias teológicas»[5]– vale, *mutatis mutandis*, para este período.

El mismo Hölderlin ha intervenido muy activamente en la constitución del método dialéctico; no es sólo amigo juvenil, sino también compañero filosófico de Schelling y de Hegel. En el gran discurso sobre Atenas, Hiperión habla de Heráclito. Y el «Uno discriminado en sí mismo» heracliteo es el punto de partida de su pensamiento: «Es la esencia de la hermosura, y antes de que se descubriera eso no hubo filosofía». La filosofía es, pues, para Hölderlin, lo mismo que la dialéctica.

Una dialéctica, por supuesto, idealista, y que se pierde en mística. Y la mística es especialmente visible en la obra de Hölderlin porque tiene para él la misión de transfigurar cósmicamente la tragedia social de su existencia, mostrándole un aparente camino que lleva del callejón sin salida histórico de su situación a una muerte con sentido. Pero también ese horizonte que se pierde en místicas nieblas es un rasgo común a toda la época. El final del *Hiperión* y el del *Empédocles* no son más místicos que el destino de la Makarie de *Wilhelm Meister Wanderjahre* [*Los años de aprendizaje de Wilhelm Meister*] ni que los de Louis Lambert o Seraphitus Seraphila en la obra de Balzac. Del mismo modo que es imposible eliminar ese horizonte místico de la obra de los grandes realistas Goethe y Balzac, sin que por eso suprima el realismo de la línea básica de su producción, así tampoco la mística hölderliniana de la muerte puede destruir el carácter revolucionario de la línea básica de su elegía heroica.

Hölderlin es uno de los poetas elegiacos más profundos y más puros de todos los tiempos. En su importante definición de la elegía Schiller ha dicho que «en la elegía el luto no puede

---

[5] Cfr. MARX, K.; ENGELS, F.: *La sagrada familia.* | N. de la E.

proceder más que de un entusiasmo despertado por el ideal». Y con rigor tal vez excesivo Schiller condena a todos los poetas elegiacos que lloran un destino meramente privado (Ovidio).

En la poesía de Hölderlin el destino privado y el social confluyen en una armonía trágica pocas veces dada. Hölderlin ha fracasado en todos los terrenos de su vida. Jamás ha rebasado ese estadio de transición, entonces muy general, que fue la existencia de los intelectuales alemanes pobres: la profesión de preceptor doméstico; ni siquiera así consiguió ganarse la vida. Y, como poeta, fue desconocido a pesar de la benevolente protección de Schiller y del elogio del crítico más importante de la época, A. W. von Schlegel: una existencia sin perspectiva. Su gran amor por Suzette Gontard terminó en una trágica resignación desesperada. Su vida interna y su vida externa fueron tan desesperadamente cerradas que muchos contemporáneos y biógrafos suyos han visto en la locura que coronó su evolución juvenil algo obviamente necesario.

El «luto elegiaco» de la poesía de Hölderlin no tiene, empero, nunca el carácter de un mezquino llanto privado por el fracaso de la vida personal. Aunque Hölderlin mistificó cósmicamente la necesidad social del fracaso de sus principales aspiraciones, en esa mistificación se expresa también el sentimiento de que el fracaso de sus esfuerzos personales no ha sido más que una consecuencia necesaria de aquel otro fracaso universal. Y el lamento elegiaco de sus poemas parte siempre de ahí.

El contraste del helenismo perdido que había que renovar revolucionariamente con la miseria del presente alemán es el contenido constante y siempre variamente repetido de su lamento. Por eso su elegía es una acusación patética y heroica contra la época, y no un lloriqueo lírico subjetivo por un destino privado que puede ser tan lamentable como se quiera.

Es el lamento de la mejor intelectualidad burguesa por el perdido «autoengaño» revolucionario del período heroico de la clase. Es el lamento por la soledad, el grito desesperado que procede de una sociedad insuperable porque, aunque se manifieste en todos los momentos de la vida privada también, ha sido producida por la mano de bronce de la evolución económico-social.

Se ha apagado el fuego revolucionario de la burguesía. Pero el incendio heroico de la Gran Revolución suscita en todas partes, por la amplia burguesía, almas ígneas en las que perdura la llama. Lo que pasa es que la chispa no basta ya para encender la clase. En el Julien Sorel de Stendhal pervive todavía el fuego revolucionario del jacobinismo, igual que en Hölderlin. Y aunque la desesperanza de la situación de aquel jacobino tardío se diferencia mucho externamente del destino de Hölderlin, y aunque Julien Sorel no tenga el destino de un lamento elegiaco, sino el de una lucha realizada con procedimientos hipócritamente maquiavélicos contra la vil sociedad de la Restauración, sin embargo, la desesperación de ambas situaciones es la misma y tiene análogas raíces sociales. Tampoco Julien Sorel ve más solución que huir al final de una vida fracasada hacia una muerte trágica pseudoheroica, al cabo de una vida llena de indigna hipocresía, para poder por último lanzar al rostro de la sociedad su desprecio plebeyo y jacobino.

La forma artística en que apareció el último jacobino de Francia es irónico-realista. En cambio, en Inglaterra estos seres tardíos nacieron clásicamente, elegiacos e hímnicos como Hölderlin: Keats y Shelley. Mas mientras que el destino de Keats presenta muchos rasgos incluso externamente emparentados con los del de Hölderlin, en la obra de Shelley un sol nuevo consigue atravesar el horizonte místico, y un nuevo júbilo irrumpe en el lamento elegiaco. Keats llora en su más grande fragmento poético el destino de los titanes derribados por los viles dioses nuevos. También Shelley canta el destino de un viejo dios, la lucha de los nuevos dioses miserables contra los viejos dioses de la Edad de Oro (la Edad de Oro, el «Reino de Saturno», es en la mayoría de los mitos al mismo tiempo el mito del período anterior a la propiedad privada y al estado), la lucha del encadenado Prometeo contra el nuevo dios Zeus.

Pero en la obra de Shelley los nuevos dioses usurpadores son derrocados, y se celebra hímnicamente la liberación de la humanidad. Shelley ha visto ya el naciente sol nuevo, el sol de la revolución proletaria. Y pudo cantar la liberación de Prometeo porque ya había podido llamar a los hombres de Inglaterra a levantarse contra la explotación capitalista:

Sow seed, – but let no tyrant reap; [*Sembrad, pero que el tirano no os lo robe;*]
Find wealth, – let no imposter heap; [*Cread riqueza, que el impostor no se la apropie;*]
Weave robes, – let not the idle wear; [*Tejed vestidos, pero que el ocioso no los vista;*]
Forge arms, – in your define to bear. [*Forjad armas, pero para defenderos.*]

Con Shelley se abre la perspectiva de la transición de los jacobinos nacidos demasiado tarde para su propia clase: ahora pueden pasar a la real lucha liberadora de la humanidad.

Lo que en la Inglaterra de hacia 1819 era posible para un genio revolucionario –socialmente y, al menos, poéticamente, como perspectiva visionaria– no era posible para nadie en la Alemania de finales del siglo XVIII. El camino real de la intelectualidad burguesa alemana lleva de las contradicciones de la situación interna e histórico universal de la Alemania de la época al pantano espiritual del oscurantismo romántico; la acomodación de Goethe y de Hegel salvó y elaboró la mejor herencia del pensamiento burgués, aunque siempre en una forma oculta y mezquina. La heroica falta de compromisos de Hölderlin tuvo que llevarle a un desesperado callejón sin salida. Hölderlin es en verdad un poeta único, que no ha tenido sucesores ni podía tenerlos. Pero no en el sentido en que lo dicen los que hoy manchan su memoria con la glorificación de sus debilidades y sus oscuridades, sino porque su trágica situación no puede volver a presentarse nunca para la clase burguesa.

Un Hölderlin posterior que no hubiera emprendido el camino de Shelley no habría sido ya ningún Hölderlin, sino un mediocre liberal clasicista. Cuando en el epistolario de 1843 Arnold Ruge encabezó su carta con el célebre lamento de Hölderlin sobre Alemania, Marx le contestó: «Su carta, querido amigo, es una buena elegía, un canto fúnebre que corta la respiración, pero políticamente no es absolutamente nada. Ningún pueblo se desespera, y aunque durante mucho tiempo no espere más que por pura memez, resulta que, al cabo de muchos años y por una repentina inteligencia política, realiza todos sus píos deseos».[1]

El elogio de Marx puede aplicarse a Hölderlin, pues Ruge no hace más que variar vulgarmente el *motto* que adopta; y la crítica se aplica a todos los que han repetido el lamento de Hölderlin una vez superado por la historia el fundamento que lo desencadenó, la desesperación objetiva de su situación.

Hölderlin no podía tener sucesión política. Los posteriores elegiacos decepcionados del siglo XIX lamentan, por una parte, demasiado destino privado, y, por otra, no pueden preservar, en el lamento por la miseria de su presente, la fe en la humanidad con la pureza que tuvo en Hölderlin. Este contraste pone a Hölderlin muy por encima del falso dilema del siglo XIX: Hölderlin no es ni trivial optimista ni pesimista desesperadamente irracional; y estilísticamente no sucumbe ni al objetivismo académico clasicista ni al subjetivismo impresionista y descompuesto; su lírica no es seca, pedante y doctrinaria, ni sentimental vacío intelectual.

La lírica de Hölderlin es una lírica de pensamiento. Su punto de partida es la contradicción interna de la revolución burguesa llevada a la altura de una concepción del mundo (y al mismo tiempo, desde luego, mistificada idealísticamente). En esa lírica de pensamiento viven las dos partes de la contradicción: el ideal greco-jacobino y la miserable realidad burguesa, una vida

[1] Cfr. *Anales*, pp. 50-51. | N. de la E.

sensible uniformada. En ese alto dominio estilístico de la contradicción irresoluble que subyacía a su ser social se encuentra la grandeza imperecedera de Hölderlin. Hölderlin ha caído valerosamente, mártir tardío, en una abandonada barricada del jacobinismo, y, además, ha dado a ese martirio –el martirio de los mejores hombres de una clase en otro tiempo revolucionaria– la forma de un canto inmortal.

También la novela *Hiperión* tiene ese carácter lírico-elegíaco. Es menos narrativa que elegiaca y acusatoria. A pesar de ello, yerran los críticos burgueses que ven en el *Hiperión* una disolución lírica de la forma épica análoga a la del *Heinrich von Ofterdingen* [*Enrique de Ofterdingen*] de Novalis. Tampoco estilísticamente es Hölderlin un romántico. Teoréticamente se sale de la concepción schilleriana del epos antiguo como «ingenuo» (en contraposición a la moderna poesía «sentimental»), pero lo hace tendencialmente en el sentido de un objetivismo revolucionario. Él ha escrito: «Lo épico, que en la apariencia es poema ingenuo, es en su significación heroico. Es la metáfora de los grandes esfuerzos».[2] Esa sentencia da razón del diverso matiz de su tendencia.

La tragedia histórica de Hölderlin se manifiesta en su práctica artística por el hecho de que el heroísmo épico puede sólo incoarse, por el hecho de que lo único de los esfuerzos heroicos que puede cobrar forma es su metáfora elegiaca. La plenitud épica tiene que retrotraerse de la acción a las almas de los personajes. Pero Hölderlin da a esa acción interior una gran plasticidad y objetividad sensibles, cuanto lo permitían los trágicos y contradictorios fundamentos de su concepción. También aquí el fracaso, además de ser heroico, se convierte en canto, y contrapone a la «novela pedagógica» de la adaptación goethiana a la realidad capitalista una «novela pedagógica» de la resistencia heroica a esa realidad.

[2] Cfr. *Ensayos*, p. 83. | N de la E.

Hölderlin no quiere «poetizar» románticamente, como Tieck o Novalis, la «prosa» del mundo del *Wilhelm Meister,* sino que pone frente al paradigma alemán de la gran novela del *bourgeois* el esbozo de una novela del *citoyen.*

El *Hiperión* presenta también estilísticamente los rasgos de la problemática irresoluble de ese género. El intento de dar forma épica al citoyen tenía que fracasar. Pero de ese fracaso nace un estilo lírico-épico único; el objetivismo estilístico de una profunda acusación contra la bajeza del mundo burgués, una vez apagada la luz de las «ilusiones heroicas». La novela de Hölderlin, lírica, casi sólo metafóricamente dotada de acción, se sitúa de este modo estilísticamente aislada en la evolución de la literatura burguesa; en ningún otro momento se ha dado forma tan sensible y objetivamente a una acción tan puramente interior; ni tampoco se ha recogido tanto en lo épico la actitud lírica del poeta.

Hölderlin no se ha mostrado nunca crítico respecto de la gran novela burguesa de su época, como hizo en cambio Novalis. A pesar de ello, su contraposición al *Wilhelm Meister* es profunda: le ha contrapuesto otro tipo completamente distinto de novela. Mientras que la novela del tipo *Wilhelm Meister* procede orgánicamente de los problemas sociales y estilísticos de la novela burguesa anglofrancesa del siglo XVIII, Hölderlin recoge los hilos problemáticos en el lugar en que se intentó crear un epos del citoyen, no del bourgeois, partiendo de los ideales revolucionarios de transformación de la vida por la burguesía: donde Milton emprendió el gran intento fracasado de dar forma, con plástica antigua, a la existencia y al destino, necesariamente idealistas, del citoyen. La plástica del epos buscada por Milton se deshace empero en su obra en una serie de espléndidas descripciones líricas y explosiones de patetismo también puramente lírico.

Hölderlin renuncia por anticipado a la aspiración imposible de crear un epos sobre un suelo burgués y, de acuerdo con las necesidades de la novela, pone desde el principio sus personajes y sus destinos en una vida cotidiana burguesa, aunque muy estilizada. Con eso se ve obligado a dar forma al citoyen con alguna relación con el mundo del bourgeois. Es claro que no puede dar a la idealista figura del citoyen una vida material plena, pero se acerca a la configuración realmente plástica mucho más que cualquiera de sus predecesores en el tratamiento de esa figura.

Precisamente su tragedia histórico-personal, el que la «ilusión» heroica de la burguesía no pueda ser ya una bandera para reales hazañas revolucionarias, sino sólo para la nostalgia de ellas, suministra el presupuesto estilístico de ese éxito artístico relativo. Nunca han sido los conflictos anímicos configurados por un poeta burgués tan poco exclusivamente anímicos, tan poco meramente privados y personales ni tan *inmediatamente públicos* como en la obra de Hölderlin. La novela lírico-elegíaca de Hölderlin es, pese a su necesario fracaso y precisamente en él, la más objetiva épica del citoyen que presenta la evolución burguesa.

[1934]

Jacques D'Hondt

El asesinato de la historia

Perdidos en la bruma de un presente enigmático, nos sentimos tentados, a veces, de recurrir al ejemplo y a las enseñanzas del pasado. También, en este caso, debemos vagar en busca de respuestas. Esta búsqueda se vuelve conmovedora cuando redescubre los esfuerzos de un pensador antiguo que, obedeciendo a una demanda similar, imploró una ayuda similar en otros tiempos. La emoción alcanza su punto álgido cuando vemos esta preocupación encarnada en el más profundo de los poetas: ¡Hölderlin! Nuestros fascinados ojos no pueden apartar la vista de esta extraña mirada.

Dudas

En las *Obras completas* de Hölderlin, editadas cuidadosamente por Friedrich Beißner, figuran unas páginas más sorprendentes que el resto, en las que su título ya es motivo de preocupación: *Comunismo de los espíritus* [*Communismus der Geister*].[1]

Se cuestiona su autenticidad, el significado de su contenido y la pertinencia de este título: incertidumbres tan grandes que muchos intérpretes, según su estado de ánimo, actúan como si fueran evidentemente de Hölderlin o como si no lo fueran en absoluto. Friedrich Beißner, con cautela, las clasifica bajo la categoría de dudoso [*Zweifelhaftes*].[2]

Es Franz Zinkernagel quien por primera vez publica este texto, al mismo tiempo que poemas aún inéditos, en la revista *Neue Schweizer Rundschau*, bajo el título de «Nuevos hallazgos hölderlinianos».[3]

¡1926! Esta fecha tardía es un claro testimonio de la negligencia de la que los manuscritos de Hölderlin fueron víctimas durante mucho tiempo. Sabemos que murió en 1843: su herencia literaria sufre el mismo destino que la de su amigo Hegel. Los tan mal llamados *Escritos teológicos del joven Hegel* fueron editados por Nohl en 1907, 76 años después de la muerte del filósofo, más de 100 años después de su redacción. Pudieron contribuir, en cierta medida y por comparación, a aclarar el sentido del *Comunismo de los espíritus* de Hölderlin. Muchos manuscritos de Hegel y Hölderlin, cuya existencia fue confirmada en ciertas épocas, se han perdido irremediablemente desde entonces. Es necesario, aunque nos sea más difícil sin ellos, comentar y explicar lo que queda.

Zinkernagel no tiene ninguna duda sobre la validez de su «hallazgo» tardío y subraya su importancia: «Los intentos que hace

---

[1] Hölderlin, *Sämtliche Werke*, publicadas por Friedrich Beißner, Stuttgart, Kohlhammer Verlag, t. IV, vol. 1, 1951, pp. 306-309.

[2] *Ibid.*, p. 301.

[3] *Neue Schweitzer Rundschau – Wissen und Leben*, año 19, p. 343 y ss.

el poeta en relación con dos temas de la historia espiritual son, sin duda, muy importantes...». A propósito de esto recuerda los proyectos educativos y de cultura popular que fueron comunes a Hölderlin y al Hegel de los *Escritos teológicos*, cuando ambos eran estudiantes en la fundación protestante de Tubinga, el famoso *Stift*, y continúa diciendo: «En este boceto e intento de un diálogo novelado quizá tengamos un resumen del campo de pensamiento que obsesionaba a Hölderlin en aquella época».

La ocasión para este ensayo de Hölderlin es un paseo que los dos condiscípulos, acompañados probablemente de otros compañeros, realizaron un día de noviembre de 1790. Hölderlin lo había anunciado en una carta a su hermana: «voy a subir dando un paseo con Hegel, que está en mi habitación, hasta la capilla de Wurmlingen».[4]

La capilla de Wurmlingen, célebre lugar de peregrinaje y excursión, ha sido cantada por numerosos poetas alemanes, en particular por Uhland. ¿Cómo puede ser que ella sugiriera una meditación sobre el *Comunismo de los espíritus*?

A ojos de Zinkernagel, la idea principal del texto se refiere a los proyectos académicos y a la intención educativa que animan a los mejores espíritus en Alemania en esa época. Se piensa en esa *Gelehrtenrepublik* [República de los sabios] con la que soñaba Klopstock, el inspirador privilegiado del joven Hölderlin. Lessing y Wieland también se entusiasmaron con utopías similares. Esta conformidad con el espíritu de la época llevaría a creer en la autenticidad hölderliniana del *Comunismo de los espíritus*.

Sin embargo, Beißner lo considera «dudoso». Se podría añadir: ¡dudoso en más de un sentido! Dudoso porque Beißner teme que no sea realmente de Hölderlin. Dudoso también porque la doctrina que presenta deja a los lectores perplejos al principio. Y dudoso, además, porque la misma forma en que Beißner lo cuestiona genera a su vez reservas.

---

[4] *Carta* de mediados de noviembre de 1790 [*Correspondencia*, p. 107].

Beißner justifica su desconfianza en una nota:

> También recogimos, de los dosieres de Hölderlin de Christoph Schwab, algunas páginas escritas de su puño y letra [es decir, la mano de Schwab] y que contienen sus propios ensayos en lugar de la poesía hölderliniana [...]. En el mismo dossier, hay algunas piezas en prosa cuya autoría hölderliniana habría que impugnar [...]. Reproducimos aquí el texto de tres ellas.[5]

La edición y los comentarios de Beißner merecen reconocimiento y admiración. La tarea no ha estado exenta de dificultades. Sin embargo, en lo que respecta a este texto en particular, no podemos evitar plantearnos algunas preguntas.

¿Cómo se explica que Beißner, para justificar el calificativo de *dudoso*, acumule consideraciones que deberían hacer pasar el texto por *no-auténtico*, y que no presente ningún argumento a favor de la autenticidad?

Las razones del rechazo son materiales, filosóficas y estilísticas:

> [...] La presentación exterior del manuscrito, así como la manera en la que coloca el título, excluyen que Hölderlin sea el autor, por no hablar de la inverosimilitud de su estilo. El simple anuncio, en una carta del período en Tubinga, de que irá dando «un paseo con Hegel [...] hasta la capilla de Wurmlingen, desde donde se disfruta de la famosa hermosa panorámica», no puede, evidentemente, servir de contraargumento; tampoco, por otra parte, la indicación dada por Goethe, casi siete años más tarde, de que creía haber notado en Hölderlin cierta inclinación por la Edad Media (Carta a Schiller del 23 de agosto de 1797).[6]

---

[5] Hölderlin, *op. cit.*, *ibid.*, p. 426.
[6] *Ibid.*, p. 427.

Beißner trata, sin duda, y un poco a la ligera, sus eventuales «contraargumentos». Está en su derecho.

Pero si al final llega a la conclusión de que el texto no es auténtico, ¿por qué lo publica en las *Obras completas* de Hölderlin? Lo falso no se confunde con lo dudoso.

Si verdaderamente se «excluye» que Hölderlin sea el autor del *Comunismo de los espíritus*, si no podemos imaginar ningún argumento a favor de la autenticidad, ¿por qué el editor, ante varias prosas del «dossier Hölderlin», eligió ésta y rechazó otras? ¿Por qué la admite, aunque con una descalificación parcial, bajo el título de «dudoso»? ¿Cuál es el criterio de esta elección? Lógicamente, Beißner debería haber dejado estas páginas en las obras completas de Christoph Schwab.

Pero no lo hizo. A pesar de todos los argumentos filológicos en contra tenía la sensación –¡pero no lo admitía!– de que Hölderlin tenía algo que ver: el contenido del texto tiene una coloración hölderliniana…

Concederemos de buen grado a Beißner que ni la escritura ni la maquetación (¡es un buen juez en eso!), y menos aún el estilo, parecen de Hölderlin, como tampoco lo son de Hegel. Pero un tercer compañero pudo tomar la pluma, en nombre de todos, para dar cuenta de una conversación que realmente tuvo lugar. En el borrador del diálogo aparecen cuatro interlocutores.

Christoph Schwab, quien ha deslizado estas hojas en un llamado «dossier Hölderlin», puede que supiese lo que hacía. Primer editor de Hölderlin después de la muerte de éste[7], conocía las dificultades y las trampas del trabajo de publicación, no era habitual en él confundir unos autores con otros. Hay algo de Hölderlin en este texto, aunque fuera Schwab, supuestamente, quien lo copiara o lo restaurara.

[7] Christoph Schwab edita en 1846 las *Obras completas* de Hölderlin, en 2 volúmenes, en la editorial de Cotta. Existió una primera edición, hecha en vida de Hölderlin, por Uhland y Kerner.

La impugnación de Beißner sería más convincente si pudiese atribuirse a una fuente distinta de Hölderlin. Beißner sugiere que el autor puede ser el mismo Schwab, cuya escritura al menos es reconocible.[8]

Esta hipótesis es, por tanto, difícilmente sostenible. Schwab vivió de 1821 a 1883. No podemos imaginar que hubiese sido capaz de escribir un texto de estas características antes de sus veinte años, que sería alrededor de 1840. Incluso desde el punto de vista de la escritura, cabe preguntarse si en esa fecha aún era habitual escribir *seyn* con una *y*, y *Communismus* con *c*, como ocurre en el manuscrito.

Pero la aparición de esta última palabra es decisiva. Beißner indica que, desde su punto de vista, el título *Communismus der Geister* había sido «añadido más tarde y deslizado en una pequeña escritura apretada en el borde superior de la hoja».[9]

El empleo de la palabra *comunismo* puede aquí dar lugar a malentendidos de los más graves. ¡Procuremos no tomarlo en el sentido más preciso y particular que le ha conferido la obra de Marx, y menos aún en el sentido polémico que le ha atribuido la actualidad política de finales del siglo veinte!

Supongamos que, tal y cómo creemos, este texto data de finales del siglo XVIII. Es por ello que la palabra *comunismo* suena de una manera bien extraña. Su uso, excepcional, no está todavía bien fijado. Lo podemos aplicar, en esa época, a objetos de pensamiento diversos y también, por ejemplo, a una comunidad de espíritus o a una comunión espiritual. Al mismo tiempo sugiere, como veremos, una especie de igualitarismo, una utopía comunitaria similar a aquellas que florecían con distinto nombre a finales de ese siglo.

Entonces, si acreditamos a Hölderlin, o a Hegel, o a alguno de sus amigos, la dotación de este título al texto, hace falta

---

[8] Hölderlin, *op. cit.*, vol. 2, p. 804.
[9] *Ibid.*

admitir que asistimos a una especie de estreno alemán, e incluso mundial: ¡la palabra *comunismo* no se había utilizado antes en este sentido! Sólo despegó en ciertas obras de Restif de La Bretonne, hacia 1795. Tras recordar el papel de Restif en este lanzamiento, Jacques Grandjonc, en un artículo muy bien documentado e instructivo, aporta este interesante detalle:

> Sin embargo, en aras de la exhaustividad, debemos señalar un uso anterior del término Kommunismus, que no circuló debido al secreto de Estado, en uno de los muchos volúmenes infolio que contienen las actas del interrogatorio de Andreas Riedel, un jacobino vienés, que declaró que, de sus teorías y las de su amigo Franz von Hebenstreit, «si el término existiera», las describiría como «*Hebenstreitismus oder Kommunismus*».[10]

Jacques Grandjonc no indica la fecha de estos interrogatorios, pero no pueden ser más que posteriores a 1790, después del paseo a la capilla de Wurmlingen. Y, en la declaración del jacobino Riedel, ya observamos la *K* en la palabra *Kommunismus*. En Francia, habrá que esperar hasta 1839 para que la palabra *communisme* reaparezca con este sentido en los escritos de Lamennais.

Estas constataciones, y las conclusiones que se deducen, permiten forjar la hipótesis de una gran innovación lingüística atribuida al mismo Hölderlin o a un círculo de jóvenes espíritus reunidos a su alrededor. Nada impide entonces aplicar este término a la imagen de una comunidad espiritual unida a la utopía imprecisa y precaria de una comunidad de bienes.

Sin embargo, en 1840, cuando Schwab alcanzó la madurez, tal uso de la palabra se había vuelto del todo imposible. Para entonces, ¿a quién se le habría ocurrido aplicar la palabra *comunismo* a la meditación inspirada en el paisaje de la *Wurmlinger Kapelle*? Había adquirido un tinte político revolucionario, se refería al

---

[10] Jacques Grandjonc, «Quelques dates à propos des termes *communiste* et *communisme*», en *Mots*, Paris, CNRS, 1983, nº 7, pp. 146-147.

«espectro que recorre Europa», se había convertido en presagio de un futuro peligroso para un amplio público, y ya no se adecuaba al contenido del texto publicado con ese nombre por Beißner.

Este contenido remarcable, bien situado en el extremo final del siglo XVIII, o incluso de los primeros años del XIX, será del todo anacrónico alrededor de 1840 o 1850. Apenas puede ser objeto de meditación, salvo para jóvenes pensadores como Hegel y Hölderlin que, en el atraso político y social de Alemania y Wurtemberg, donde vivían, planteaban problemas nuevos en términos arcaicos, mezclaban términos religiosos con temas nacionales o políticos y evocaban ideas inéditas en un entorno anticuado. En 1840 la gente ya no acariciaba el sueño de una *Nueva Academia* o de una *República de las letras*. Las ideas, las imágenes y determinadas palabras de un texto bastan para fecharlo. Otros indicios ayudan a confirmar la fecha.

El título del texto, que nos sorprende, también encajaría con fragmentos hegelianos de la época de Tubinga. Hegel y Hölderlin siguieron juntos una línea de pensamiento muy característica, cuyos ecos pueden oírse en el *Comunismo de los espíritus*. El uso de la palabra «espíritu» es una advertencia suficiente: ¿quién, si no Hegel, se ocupa de manera privilegiada, casi obsesiva, de los *espíritus* de los pueblos, de los *espíritus* de las religiones, de los *espíritus* de las épocas históricas?

El comunismo de la palabra escrita

Beißner concentra toda su atención, como debiera, pero quizá de manera demasiado exclusiva, en la apariencia objetiva de los textos de los que debía evaluar la autenticidad factual. Muchos lectores no sienten la misma preocupación y no se plantean la misma tarea. Tanto si su lectura precedió a la publicación de las *Obras* de Hölderlin por Beißner como si, por el contrario, se benefició de ella recurriendo a la misma como garantía considerada suficiente, no se plantearon la cuestión de la autenticidad. Por ejemplo, Rudolf Leonhard se refiere al *Communismus der Geister* como perteneciente, sin más reservas, a la obra del poeta.[11]

Theodor Haering publica el primer volumen de su célebre libro, *Hegel, sein Wollen und sein Werk* [*Hegel, su voluntad y su obra*] en 1929, solo tres años después del «hallazgo» de Zinkernagel (1926). ¿Sólo conocía el texto en esta forma? Sin preocuparse por su autenticidad, él afirma desde el principio que dos de los personajes anunciados al inicio del diálogo, Eugen y Lothar, son *sin duda* [*zweifellos*] Hegel y Hölderlin.[12] Este *zweifellos* contrasta de manera cómica con el *zweifelhaft* [dudoso] de Beißner.

Lo que sorprende a Haering, por supuesto, es la inspiración común del *Comunismo de los espíritus* y muchos de los escritos del joven Hegel, con el que estaba muy familiarizado. Lo auténtico es la inspiración que subyace a estos diversos escritos, compartida por los dos *Stiftler* con algunos de sus compañeros de estudios.

La letra no tiene mucha importancia. ¿Quién la copió? ¿Quién fue el primero en coger la pluma y poner por escrito los pensamientos surgidos en una conversación memorable?

El *Primer programa de un sistema del idealismo alemán*, que a veces se atribuye a Hölderlin, ha llegado hasta nosotros de puño y letra de Hegel.[13] Muchas de las cartas de Hölderlin, por ejemplo el borrador de la que escribió a Böhlendorff en noviembre de 1803, sólo existen en transcripciones, y en este caso concreto, la transcripción es obra de dos copistas: ¡Schlesier y Schwab![14]

---

[11] *Hölderlin, ein Lesebuch für unsere Zeit*, publicado por Tilly Bergner y Rudolf Leonhard, Weimar, Volksverlag, 1960; «*Introduction*» por Rudolf Leonhard, p. 14.

[12] Theodor Haering, *Hegel, sein Wollen und sein Werk*, Leipzig y Berlin, I, 1929, p. 37, n. 1, y pp. 42-43.

[13] Hölderlin, *Sämtliche Werke*, *op. cit.*, vol. 1, p. 297 y 425 [En este volumen, desde la p. 63].

[14] Bertaux, *Hölderlin ou le Temps d'un poète*, 1983, p. 261.

En su juventud, a Hegel, Hölderlin, Schelling y sus amigos les importaba poco determinar la parte de cada uno en el desarrollo de un nuevo pensamiento, que querían que fuera universal. Trabajaban juntos, desarrollaban juntos sus proyectos y ensayos, y no hacían distinción entre «lo mío» y «lo tuyo». Este desinterés no duró, o se convirtió en afectación. Caracteriza un período de formación, cuando cada uno de ellos aún no se había encontrado verdaderamente a sí mismo. Se trata de escritos que ciertamente no carecen de interés. Ya revelan discretamente una de las formas de un *Comunismo de los espíritus* que llegará hasta el anonimato de las obras.

No se trataba de un simple descuido o de una ligereza juvenil. Este gusto por la investigación y la creación conjuntas está ligado a profundas orientaciones filosóficas características de la época. La obra no pertenece ni a unos ni a otros, ni a nadie. Emana, en última instancia, de un espíritu impersonal y superior, único y verdadero creador. Esta visión del trabajo intelectual se inscribe en un panteísmo difuso, un romanticismo naciente, un idealismo salvaje, y contradice, en los mismos hombres, los objetivos individualistas de emulación, competencia y rivalidad. Este «comunismo de la palabra escrita», si nos atrevemos a llamarlo así, da testimonio del espíritu de la época.

Todavía es evidente en las últimas líneas del *Prólogo* a la *Fenomenología* de Hegel:

> [...] y como la proporción que corresponde a la actividad del individuo en toda la obra del espíritu no puede ser sino muy pequeña, este individuo, entonces, tal como comporta ya la naturaleza de la ciencia, tiene que olvidarse tanto más de sí [...].[15]

[15] Hegel, *Préface de la Phénoménologie de l'esprit*, traducido por J. Hyppolite, ed. bilingüe, Paris, Aubier, 1966, p. 169 [*Fenomenología*, p. 137].

La desaparición del sujeto individual se anunciará a veces, más tarde, en tono profético. Así, en este *Tableau littéraire de la France au XVIII siècle* [*Cuadro literario de la Francia del siglo XVIII*] Esquema litera que data de 1808, y que permanece ejemplarmente anónimo:

> Quizá llegue un tiempo en que ya no haya grandes hombres, en que el progreso individual se pierda en el progreso colectivo, en que nada destaque en la masa ilustrada; y, sin embargo, este tiempo, si alguna vez llega, será sin duda el más honroso para el género humano, porque será aquel en que habrá más grandeza y verdadera dignidad.[16]

Lejos de tal extremo, ¿no confesó un día Hölderlin que ya no sentía ningún apego por los grandes hombres?

Adoptando la actitud más prudente, demasiado temerosa sin duda, y todavía en un nivel de desconfianza ciertamente excesivo, debemos al menos, en lo que se refiere al *Communismus der Geister*, estar de acuerdo con la estimación mínima propuesta hace poco por Yvon Gauthier: «Aunque este fragmento se considera dudoso, podemos pensar que expresa fielmente las ideas de Hölderlin».[17]

La cultura popular

¿Cuáles son, pues, esas ideas que se anuncian en el *Comunismo de los espíritus* y que son comunes a Hölderlin y Hegel en su época de Tubinga?

Ambos tenían la dolorosa sensación de que su pueblo dormía y se desintegraba, mientras que el pueblo francés, en su

[16] El *Tableau littéraire de la France au XVIIIe siècle*, publicado por Roland Mortier, Bruxelles, Palais des Académies, 1972, p. 140.

[17] Yvon Gauthier, *L'Arc et le Cercle. L'essence du langage chez Hegel et Hölderlin*, Desclée de Brouwer, Paris-Montréal, 1969, p. 117-118, n. 22.

deslumbrante Revolución, despertaba y se unía vigorosamente. Como idealistas, reconocían que sólo el espíritu era la fuente de toda actividad y eficacia. El espíritu de un pueblo y de una época, tanto el *Volksgeist* como el *Zeitgeist*, a menudo vegeta en una especie de inconsciencia: necesita ser despertado, tomar conciencia de sí mismo, revelarse y tomar forma. A lo largo del siglo XVIII, el pueblo francés fue alertado y exhortado por grandes mentes. A los intelectuales alemanes les corresponde, a su vez, llevar a cabo la misma operación con su pueblo, y en el momento oportuno. Para el joven Hölderlin y el joven Hegel, estos proyectos adquirieron un alcance extraordinario y se convirtieron, durante un tiempo, en la fuente principal de sus meditaciones y de sus obras.

Es esta inspiración la que primero llama la atención de los lectores del *Comunismo de los espíritus*. Encontrarán en él las mismas intenciones que en los *Escritos teológicos del joven Hegel.*

Los dos jóvenes espíritus unen constantemente sus planes para la formación de una conciencia popular, recién despertada con sus proyectos, para la institución de una religión popular [*Volksreligion*], capaz de inspirar a los alemanes una mentalidad [*Gesinnung*] de esfuerzo, vitalidad y energía: pues todo esto sólo se invoca con vistas a la acción. Lo que les importa, en la nueva religión con la que sueñan, y en la nueva cultura que están desarrollando, es la capacidad de inspirar a la acción a un pueblo que consideran inerte cuando lo comparan con el pueblo francés.

Cuando Eugen, pues, en nuestro texto, imagina el «espíritu vigoroso» que debía inspirar la religión de la Edad Media, subjetivamente, para que produjera todas estas obras del espíritu, estas obras humanas, este «espíritu objetivo», estos campos cultivados, estos monasterios, catedrales, la confianza y la obediencia de las multitudes rurales y urbanas, es como si propusiera un ejemplo, por una vez distinto de la religión griega, de lo que debería ser, en términos modernos, la religión de la que ahora siente necesidad. Éste es también el sentimiento de Hegel. Como dice Jean Hyppolite, «Hegel insiste en el carácter esencial de esta religión, que es inspirar a la acción».[18] Los ciudadanos deben recibir, a través de la religión, motivos *internos* para la acción que sean coherentes con sus obligaciones civiles y jurídicas *externas*. Hegel propone claramente esta visión de la religión:

> Las instituciones religiosas [*Anstalten*] deben actuar [*wirken*] directamente sobre los motivos para determinar la voluntad.[19]

Nuestro texto nos recuerda que en la Edad Media actuaban [*wirkten*] instituciones similares [*Ähnliche Instituten*]. Se trata más o menos del mismo vocabulario, que expresa la misma visión de las condiciones profundas de la actividad humana.

Esta manera de ver la religión sólo en función de los efectos que es capaz de producir en la realidad objetiva (acciones, obras, edificios), y no sólo en la pura interioridad espiritual, es característica del punto de vista compartido por Hölderlin y Hegel en esta época de sus vidas.

Las antiguas órdenes religiosas que, en la Edad Media, cumplían esta función y prestaban este servicio, ya no pueden resucitar. En todo caso, los dos luteranos no desean tal resurrección. Así que hubo que inventar otras instituciones que tomaran el relevo. En un momento en que la *ilustración* y las *ciencias* parecen triunfar, esto sólo puede significar institutos científicos, academias, una «*Nueva Academia*». La ilusión de que el mundo humano cambiaría mediante la instrucción y la educación fascinó a finales del siglo XVIII. Ni Hegel ni Hölderlin podían dudar de que la educación y la instrucción estaban impregnadas de religión. Para ellos, la religión luterana avanzada, en la que no se distinguía entre sacerdotes y laicos, era sinónimo de ciencia consumada y, sobre todo, de filosofía. A este respecto, nos recuerdan las

---

[18] Jean Hyppolite, «Les travaux de jeunesse de Hegel», *Revue de métaphysique et de morale*, 1935, nº 3, p. 407.

[19] *Hegel's Theologische Jugendschriften*, ed. Nohl, Tübingen, 1907, p. 49.

afirmaciones posteriores de Hegel: «Nuestras universidades son nuestras iglesias». Y su tesis constantemente sostenida: «Cuando se revoluciona el mundo de la representación, la realidad no puede permanecer tal como es».[20]

La referencia y reverencia al cristianismo de la alta Edad Media como ejemplo de una religión vivificante, animadora y unificadora no debería sorprender más a Hölderlin y Hegel que a Auguste Comte más tarde.

El modelo medieval

Sin embargo, este recurso a la Edad Media es inicialmente embarazoso, pues conocemos la aversión de Hegel por este período histórico. En su *Filosofía de la historia* le achaca todos los pecados de la historia. En la *Fenomenología del espíritu*, la ignora casi por completo.

¿Cómo podría haber practicado una apología de la Edad Media con Hölderlin? ¿No muestran ambos una preferencia fanática por la antigüedad griega?

De hecho, este punto no es difícil de entender. Hay que tener en cuenta la fecha. En Tubinga, ni Hölderlin ni Hegel mostraron el desprecio y la desaprobación de la Edad Media de los que este último le acusaría más tarde. Este hecho, por otra parte, no se ha tenido suficientemente en cuenta, y algún día habrá que intentar explicar el giro de Hegel.

Además, no debemos pasar por alto, por mucho que Beißner quiera que lo hagamos, la indicación de Goethe en 1797 de que había notado en Hölderlin «alguna inclinación hacia los tiempos medievales».[21]

---

[20] Cartas a Niethammer del 12 de julio de 1816 (en *Briefe von und an Hegel*, t. II, Hambourg, 1953, p. 89) y del 28 de octubre de 1808 (*ibid.*, t. I, 1952, p. 253).

[21] Carta a Schiller, del 23 de Agosto de 1797 [*Epistolario*, p. 233].

Recordemos, en efecto, que «el triunvirato Hölderlin-Hegel-Schelling y algunos de sus amigos se reunían en días conocidos como *Aldermanstage*. *Aldermanstage* y *Aldermansfreunde* recuerdan el espíritu corporativo de la Edad Media [...] En estas reuniones, los amigos intercambiaban ideas sobre una nueva sociedad que creían que se acercaba, el Reino de Dios».[22]

Reconozcamos que no siempre es fácil separar lo serio de lo lúdico en la conducta de jóvenes estudiantes. Sin embargo, tenían tendencia –quizá demasiada– a tomarse en serio a sí mismos. ¡Cuando, más tarde, en sus cartas, se recuerden mutuamente su compromiso con el Reino de Dios, no sería cosa de risa!

Su posible inclinación hacia la Edad Media no habría sido excepcional en sus tiempos de Tubinga. Viajar, leer y descubrir los aspectos desagradables de la vida en la Edad Media la atenuarían más tarde. Pero en su Wurtemberg natal estaba arraigada en la tradición y reforzada por un ambiente favorable.

Aquí, la gente solía referirse a los derechos de los que habían disfrutado sus antepasados. Esta nostalgia volvió a despertarse en 1817, en la sesión de los Estados de Wurtemberg, y Hegel la criticó en esta ocasión en nombre de un audaz reformismo modernista. Sin entrar en los detalles de la historia de Suabia, conviene recordar que los principales escritores suabos habían magnificado el período medieval de su país, un pasado de libertad e independencia que permanecía en sus corazones como un pesar. Karl Philipp Conz, guía y amigo de Hölderlin y Hegel en el *Stift*, escribió un drama, *Conradin von Schwaben* (1782) y un tratado *Sobre el espíritu y la historia de la caballería en la antigüedad* (1786). El propio Hölderlin dedicó un poema a *Konradin* y glorificó la Edad Media en varias obras, como *Die Dehmut* [*La humildad*][23] y en *Die Tek*. Refiriéndose a las costumbres legendarias y a su valor simbólico,

---

[22] W. Prengel, *L'Évolution morale et politique de Hölderlin*, Casablanca, 1958, p. 16.

[23] Hölderlin, *op. cit.*, vol. 1, pp. 40-41.

la palabra del caballero, su saludo, su apretón de manos, todos ellos muestras de plena confianza en las relaciones humanas, Hölderlin advertía a sus compatriotas:

¡Ay! ¡Ay!, murmuran los espíritus de antaño en la confusión.
¡La honesta y pura costumbre de Suabia ha sido desterrada!
....
¡Pero no! No está toda abolida, la leal costumbre,
no está toda abolida en la pacífica tierra de Suabia.[24]

¿Son «criminales» aquellos que permitieron que las antiguas formas de vida fueran prácticamente desalojadas o eliminadas y que, por tanto, aparecen indefensos ante las ruinas arcaicas?

Al principio, Hölderlin y Hegel compartían la estima retrospectiva que sus contemporáneos concedían a la Edad Media. Esto no excluía su admiración por la Antigüedad griega, que se manifiesta incluso en el *Comunismo de los espíritus*: «cuando debo regresar del libre éter libre de la Antigüedad a la noche del presente [...]».

Este recordatorio nos ayuda a comprender mejor el sentido de este intento de diálogo. Como deja claro, no se trata aquí de respeto o admiración por el contenido, la «materia» de la Edad Media. Los románticos, por el contrario, harán gala de esta nostalgia y querrán restaurar lo más plenamente posible este contenido: esta «materia», estas catedrales, estas costumbres, este vasallaje, este traje. En este sentido, los *Burschenschafiler*[25] les imitarán vistiendo prendas anticuadas y ridículas.

El interés de Hölderlin y Hegel por la Edad Media en su juventud tiene un significado completamente distinto. Su nostalgia no era la misma que la de los demás. En nada pensaban menos que en restaurar la Edad Media. En el *Comunismo de los espíritus*,

---

[24] *Ibid.*, p. 56, trad. en *Œuvres*, Gallimard, en «La Pléiade», 1967, p. 8.

[25] Miembros de las asociaciones de estudiantes nacionalistas en Alemania después de 1815.

Hölderlin sólo elogia *la forma* en la que, y gracias a la cual, el contenido llegó a existir en un momento determinado. Lo que le interesa es la forma en que ocurre: ese *Werden im Vergehen*, ese *devenir en el perecer* que intentará dilucidar en otro ensayo.[26]

¿Cómo utilizar la forma de un dinamismo, eficaz en el pasado, para propiciar la aparición de un nuevo contenido? Para Hölderlin, la forma puede permanecer o renacer de diferentes maneras, mientras que la materia siempre se pierde. Materia o contenido se refiere aquí a todos los datos concretos que caracterizan originaria e irreductiblemente un período histórico. Las órdenes religiosas de la Edad Media no volverán, pero la fuerza que las animó puede continuar o reactivarse en instituciones diferentes, en una «*Nueva Academia*». Los hombres y las instituciones caen, pero la batalla del espíritu continúa.[27]

Se trata de reforzar la creatividad espiritual en condiciones inéditas, de suscitar un espíritu nuevo, distinto del antiguo pero semejante a él en su vitalidad, energía y unidad.

¿Por qué habría de dudar alguien de la sinceridad del recurso a la Edad Media en una obra de Hölderlin de 1790? Las circunstancias, además, lo justifican y lo provocan: desde la terraza de la capilla de Wurmlingen no vemos las ruinas de la Acrópolis, sino los vestigios de una Edad Media cristiana, «perdida, perdida para siempre» y que, en su tiempo, había mostrado una audacia que Hölderlin quisiera enseñar a la Suabia moderna.

---

26 Bajo el título: «Le devenir dans le périssable», en Hölderlin, *Œuvres*, *op. cit.*, p. 651 [*Ensayos*, pp. 101-106].

27 La asociación de ideas entre la *orden monástica* y la *academia* persistirá siempre en el pensamiento de Hegel: «La clase de los filósofos no se halla aún organizada como la de los monjes. Los dedicados a la enseñanza y a la vida universitaria lo están ya un poco; pero incluso esta clase se ve obligada a hundirse en las normas cotidianas de las relaciones sociales, ya que la entrada en ella es algo regulado exteriormente». (Hegel, *Leçons sur l'histoire de la philosophie*, trad. por Garniron, París, Vrin, 1985, p. 1258 [*Lecciones sobre historia de la filosofía*, t. III, p. 213. En francés: «Les membres des Académies»].

La unidad del espíritu objetivo

Estas consideraciones bastarían sin duda para atestiguar la inspiración hegeliano-hölderliniana de este texto.

Sin embargo, corren el riesgo de oscurecer su sentido profundo, que es lo que importa por encima de todo. Nos lo perderíamos si nos contentáramos con constatar, en el *Comunismo de los espíritus*, el tema de la educación popular y de la religión popular necesarias para revigorizar el espíritu y la actividad del pueblo suabo.

Cuando comparamos este texto con los desarrollos teóricos hegelianos tardíos, captamos su carácter profético si es que fue escrito, como creemos, hacia 1790; o, por el contrario, su riqueza retrospectiva, si fue escrito más tarde, como es poco probable.

En realidad, las consideraciones anteriores sólo justificarían precariamente la elección del título que se ha dado a este texto, de un modo u otro y por quienquiera que sea. En realidad, encierra otras ideas importantes y tiene muchas otras implicaciones.

Una de sus ideas principales es la de *comunidad espiritual*: una comunidad de todos los espíritus que viven en la misma fe, en el mismo mundo, porque esta fe y este mundo expresan el mismo «espíritu»: una comunidad de lo diverso implicada en la identidad del todo.

¡Esta idea ganará terreno!

A Eugen le obsesiona, y consigue plasmarlo en unas pocas palabras y unas pocas imágenes. Presupone la armonía interior de un mundo humano y, en consecuencia, la hipótesis de que existen diferentes mundos humanos, simultáneos y sucesivos. Cada mundo tiene su propia identidad y es fuente de comunión para quienes participan de él. Toda la energía de este mundo procede de un centro y se propaga *ad infinitum* en la mayor variedad de determinaciones concretas. Pero la energía central «conserva, en cada variación, el sonido de la melodía original».

Lo que importa a Eugen no son las particularidades de estas variaciones, ni siquiera la naturaleza concreta del espíritu que las domina y controla, sino esta dominación y control en sí mismos, esta unidad dialéctica de unidad y diversidad, esta capacidad del espíritu de una época [*Zeitgeist*] para imprimir su sello en todas las actividades y obras de esa época.

En sus obras posteriores, Hegel se mantuvo fiel a esta intuición común inicial y dedujo incansablemente todas sus consecuencias:

> Se debe sostener aquí que es solamente *un* espíritu, *un* principio el que se expresa tanto en el estado político como en la religión, arte, moralidad, en la vida social, en el comercio y en la industria, de manera que estas formas diferentes son solamente ramas de un tronco central. Éste es el principal punto de vista. El espíritu es solamente uno, es el único espíritu sustancial de un período, de un pueblo, *de* una época, pero que se configura de múltiples maneras.[28]

Esta idea se personifica en el *Comunismo de los espíritus*: un solo mundo cultural, la Edad Media católica, fue formado por un espíritu nuevo, «Todo como de un solo golpe» [*Alles, wie aus Einem Gusse*]: unidad, homogeneidad, brusquedad, en una unidad de *tono*.

Hegel preferirá la unidad de *color*: en la totalidad absoluta, «una de las potencias es la fuerza mayor, en cuyo color y determinismo aparece la totalidad...».[29]

Fue a través de la unidad de la coloración como Marx también trató de ilustrar la idea de que una «condición histórica

---

[28] Hegel, *Histoire de la philosophie*, «*Introducción*», trad. por J. Gibelin, Paris, Gallimard, 1954, p. 134 [*Introducción a la Historia de la Filosofía*, p. 84].
[29] Hegel, *Des manières de traiter scientifiquement du droit naturel*, trad. B. Bourgeois, Paris, Vrin, 1972, p. 101.

entraña una historia universal [*eine Weltgeschichte*]»[30]: «Es una iluminación general en la que se bañan todos los colores y [que] modifica las particularidades de éstos».[31]

Pero qué importa la elección del modo sensible para la ilustración de una idea, si [como dice Baudelaire] las diversas sensaciones se simbolizan mutuamente:

> Perfumes, colores y sonidos se dan la mano.

Existe una especie de ley de correlación entre las formas históricas, similar a la que Cuvier –otro estudiante de Wurtemberg– estableció, al mismo tiempo, entre las formas orgánicas.

Esta tesis, según la cual cada mundo humano, cada «época» característica, cada cultura religiosa o nacional constituye una unidad estructurada en la que todos los elementos se someten a la dominación rigurosa del conjunto, es objeto de encarnizadas polémicas en nuestros días.[32]

Sus consecuencias levantan pasiones. Una de las más mortíferas es que si cada cultura tiene una identidad radicalmente distinta de la de las demás, entonces sólo puede aparecer o desaparecer, en esencia, como un todo [*wie aus einem Gusse!*], sólo puede sustituir a otra cultura por completo, sin residuos. Así pues, no hay transición, ni herencia, ni continuidad de desarrollo de una a otra, sino, por el contrario, «ruptura radical».

Si adoptamos este punto de vista y contemplamos una bella cultura pasada no podemos sino sentirnos «como un criminal ante la historia». Entre las distintas civilizaciones hay un abismo:

---

[30] K. Marx, *Le Capital*, trad. francesa, Paris, Éd. Sociales, 1967, t. I, p. 173 [*El capital*, I, vol. 1, p. 124].

[31] K. Marx, *Contribution à la critique de l'économie politique,* trad. francesa, París, Éd. Sociales, 1957, p. 170 [*Contribución a la crítica de la economía política*, p. 208].

[32] J. D'Hondt, *L'Idéologie de la rupture*, Paris, PUF, 1978 [Hay edición castellana: *La ideología de la ruptura*, Premiá editora de libros, México D. F., 1983].

eine Kluft, como dice Hölderlin. La cultura griega que Hölderlin adora, la cultura fenicia que Hegel y Volney preferían o la cultura cristiana medieval evocada por la capilla de Wurmlingen ya no están unidas por nada: el presente ha cortado sus raíces.

En este caso no se trata de destruir obras de arte. El verdadero crimen es mucho más grave. Si, como creen Hölderlin y Hegel, los acontecimientos en cuestión son ante todo una cuestión de espíritu y, por tanto, en cierto modo una cuestión de conocimiento; si una especie de alma anima la totalidad, un sistema particular de inteligibilidad, una racionalidad específica, entonces, desde esta perspectiva –fundamentalmente idealista–, es difícil ver cómo el espíritu de una nueva totalidad cultural podría aprehender fielmente el espíritu de una totalidad cultural caduca. La propia noción de obsolescencia perdería su significado. No podría pensarse ni decirse el destino de las cosas que han caído en decadencia. Y nos preguntaríamos en vano, con Hölderlin: «¿dónde está todo eso? [...] ahora, compara aquel tiempo y el nuestro, ¿dónde quieres encontrar una comunidad?».

Estas son las preguntas a las que Hegel intentará responder muy pronto, en particular en *La positividad de la religión cristiana*[33] y en *El espíritu del cristianismo y su destino*[34].

Pero la respuesta a tales preguntas, su misma formulación, presuponen que entre las culturas sucesivas existe una especie de comunidad, cuya naturaleza y modalidades precisará el investigador, una especie de «comunismo» de los espíritus que dan origen a las diversas civilizaciones y definen los diversos períodos de la historia.

La primera impresión que Eugen tiene del valle del Neckar, a medida que se hunde poco a poco en la noche del presente alemán, es de absoluta oscuridad espiritual. Al provocarla, no

---

33 Hegel, *La Positivité de la religion chrétienne*, trad. Guy Planty-Bonjour, Paris, PUF, 1983 [*Escritos de juventud*, pp. 73-162 o 419-432].

34 Hegel, *L'Esprit du christianisme et son destin*, trad. Jacques Martin, Paris, Vrin, 1948 [*Escritos de juventud*, pp. 287-384].

sólo se comporta como un criminal ante la historia, al eliminar ciertas secuencias o cortar los vínculos entre períodos significativos; sino que asesina a la propia historia, porque priva de toda inteligibilidad a la emergencia de las acciones y los acontecimientos en el tiempo (*Res gestae-Geschichte*), al igual que priva de toda inteligibilidad a su narración (*Historia-Historie*).

Para salvar al hombre, al género humano y a la historia, Eugen propone una especie de compromiso. Dejemos que la materia muerta se hunda en el abismo («lo que aquella época nos ha legado», la «materia muerta») y conservemos la forma viva, la forma universal de la actividad humana: la energía transformadora y creadora, la actividad radical del espíritu, la garantía de continuidad en la innovación, de identidad y coherencia en la diversidad. Esto implica que la «materia muerta» en sí misma todavía puede ser captada y contemplada, utilizada teóricamente, venerada hasta cierto punto [como sugiere, de nuevo, Baudelaire]:

> *... Ved a los Años difuntos agachados,*
> *En los balcones del cielo, en vestidos pasados de moda ...*

Pero sobre todo nos permite captar el gesto manipulador de estas figuras efímeras, fuente de fenómenos históricos.

En este sencillo comienzo de tentativa de diálogo, Eugen plantea el problema con toda claridad. Se detiene demasiado pronto para proponer una solución explícita. Sólo sugiere una salida. En general, nos preguntamos cómo pasamos, o no pasamos, de una cultura antigua, destruida y cuyo sentido nos cuesta recuperar, a una cultura nueva. Ante los restos de una gran cultura religiosa y nacional que ha desaparecido, se pregunta qué hay que *hacer* para instaurar una nueva cultura religiosa y nacional igual de eficaz, igual de grande, pero diferente. ¿Cómo hay que *actuar* para crear una Alemania moderna con la misma energía que se desplegó en la ciudad ateniense, o en el cristianismo de la Alta Edad Media, o en la Revolución Francesa contemporánea? ¿De dónde habría que extraer esa energía?

Admite, pues, la realidad de una comunidad humana, de un «comunismo de los espíritus» individuales, de una armonía de existencias, en el bello período cristiano: los suabos estaban unidos por un mismo espíritu nacional y religioso. Es una observación importante.

Pero añade algo muy distinto cuando pregunta: «ahora, compara aquel tiempo y el nuestro, ¿dónde quieres encontrar una comunidad?». Porque su pregunta se divide en dos: *¿Dónde encontrarán ahora en Suabia una comunidad de la misma calidad?*; y *¿Qué comunidad hay entre el espíritu de aquel tiempo y el espíritu de nuestro tiempo?*. ¿Qué vínculo podemos establecer entre la luz del pasado y la noche del presente que debemos iluminar?

El problema es el del *Vergleichungspunkt*: el punto de comparación, el «hecho comparativo». ¿Cuáles son las semejanzas y las diferencias, qué puente podemos tender sobre el abismo que separa, a primera vista, dos culturas y dos épocas? La supuesta comunidad es la que reina sincrónicamente, en el orden de las simultaneidades; y también la que reina diacrónicamente, en el orden de las sucesiones. Para existir, la historia requiere tanto un «comunismo» de simultaneidades como uno de sucesiones.

El espíritu de comunidad

Hegel y Hölderlin vivieron en medio de la división y el conflicto de Alemania, de su fragmentación e inercia. La esperanza de reconciliación, reunificación y armonización les sostenía. Soñaban con contribuir activamente, mediante el desarrollo de la política y la filosofía –y Hölderlin, además, mediante el desarrollo de la poesía–, al establecimiento de un *Comunismo de los espíritus* en su país.

Hölderlin quería actuar, pensar y cantar,

para que un pueblo amoroso recogido en brazos del padre
sea humanamente dichoso, como antes,
y un espíritu común a todos.[35]

Subrayó: *un* espíritu común a todos.

En 1799, en una carta a su hermano, deplora «esa falta de sentimientos para un honor y una propiedad comunes, que desde luego se encuentra muy extendida entre los pueblos modernos, pero en mi opinión de modo sobresaliente entre los alemanes».[36]

En la misma carta –una especie de profesión de fe– asigna a la poesía, cómplice de la filosofía y la política, la tarea de *reunir* a los hombres y unirlos. Debe establecer entre ellos un vínculo que se estreche hasta convertirse «en un todo vivo e íntimo, dividido en mil partes».[37] Se trata de asegurar la armonía humana, o más bien de restablecerla, ya que, como dice en otro lugar: «Los pueblos acaban de salir de la armonía infantil; la armonía de los espíritus [*die Harmonie der Geister*] será el principio de una nueva historia del mundo [*Weltgeschichte*]».[38]

Se podrían multiplicar las citas de este tipo. Demuestran el parentesco, en la mente de Hölderlin, entre la *Harmonie der Geister* y el *Communismus der Geister*.

De esta armonía, la Grecia antigua, idealizada, le proporciona el mejor modelo. Cuando trata de determinar *El punto de vista desde el cual tenemos que contemplar la Antigüedad*, espera que «en el fundamento originario de todas las obras y actos de los hombres nos sentimos iguales y en unidad con todos, por grandes o pequeños que sean»...[39]

---

[35] «El archipiélago», en *Œuvres*, *op. cit.*, p. 828 [*Poemas*, p. 35].
[36] *Ibid.*, p. 689 [*Correspondencia*, p. 404].
[37] *Ibid.*, pp. 691 y 692 [*Ibid.*, p. 407].
[38] *Hypérion*, en *ibid.*, p. 187 [*Hiperión*, p. 93].
[39] *Ibid.*, p. 595 (*Werke*, IV, 1, p. 222) [*Ensayos*, p. 36].

Con despreocupada alegría, admite que en «el mundo de los dioses», todo es común, «espíritu, la alegría y eterna juventud»[40] y desea «que todos sean como todos».[41]

Reconciliación, concordia, armonía: ¿no se han fijado todos los filósofos, o casi todos, este objetivo para el género humano? Hölderlin lo esboza con más precisión, hace más hincapié en él y lo convierte en un tema candente a finales del siglo XVIII.

La perspectiva spinozista

La palabra comunismo, por muy vagamente que se entienda, ¿está bien escogida para designar este ideal hölderliniano?

Esto puede ser legítimamente discutido.

Sin embargo, en su favor, y para arrojar luz sobre una de sus acepciones, merece añadirse al expediente una prueba singular. Se refiere a la actitud social de Spinoza y al nombre dado a esta actitud.

La intervención de Spinoza en este debate no es inoportuna. Hölderlin y Hegel le tenían en gran estima. Poco después de la excursión a Wurmlingen, Hegel participó en la edición alemana de las obras de Spinoza, a cargo de Paulus, que también era amigo de Hölderlin. Hegel no cesaba de proclamar: «¡Sin spinozismo no hay filosofía!». Hölderlin había leído las famosas *Cartas de Jacobi sobre la doctrina de Spinoza*, sobre las que escribió un comentario precisamente durante el semestre de invierno de 1790-1791. Tanto Hölderlin como Hegel se declaraban seguidores del *Hên kai pan* [Uno y Todo], que en aquella época se consideraba una expresión adecuada del principio mismo de la metafísica spinozista, una especie de panteísmo.

---

40 *Ibid.*, p. 279 [*Hiperión*, p. 198].

41 Citado por P. Bertaux, *Hölderlin, essai de biographie intérieure*, Paris, Hachette, 1936, p. 194.

¿Se inspiraron en la obra de Spinoza para su doctrina de la comunidad humana? ¿Cuál es el pensamiento de Spinoza sobre este punto?

Alexandre Matheron le ha dedicado un gran y bello libro: *Individu et Commanauté chez Spinoza* [*Individuo y comunidad en Spinoza*].[42]

¡Significativamente, y sin que parezca referirse en lo más mínimo al ensayo de Hölderlin, no encuentra mejor expresión para el ideal spinozista que «*comunismo de los espíritus*»!

¡Un encuentro sugestivo! Matheron presenta el proyecto spinozista de la siguiente manera:

> El modelo ideal de vida social es, pues, la unión de todos los hombres en una comunidad de sabios filósofos que harían de la búsqueda de la verdad su meta suprema, se transmitirían sin restricción sus descubrimientos y subordinarían toda su vida al perfeccionamiento colectivo de la inteligencia humana. Entonces, verdaderamente, la Humanidad existiría como un solo Individuo, cuyo esfuerzo global se ejercería sin trabas ni distorsiones.[43]

Esta comunidad humana no es, por derecho, exclusiva:

> No es sólo con un pequeño número de individuos privilegiados con quienes el sabio puede formar una comunidad perfecta: es, virtualmente al menos, con la humanidad entera. En sí misma, la comunidad de todos los espíritus siempre ha sido una realidad; basta con revelarla a cada uno de sus miembros.[44]

El objetivo final dicta el comportamiento individual. El «generoso» trabaja para reformar la ciudad.

---

[42] Alexandre Matheron, *Individu et Communauté chez Spinoza*, Paris, Minuit, 1969.
[43] *Ibid.*, p. 276-277.
[44] *Ibid.*, p. 610.

> Pero sus actividades «mundanas» se subordinan ahora a una empresa metahistórica mucho más amplia. Más allá del Estado «burgués» liberal y del estadio transitorio de la vida interhumana razonable, quiere instaurar *el comunismo de los espíritus.*[45]

La expresión *comunismo de los espíritus* es así elegida para designar, adecuadamente, el esfuerzo «para hacer existir a la Humanidad entera como una totalidad autoconsciente, un microcosmos de comprensión infinita, dentro del cual cada alma, sin dejar de ser ella misma, se convertiría al mismo tiempo en todas las demás».[46]

Ciertamente, ¡hay que desconfiar de las analogías! Pero las semejanzas son a veces tan sorprendentes que no podemos abstenernos de explotarlas. Si la expresión *comunismo de los espíritus* es apropiada para describir la doctrina social de Spinoza, corresponde *a fortiori* a las intenciones y fórmulas del texto de Hölderlin.

La comunidad de bienes

Nunca se insistirá lo suficiente en una indicación adicional de Matheron. Añade, en una nota:

> [El comunismo de los espíritus] implicaría lógicamente, como observa A. M. Deborin (*Spinoza's World Views*, pp. 115-116), el comunismo de los bienes: si el yo y el tú se fusionaran, la distinción entre lo mío y lo tuyo quedaría abolida. Comunismo sin leyes jurídicas ni trabas institucionales: el Estado desaparecería tras crear las condiciones de su propia inutilidad.[47]

Sobre esto, el *Primer programa de un sistema del idealismo alemán*, elaborado conjuntamente por Hölderlin, Hegel y Schelling, y

---

[45] *Ibid.*, p. 612. (Es Matheron quien subraya.)
[46] *Ibid.*, p. 612.
[47] *Ibid.*, p. 612, n. 95.

conservado en la redacción que de él hizo Hegel, se expresa sin rodeos:

> Porque todo Estado tiene que tratar a hombres libres como a engranajes mecánicos, y puesto que no debe hacerlo debe *dejar de existir*.[48]

En cuanto al comunismo de los bienes, Matheron recuerda oportunamente la *Carta 44* de Spinoza. Cita a Tales:

> Todas las cosas [...] son comunes entre los amigos, los sabios son amigos de los dioses, todas las cosas pertenecen a los dioses, por lo tanto todas las cosas pertenecen a los sabios.

Spinoza comenta estas palabras de Tales de la siguiente manera:

> En una palabra, pues, este gran sabio se hizo muy rico por un generoso desprecio de las riquezas y no por su sórdida persecución. Sin embargo, ha demostrado en otra parte que, si los sabios no son ricos, es voluntariamente y no por necesidad.[49]

Hölderlin, por supuesto, también vinculó el «comunismo de los espíritus» al «comunismo de los bienes». En *Hiperión*, lanza una consigna muy próxima a las fórmulas de Spinoza y, al mismo tiempo, muy implicada en el debate político de principios del siglo XIX. Siempre es una sorpresa releer estas líneas entusiastas. Hiperión conversa familiarmente con sus camaradas de batalla, en vísperas de la batalla decisiva. Le hablan de sus variados y dramáticos destinos. Y él quiere elevar sus corazones evocando los fines últimos de la implacable lucha que libran juntos. Él habla:

---

[48] Hölderlin, *Œuvres*, *op. cit.*, p. 1157 [*Escritos de juventud* (Hegel), p. 219].
[49] Spinoza, *Œuvres complètes*, Paris, Gallimard, «La Pléiade», 1954, p. 1279.

> Entonces empiezo a hablar de mejores días y sus ojos se alzan brillantes al pensar en la alianza que debe unirnos, y vislumbran la arrogante imagen del futuro Estado libre.
>
> ¡Todo para todos, y cada uno para todos! Hay un fuego alegre en estas palabras, que llega siempre a mis hombres como un mandamiento divino.[50]

Es un lema incendiario, que no debe confundirse con la banal proclamación de solidaridad: «¡Uno para todos, todos para uno¡»[51] que, por su parte, ya no carece de importancia social. La declaración hölderliniana tiene un significado diferente y de gran alcance: «Todo para todos» prefigura la máxima saint-simoniana de «A cada uno según sus necesidades». Su significado subversivo suscitó la indignación y la crítica violenta de los conservadores en Francia.

Por supuesto, el voto de poner todo en común y la exhortación a compartir se hacen eco de una antigua tradición: «Todos los creyentes juntos ponían todo en común», leemos en los *Hechos de los Apóstoles*. ¿Los contemporáneos de Hölderlin aún se tomaban en serio estas palabras? Detestamos el egoísmo; San Martín corta su capa en dos; en tiempos de hambruna, las víctimas lo comparten todo «como lo harían los hermanos». «Dios –dice Locke–, dio el mundo en común a todos los hombres.»[52] ¿Qué filósofo no ha soñado con un retorno a la *Edad de oro*, con el encanto de *Las islas afortunadas*?

Pero esta comunidad sigue siendo una idea confusa y lejana, el reflejo de una realidad inaccesible. En general, los hombres

---

50 Hölderlin, *ibid.*, p. 230 [*Hiperión*, p. 153].

51 La edición castellana de *Hiperión* que citamos dice, precisamente, «¡Todos para uno y uno para todos!». Mantenemos la traducción de la versión que usa D'Hondt [*Tout por tous, et chacun pour tous!*] para hacer inteligible su argumentación. El original alemán reza «*Alles für jeden und jeder für alle!*». | Nota de Ediciones Mnemosyne.

52 *Two Treatises of Civil Government*, Livre I, § 532-533.

tienen pocas ganas de volver a esta situación, o de acceder a ella, que les parece extraña, y cuando piensan en ello más seriamente, se burlan de la miserable igualdad original.

Como decía Voltaire:

> Nuestros buenos antepasados vivieron en la inocencia,
> sin conocer ni lo tuyo ni lo mío.
> ¿Qué podían saber? No tenían nada,
> estaban desnudos; y está muy claro
> que el que no tiene nada no tiene nada que compartir.[53]

Precisamente, Hölderlin no tiene nada: es un proletario. Tenía una visión más favorable del reparto. En aquella época, esta idea adquirió un valor y un impacto actuales, prácticos y programáticos. El *Cercle social*, cuyas actividades al menos Hegel conocía bien, hizo de ella su proyecto en París[54]: «¡Fraternizar los medios!». ¡Brissot, a quien Hölderlin y Hegel estimaban, juzgó que «la propiedad es un robo»! Un sansculotismo marginal pero decisivo, anticipatorio e inoportuno, condenado al fracaso, pero momentáneamente inquietante, debía expresarse y desarrollarse en Francia. Paradójicamente, dialécticamente, aseguraría el éxito final de la revolución de los poseídos.

A partir de 1790, el «compartir los bienes» dejó de ser un ritornelo evangélico o una charla de sobremesa. El gigantesco conflicto social y político que sacudió Francia de forma aparentemente caótica le dio cierta precisión y acentuó su agresividad.

La expresión hölderliniana «Todo para todos» parece ahora anodina e inadecuada. Desde luego, no se consideraba insignificante e inofensiva cuando Hölderlin la utilizaba en sus obras. Para comprobarlo, basta con ver el comentario que escribió en

---

[53] «Le mondain», en *Mélanges*, Gallimard, «La Pléiade», p. 203.

[54] Sobre las relaciones de Hegel y el Círculo social, ver J. D'Hondt, *Hegel secret* [*Hegel secreto*] Paris, PUF, 1986, en particular la primera parte.

su momento un publicista, hoy olvidado, pero que gozaba de gran renombre entre sus contemporáneos: Adrien de Lezay.

En el cuarto año de la República, 1795, publicó una breve obra titulada *Sobre la debilidad de un gobierno que comienza.*[55]

En ella declaraba: «Los hombres que no quieren ningún gobierno son revolucionarios», anticipándose así, sin pretenderlo, a Hölderlin, Hegel y Schelling que, en 1796, preveían la abolición pura y simple del Estado.

Entre estos revolucionarios Lezay destaca una categoría particularmente absurda y peligrosa. Ataca con vehemencia lo que llama «el derecho *antisocial* del todo para todos», utilizando así, para vilipendiarlo, la misma fórmula que había elegido Hölderlin. Lezay considera que los indigentes, las personas que no tienen propiedad alguna, son al mismo tiempo, según su clasificación, los «a-constitucionales» y los «revolucionarios»: «Ellos viven –dice– según el principio del *todo para todos*, en un estado de cosas en el que todo pertenece a alguien»[56] (es él mismo quien subraya la expresión *todo para todos*). En ellos denuncia el mayor peligro para la república.

No es imposible que Hölderlin hubiera leído el panfleto de Lezay, o que al menos conociera la existencia de este personaje y la orientación de su pensamiento: la revista *Klio* había acogido algunos de sus escritos, y la publicaba el gran amigo de Hölderlin y Hegel, Staudlin, el mismo que, a través de Schiller, consiguió al poeta su plaza de tutor de Charlotte von Kalb.

No cabe duda de que Hölderlin sabía lo que hacía cuando deslizó estas palabras sulfurosas en su *Hiperión.*

La tentación igualitarista permanece constante en Hölderlin y aparece momentáneamente en Hegel: la mayoría de los comentaristas la han ocultado. Sin embargo, no presenta ningún

---

[55] Adrien de Lezay-Marnézia: *De la faiblesse d'un gouvernement qui commence*, Paris, año IV.

[56] *Ibid.*, p. 12.

peligro para nuestro tiempo: se expresa en términos confusos y anticuados, y se ve ensombrecida por doctrinas recientes. Se le transfieren injustamente los temores –o las esperanzas– del siglo XX.

Hegel, más realista, se dio cuenta pronto de que «la propiedad se ha convertido en nuestro destino», de lo que extrajo todas las consecuencias doctrinales.

Hölderlin, por el contrario, parecía mantenerse fiel a un «comunismo de los espíritus» que implicaba una comunidad de bienes.

Todos conocemos el trabajo de restitución y rehabilitación de Hölderlin que Pierre Bertaux ha llevado a cabo con éxito en Francia y que, desde hace algún tiempo, también está dando resultados en Alemania. Uno de sus objetivos era poner de relieve el carácter profundamente democrático y revolucionario del pensamiento político de Hölderlin. Pero también descubría otros aspectos. El atractivo en parte «comunista» de los textos de Hölderlin no podía escapar a un lector tan atento. Es reconfortante poder recurrir a su testimonio.

En su *Hölderlin, essai de biographie intérieure*, escrito ya en 1936, Pierre Bertaux describía así la actitud política de Hölderlin y su interpretación de la Revolución Francesa:

> Siguió el progreso del espíritu revolucionario hasta el final, hasta la exigencia de la división de la propiedad. Todo ello, además, con la ingenua violencia del idealista que confunde el idilio y la guillotina, la edad de oro y la ciudad futura, los apriscos griegos o los placeres rústicos del prerromanticismo y el Comité de Seguridad Pública, Dafnis, Saint-Preux y Robespierre.[57]

Para ilustrar este punto, Bertaux recurre al *Empédocles* de Hölderlin, escrito entre 1797 y 1800, donde comenta el proyecto de

---

[57] P. Bertaux, *op. cit.*, p. 195. (Ver Hölderlin, *Œuvres*, *op. cit.*, p. 523.)

reforma que Hölderlin propuso a sus compatriotas, a través del filósofo antiguo, para dar un nuevo impulso a su ciudad:

> Empédocles esboza un programa positivo para esta regeneración: un programa jacobino, e incluso comunista. Cuando la sociedad, a través de este baño en la Estigia, haya recuperado su inocencia primitiva, el contrato social se renovará sobre la base de la fraternidad y el reparto.

Bertaux traduce algunos versos de *Empédocles* que no dejan lugar a dudas sobre el objetivo que propone Hölderlin:

> […] tendeos entonces
> las manos de nuevo, dad vuestra palabra y compartid
> los bienes, ¡oh amantísimos!, compartid hechos y gloria
> como fieles Dioscuros.[58]

Y ¡«que cada uno sea igual a todos»[59]!

Compartid los bienes: «*Theilt das Gut!*». Este comunismo de bienes está profundamente integrado con el comunismo de los espíritus. Para el idealismo hölderliniano, las ideas dirigen el mundo: es el reparto de ideas el que impulsa el reparto de bienes, y no al revés. Esta es la «ideología alemana» que Marx ridiculizó más tarde por sus formas excesivas y anacrónicas. En 1790, era seria y eficaz a su manera, en sintonía con las condiciones impuestas por la época.

---

58 P. Bertaux, *ibid.* [*Empédocles*, p. 95.]
59 *Ibid.* [*Ibid.*]

Panteísmo y la unidad del género humano

Existen sutiles vínculos, que se nos han hecho casi inaprensibles, entre el ideal hölderliniano de comunidad espiritual y social, por un lado, y el panteísmo arcaico del poeta, por otro. La presencia de este panteísmo en el pensamiento de Hölderlin y en el del joven Hegel no puede discutirse, como tampoco la forma en que lo vincularon, entre otras fuentes y documentos, a la doctrina de Spinoza. Lo que es menos evidente, y menos conocido, es el tipo particular de condena del panteísmo que hicieron de él los primeros adversarios del comunismo y del socialismo modernos.

Uno de los primeros textos en los que aparece la palabra «comunismo» en Francia es el artículo de Jacques Dupré, titulado *Du communisme*, publicado en la *Revue indépendante* en 1841. Curiosamente, ¡el primer párrafo de este artículo lleva el extraño título de «El comunismo es la política del panteísmo»![60]

Esta asimilación ya se había producido anteriormente en relación con el socialismo. En un artículo anónimo de 1831 (el año de la muerte de Hegel), se podía leer:

> La escuela de Saint-Simon cerró tanto los ojos ante las características individuales del ser humano y evitó tanto el individualismo que terminó perdiéndose en el panteísmo más absoluto que jamás se haya concebido.[61]

Este «panteísmo» se confunde rápidamente con el ateísmo.

Por supuesto, se trata de una *mezcla* maliciosamente elaborada por sus adversarios. Para hacer más *repugnantes* las doctrinas que aborrecen, las agrupan todas «en el mismo saco»: de este modo, cada una sufre una condena multiplicada por la de las demás.

---

[60] *La Revue indépendante*, 1841, 1, p. 337.

[61] *Le Semeur*, 1, nº 3, septiembre de 1831, p. 28.

Sin embargo, aunque esta amalgama pueda parecer injustificada, no carece de pretextos, y, si fuera necesario, Hölderlin podría proporcionar uno. En este poeta, y también en el joven Hegel, se combinaron efectivamente una tendencia al panteísmo y una inclinación hacia un vago comunismo sentimental. Un «comunismo de los espíritus» se vislumbra en la obra de Spinoza, al menos como un presentimiento. Heinrich Heine, inmerso en esta prolongada atmósfera cultural y bien familiarizado con toda esta historia, intentará más tarde, de manera persistente, acreditar la tesis de que el gran movimiento de la filosofía alemana, al igual que el comunismo moderno, deben mucho, si no todo, a un panteísmo germánico profundamente arraigado.

De hecho, la idea de una comunidad humana diacrónica es principalmente rechazada por los teóricos que cuestionan la validez de una concepción totalizadora del mundo, que creen que «todo está separado», que llevan las rupturas históricas constatables hasta la radicalidad o el absolutismo, y que, por ello, se sienten obligados a establecer divisiones insalvables, verdaderos «abismos», también en la sincronía.

No comprenderemos a nuestros vecinos si no comprendemos a nuestros antepasados. No sabremos qué hacer en nuestro mundo si no recuperamos la forma de las acciones y la ley de las transformaciones que prevalecieron en otros mundos, diferentes, sí, pero no completamente ajenos.

Pero, a la inversa, si perdemos la confianza en nuestra acción, si dejamos de considerar la posibilidad de transformar conscientemente el mundo, si la fe en el futuro de la humanidad nos abandona, entonces renunciamos a las explicaciones globales del pasado, nos negamos a detectar en él una continuidad profunda, dudamos de su inteligibilidad, y dejamos de escuchar las lecciones y advertencias de tiempos antiguos. Todo se desmorona.

El panteísmo preserva imaginativamente, a su manera, la unidad y la identidad de un mundo. Explica, de manera precaria, la forma holística en la que se manifiesta una civilización particular, «la forma en la que ello aconteció, [...] aquella energía y resolución que parecía perderse en el infinito pero que, incluso en lo más alejado, concordaba con el punto central, que conserva, en cada variación, el sonido de la melodía original». Es el avatar, en primer lugar religioso, de un monismo filosófico ateo. Comparte con este último una visión del todo, una adopción necesaria de esa idea de totalidad que se ha vuelto sospechosa para muchos pensadores a finales del siglo XX. Asegura la unidad fundamental entre la unidad y la diversidad. Si se adopta su principio, permite recurrir a una historia que no sea simplemente una colección de hechos y enunciados, aunque sea accidentada, tumultuosa y a menudo demasiado brutal.

Hölderlin asociaba su ideal con una fraternidad universal, sin límites en el espacio ni en el tiempo. ¿Podríamos renegar de los hombres y las culturas del pasado sin traicionar a los hombres y las culturas del presente, y sin renunciar a cualquier actividad que construya un futuro de manera efectiva e inteligente?

En 1790, en el atrio de la *Wurmlinger Kapelle*, al menos unos jóvenes sintieron que había que elegir. La acción presente necesita que recuperemos la energía del pasado, al igual que el conocimiento actual requiere que rescatemos epistemes sumergidas. Uno puede entender en este sentido una frase de Renan: «Los verdaderos hombres de progreso tienen un profundo respeto por el pasado».

No sólo debemos salvar la Acrópolis. Incluso la Edad Media, Hölderlin no se resigna a asesinarla.

[1989]

Joseph Albernaz

La palabra perdida de la historia: Hölderlin y «Comunismo»

Algunos
sienten temor de ir a la fuente.

Hölderlin, *Andenken* [*Memoria*]

Considero que ese grito contiene todo lo que tiene sentido en la palabra «comunismo», o más bien, lo que sea que la gente como nosotros quiere decir cuando utiliza esa palabra... Una especie de chirrido metálico agudo. Impronunciable. Inaudible ... Cosas que no somos capaces de contar. Cosas inexpresables. Responsabilidad. Transparencia. Bla, bla, bla… Hölderlin lo llamó las *nefas*.

Sean Bonney, *Our Death*

I. «Comunismo de los espíritus»

Un espíritu acecha al comunismo; un espíritu falta en el comunismo. El difunto filósofo Jean-Luc Nancy hizo esta afirmación en un reciente libro de entrevistas. Nancy, que durante los últimos cincuenta años ha reflexionado más profunda y originalmente que nadie sobre la cuestión de la comunidad, lo común y el comunismo, echa la vista atrás a los dos últimos siglos y concluye que «la historia del comunismo fue una historia sin espíritu».[1]

---

[1] Jean-Luc Nancy, con Peter Engelmann, *Democracy and Community*, trad. Wieland Hoban (Londres: Polity, 2019), 75.

Nancy está pensando en las decepciones políticas de su propia época, pero también rastrea esta falta de espíritu hasta los orígenes del comunismo moderno a finales del siglo XVIII, con la sensación de que «la palabra "comunismo" [...] expresa un anhelo. Articula la conciencia de que a la sociedad –la sociedad de finales del siglo XVIII– le falta algo, a saber, un espíritu comunitario».[2] Si esta pérdida de espíritu se relaciona con el origen mismo del comunismo, como afirma Nancy, es necesario volver a finales del siglo XVIII para recuperar otro origen, otra historia y otro espíritu del comunismo, uno que comienza precisamente como un «comunismo de los espíritus» bajo la firma de Friedrich Hölderlin.

El hecho de que Nancy pase a mencionar a Hölderlin junto a la idea de espíritu casi al final de esta misma entrevista-libro es significativo.[3] Nancy no es ni mucho menos el único pensador comunista que se siente atraído casi magnéticamente por el poeta alemán, que transmitió un complejo legado que se explora en la conclusión de este artículo. Acercarse al origen de esta intimidad entre Hölderlin y el comunismo es, de hecho, acercarse al origen de la propia palabra «comunismo», una cuestión no exenta de enigmas, ya que cualquier origen puro es un enigma. Pero esta afinidad apunta hacia algo tan notable como esencialmente desconocido: Hölderlin acuñó la palabra «comunismo». Su uso de «*Communismus*» es probablemente la primera aparición de la palabra en cualquier lengua moderna, y aparece a principios de la década de 1790, en un breve texto fragmentario titulado *Communismus der Geister* [*Comunismo de los espíritus*].

El *Comunismo de los espíritus* fue publicado por primera vez por el intelectual Franz Zinkernagel en 1926. El texto comprende una descripción paisajística de su escenario, la capilla del siglo XI de Wurmlingen, y un diálogo entre dos jóvenes sobre la

[2] Nancy, *Democracy*, 31.
[3] Nancy, *Democracy*, 107.

religión, la educación y las posibles formas de comunidad en la modernidad, seguido de un esbozo de una obra sobre la periodización de la historia. El *Comunismo de los espíritus* es hoy casi desconocido (incluso para los estudiosos de Hölderlin), ya que fue expulsado del corpus del poeta hace sesenta años al ser rechazado como probablemente no auténtico por Friedrich Beißner, el destacado editor de Hölderlin a mediados de siglo. Hace ya tiempo, por tanto, que debería haberse reevaluado.

Este ensayo, que acompaña a la introducción [p. 31] y traducción separadas del *Comunismo de los espíritus*, es el primer trabajo académico completo sobre el texto en inglés, y uno de los primeros en cualquier idioma. Contiene un análisis de la historia manuscrita y editorial del *Comunismo de los espíritus*, un análisis de su contenido y contexto, una argumentación a favor de la autoría y datación de Hölderlin (hacia 1794) y un análisis sobre el significado de la acuñación de «comunismo» por Hölderlin, con una reflexión sobre su legado y recepción hasta el presente. Desentierro nuevas conexiones, argumentos y fuentes en distintos ámbitos para dibujar una imagen general de la muy probable autoría de Hölderlin, y para abrir nuevas preguntas y constelaciones para futuros debates. El *Comunismo de los espíritus* nunca ha llegado a ser completamente desterrado con éxito, ni tampoco integrado en el corpus de Hölderlin: siempre regresa de otro tiempo fuera del tiempo, como un espectro, o como, en la enigmática frase de Hölderlin «el gran hijo del tiempo» [*das große Kind der Zeit*], esperando renacer (StA 6.1:185).[4]

Antes de pasar al manuscrito del *Comunismo de los espíritus*, hay una pieza biográfica notable y escenográfica que merece mención. Esta evidencia se refiere a la ubicación del *Comunismo de los*

---

[4] Hölderlin, *Essays and letters*, ed. y trad. Jeremy Adler y Charlie Louth (London: Penguin, 2009), 64 (de aquí en adelante, *Essays*). Las citas de la *Grosse Stuttgarter Ausgabe* de Beißner se abrevian como «StA», el volumen y el número de la página. Hölderlin, *Sämtliche Werke*, ed. Friedrich Beißner (Stuttgart: Cotta, 1943-1985), 8 vols.

espíritus –la capilla medieval en Wurmlingen–, y el compañero de cuarto del seminario de Tubinga de Hölderlin, Hegel. Resulta que los dos amigos visitaron juntos la capilla de Wurmlingen a finales de 1790. Una mañana de mediados de noviembre de 1790, después de estudiar hasta tarde por la noche, Hölderlin escribió a su hermana Heinrike: «Hoy tenemos gran día de mercado [*Große Markttag*]. En vez de dejarme empujar de un lado a otro por el gentío, voy a subir dando un paseo con Hegel, que está en mi habitación, hasta la capilla de Wurmlingen, desde donde se disfruta de la famosa hermosa panorámica» (*Essays* 6; StA 6.1:57 [*Correspondencia*, p. 107]). Como han sugerido los pocos comentaristas del texto, esta visita a la capilla medieval con Hegel bien puede haber inspirado este fragmento, haciendo que la conversación de los dos jóvenes hombres ante la *Wurmlinger Kapelle* en el *Comunismo de los espíritus* sea muy posiblemente una versión literaria de una conversación real que Hegel y Hölderlin tuvieron mientras estaban de pie ante ese mismo lugar –dos seminaristas jóvenes en profundo conflicto sobre su vocación teológica y atribulados por Kant, la Revolución francesa y el nuevo mundo.

Por lo tanto, si el *Comunismo de los espíritus* es realmente de Hölderlin, no sólo es notable por contener el primer uso de la palabra «comunismo», y por ser de un poeta importante. Quizá sea igual de importante la posibilidad de que el «comunismo» nazca de un intercambio de amistad entre un poeta y un filósofo importantes, incluso, podríamos aventurar, entre la poesía y la filosofía mismas, aunque en un momento anterior a que Hölderlin o Hegel hubieran separado claramente estas orientaciones. Y esto es décadas antes de que Marx, abandonando sus tempranas búsquedas de poesía romántica, adoptara los métodos filosóficos del compañero de habitación y de conversación crepuscular de Hölderlin para generar la noción de comunismo con la que el mundo se familiarizaría tanto.[5] Ahora bien, en la lacónica nota de Beißner sobre el *Comunismo de los espíritus* observa brevemente esta visita a la capilla de 1790 junto con el comentario de Goethe, en el que señala que en la conversación de Hölderlin hay cierta «inclinación por los tiempos medievales» a mediados de la década de 1790[6], antes de añadir que estas dos pruebas circunstanciales «obviamente» [*selbstverständlich*] no son suficientes para contrarrestar su propia desestimación de la autenticidad del texto (StA 4.1:427). Aunque estos dos hechos son más convincentes de lo que reconoce Beißner, es justo reconocer que, por sí solos, no bastan para probar la autoría de Hölderlin del *Comunismo de los espíritus*. De ahí la necesidad del examen exhaustivo que sigue.

II. Manuscritos e historia editorial

El texto del *Comunismo de los espíritus* se encuentra en *Konvolut Vg*, un olvidado conjunto de manuscritos en el Archivo Hölderlin de la Biblioteca Estatal de Wurtemberg en Stuttgart. Muchos de estos manuscritos, el *Comunismo de los espíritus* entre ellos, están escritos a mano por Christoph Theodor Schwab (1821-1883), el editor de la primera edición recopilatoria de las obras de Hölderlin publicada en 1846, tres años después de la muerte del poeta.[7] La mayor parte del material del legajo *Vg* trata de alguna manera

---

[5] Sobre el joven Marx abandonando el Romanticismo y la poesía por la filosofía hegeliana tras encontrar la crítica de Hegel a los románticos (incluyendo, implícitamente, a Hölderlin), véase Michael Heinrich, *Karl Marx and the Birth of Modern Society*, trad. Alex Locascio (Nueva York: Monthly Review, 2019), 185 [Hay trad. castellana: *Karl Marx y el nacimiento de la sociedad moderna*, Akal, 2021].

[6] Goethe hizo estos y otros comentarios despectivos sobre Hölderlin a Schiller en una carta de agosto (22-23) de 1797. Fröschle conecta esto explícitamente con el *Comunismo de los espíritus* en *Goethes Verhältnis zur Romantik* (Wurzburg: Königshausen y Neumann, 2002), 265f.

[7] C. T. Schwab no debe ser confundido con su padre, el poeta Gustav Schwab (1792-1850), quien editó una selección de los poemas de Hölderlin en 1926.

de Hölderlin, y en gran medida del Hölderlin temprano (cartas, poemas, notas, un sermón, un ensayo, etc.). Es importante señalar que el *Comunismo de los espíritus* no fue encontrado en otra parte por algún estudioso de Hölderlin y presentado como de su autoría, sino que había estado todo el tiempo junto con el material de Hölderlin de Schwab, entre otros documentos, algunos inciertos, otros incuestionablemente auténticos, que no llegaron a su edición, la cual también contenía una biografía del poeta.

El manuscrito existente del *Comunismo de los espíritus* es casi con toda seguridad una copia. La quinta línea comienza diciendo «~~Die Kap~~ Die Freunde. Die Kapelle», lo que probablemente indica que Schwab estaba comparando con el original y se adelantó en la transcripción. Aunque hay otras correcciones y adiciones en el manuscrito, podría tratarse de añadidos del propio Schwab al texto de Hölderlin (lo que no es inaudito) o, más probablemente, de la prueba de que Schwab hizo una edición diplomática de un manuscrito temprano de Hölderlin, con las propias correcciones de Hölderlin, o las de un colaborador como Hegel[8], que Schwab tomó prestado, o al que se le permitió ver y transcribir pero no tomar prestado.[9] Schwab cultivó una estrecha relación con los familiares y amigos de Hölderlin (y con el propio Hölderlin, ya anciano), de quienes obtuvo una serie de manuscritos y documentos relacionados con el poeta mientras compilaba su edición. A menudo hizo copias de su puño y letra de textos de Hölderlin para sus notas, biografía y ediciones –*Vg* contiene otros numerosos textos de Hölderlin escritos a mano por Schwab, como una carta de 1794 a Hegel, borradores de poemas

[8] ¡Hölderlin de hecho invitó a Hegel a corregir un nuevo (y todavía impreciso) trabajo sobre la educación y la religión en enero de 1795! Véase la sección III.B.

[9] Aquí Zinkernagel sobre los textos en *Vg*: «Que [Schwab] no subestimó el fragmento se evidencia en el esmero con el que copió piezas individuales especialmente difíciles, cuando tuvo que devolver los originales, que sólo había podido tener en préstamo. Al parecer, copia con todas las variantes, de manera facsimilar», «Neue Hölderlin-Funde», 338-39.

como *Quirón* y *Aquiles*, y más. El número inusualmente elevado de abreviaturas en el manuscrito del *Comunismo de los espíritus* sugiere que Schwab estaba copiando algo que no tendría delante durante mucho tiempo. Además, como admite Beißner, las abreviaturas del *Comunismo de los espíritus* son exactamente las mismas que Schwab utilizó para copiar los poemas de Hölderlin (StA 4.2:804). De hecho, los propios escritos de Schwab, incluso su diario (donde uno más esperaría encontrarlas), no muestran tal inclinación por las abreviaturas. El manuscrito del fragmento llamado por los editores «[*Disposición para un ensayo sobre los períodos históricos*]», el esbozo conectado para una obra mayor que el *Comunismo de los espíritus* parece iniciar, tiene una forma más tosca, y contiene varias notas y garabatos de Schwab en los bordes. Mientras que los influyentes editores de Hölderlin, Beißner y Sattler, consideran estas notas aparentemente inconexas como prueba de la autoría de Schwab, otros textos auténticos de Hölderlin en *Vg*, como *Aquiles*, tienen notas similares.

El comienzo de *Konvolut Vg* lleva una nota de un bibliotecario posterior que designa esta carpeta como del material de Schwab para su edición y biografía de Hölderlin. Justo después de un ensayo en francés que parece ser un ejercicio escolar temprano de Hölderlin, se encuentra la copia de Schwab de una entrada del *Stammbuch* de 1789 hecha por Hölderlin, corroborando aún más que este paquete en el que encontramos el *Comunismo de los espíritus* contiene una serie de transcripciones (incluso de piezas prestadas a Schwab) pertenecientes al Hölderlin temprano. También se encuentra en *Vg* una carta de 1794 de Hölderlin a Hegel copiada a mano por Schwab, junto con copias de Schwab de poemas y borradores de Hölderlin, así como notas para sí mismo. Con tantos textos auténticos de Hölderlin, especialmente en *Vg*, escritos a mano por Schwab, el hecho de que el *Comunismo de los espíritus* sea copiado por Schwab difícilmente es un argumento a favor de la autoría de Schwab. Muy probablemente, el manuscrito original se perdió, fue regalado o vendido por Schwab, o destruido por el conservador hermanastro de Hölderlin, Karl Gock, quien destruyó muchos otros documentos; pues Gock estaba muy interesado en «suavizar» los aspectos más controvertidos de la vida y la obra de Hölderlin para proteger la reputación de la familia, hasta el punto de controlar y dar forma a la información que proporcionó a Schwab para alterar e incluso «falsificar» la biografía que éste hizo del poeta.[10] Es fácil imaginar a Gock bloqueando la publicación de un texto titulado *Communismus der Geister* a finales de la década de 1840, en pleno auge de un nuevo movimiento radical llamado comunismo. O tal vez Schwab simplemente pensó que no merecía la pena incluirlo en su edición, ya que retuvo otros fragmentos en prosa notables de Hölderlin, de los cuales quizá el más famoso es el importante texto filosófico *Urtheil und Seyn* [*Juicio y ser*], que permaneció inédito hasta 1961.

Es necesario abordar el breve pero influyente tratamiento que Beißner da al *Comunismo de los espíritus* en el volumen 4.1 de su edición de Stuttgart, publicada en 1961. En el apéndice titulado «*Zweifelhaftes*» («dudoso»), el *Comunismo de los espíritus* es la exclusión incluida de la edición, la *Ausnahme* de la *Ausgabe*. Como señala Bruno Duarte, la decisión de Beißner constituye «una hazaña notable al mostrar y borrar a la vez» el *Comunismo de los espíritus*, tras lo cual «simplemente ha desaparecido completamente».[11] Beißner afirma que Schwab es el autor probable, citando como prueba la ubicación espacial del título en el manuscrito, que sugiere que fue añadido posteriormente, así como la «improbabilidad estilística» [*stilistischen Unwahrscheinlichkeit*] del contenido (StA 4.1:427). Aunque el título se añadiera más tarde, esto no habla en favor de la autoría de Schwab, sobre todo porque el texto en sí está copiado en diferentes tipos de papel, con

---

[10] Emery George, «Hölderlin and His Biographers», *The Journal of English and Germanic Philology* 89, No. 1 (Jan. 1990), 55.

[11] Duarte, «Apocryphal Politics», *Tripwire*, vol. 4 (Oakland 2018), 267, 270.

varias abreviaturas apresuradas; de hecho, la propia extrañeza escandalosa del título hace menos probable que Schwab lo hubiera añadido simplemente a su propio fragmento o a uno de Hölderlin (más adelante se analiza la palabra «*Communismus*»). En cuanto a la «improbabilidad estilística», Beißner no cita ejemplos ni aspectos del texto que supuestamente diverjan del estilo de Hölderlin, sino que simplemente se apoya en su autoridad para declararlo *ex cathedra* como impropio de Hölderlin, como si esto fuera obvio y no estuviera sujeto a debate o no necesitara ejemplos. Si Beißner se refiere al género del texto como una especie de diálogo, uno podría recordar no solo los diálogos que sus amigos e influencias compusieron, sino también el *Hermokrates an Cephalus* [*Hermócrates a Céfalo*] de Hölderlin, un fragmento superviviente de un diálogo filosófico de principios de 1795, y de hecho uno inspirado en su amistad e intercambio filosófico con Immanuel Niethammer (al igual que el *Comunismo de los espíritus* parece estar inspirado en su amistad con Hegel).[12]

Varios estudiosos y editores significativos de Hölderlin anteriores a Beißner lo han considerado lo suficientemente plausible como para incluir el *Comunismo de los espíritus* en sus ediciones y biografías después de su publicación en 1926 (pero antes de la desestimación de Beißner en 1961) sin que parezca fuera de lugar en la obra o la voz de Hölderlin de la década de 1790; estas inclusiones de la obra como auténtica por parte de intelectuales anteriores descartan al menos que el texto sea tan obviamente no hölderliniano como para excluir sin más su cuestionamiento.[13]

---

[12] Además, *Hermokrates an Cephalus* emplea la escultura como metáfora central del conocimiento, al igual que el *Comunismo de los espíritus*; vid. Duarte sobre «la metáfora de la escultura» en el *Comunismo de los espíritus*, «Apócrifos», 268.

[13] Además de Zinkernagel, la edición de *Sämtliche Werke* iniciada por Hellingrath y completada por Seebass y Pigenot incluye el texto del *Comunismo de los espíritus* en el vol. 3 (1943), pp. 617 y ss. Otros de los primeros eruditos que tratan el *Comunismo de los espíritus* como auténtico son la biografía de

De hecho, el juicio de Beißner parece sorprendente tras la lectura del *Comunismo de los espíritus*; pues lejos de ser poco hölderliniano, el texto lleva tantos sellos distintivos de Hölderlin en tono y contenido, desde el minucioso nivel de dicción como en el uso de «*Aether*» [éter], la «palabra favorita» de Hölderlin[14]; hasta la frase «*Nacht der Gegenwart*» [noche del presente] (compárense las frases de Hölderlin en otros lugares «*Nacht der Zeit*» [noche del tiempo] y «*Nacht der Zukunft*» [noche del futuro]) (StA 4.1:159; StA 3:203); a preocupaciones temáticas más amplias del texto, como el cambio de época y la pérdida de los dioses; y a las numerosas conexiones del *Comunismo de los espíritus* con el entorno y las preocupaciones específicas de la década de 1790, sobre las que se hablará más en la siguiente sección.

Aunque no sea un factor determinante, tampoco pueden ignorarse las ideas políticas de Beißner y, en general, la recepción de la obra Hölderlin. Beißner era nazi. El primer volumen de su *Hölderlin-Ausgabe* se publicó en el sombrío y sangriento año de 1943, en el centenario de la muerte de Hölderlin, que también fue testigo de la fundación de la Hölderlin-Gesellschaft bajo el patrocinio de nada menos que Goebbels, así como de la publicación y distribución de la *Feldauswahl* de Beißner, su selección de obras de Hölderlin para que los soldados de la Wehrmacht las llevaran a la batalla.[15] No es inconcebible que todo esto pudiera haber influido en la actitud escéptica de Beißner hacia un texto con «comunismo» en el título, ya fuera en el período nacionalsocialista, con el avance del Ejército Rojo soviético comunista, o en la Alemania Occidental de 1961, cuando apareció el cuarto

---

Wilhelm Bohm (1928), la biografía de Wilhelm Michel (1940) y la edición de Paul Stapf (Tempel-Klassiker, 1956).

[14] Thedor Adorno, «Parataxis: On Hölderlin's Late Poetry», *Notes to Literature*, vol. 2, trad. Shierry Nicholsen (New York: Columbia University Press, 1991), 124.

[15] En el acto de fundación de la sociedad Hölderlin en 1943, Beißner pronunció una conferencia titulada ominosamente «Hölderlin und das Vaterland» –véase *Iduna* 1 (Mohr, 1944), 20-34.

volumen de la *Stuttgarter Ausgabe* de Beißner (que contenía el *Comunismo de los espíritus* en el apéndice «Zweifelhaftes»). Tal vez, con la RDA al otro lado de la frontera, Beißner dudaba en autentificar un texto de la figura recientemente bautizada como el poeta nacional alemán esencial (solo después de Goethe) que parecía respaldar el comunismo, aunque fuera un críptico «comunismo de los espíritus». En cualquier caso, la desestimación de Beißner marcó la pauta para la desaparición en la posguerra del *Comunismo de los espíritus*, el texto que acechaba el corpus de Hölderlin y que apenas había existido en primer lugar.

Incluso la exhaustiva *Frankfurter-Ausgabe* de D. E. Sattler (1975-2008), que es filológica y políticamente opuesta a la de Beißner y de la que se dice que lleva «el impulso de 1968 detrás»[16], no contiene ni una sola mención directa al *Comunismo de los espíritus* en ninguno de sus veinte volúmenes y suplementos (por lo que puedo ver). Lo más cerca que Sattler llega es a una discusión sobre *Konvolut Vg*, el legajo de manuscritos que contiene el *Comunismo de los espíritus*, en el volumen 6 de sus *Samtliche Werke*. Sattler dice que el legajo contiene ciertos ensayos y bosquejos que «con gran probabilidad» son de Schwab, aunque la «imitación» de las «formas» e incluso de la «dicción» de Hölderlin es «inconfundible» [*unverkennbar*].[17] Al igual que Beißner, Sattler no da pruebas convincentes de manuscritos o ejemplos que se aparten del estilo de Hölderlin y al mismo tiempo lo imiten (como se ha mencionado, en absoluto discute específicamente el *Comunismo de los espíritus*). ¿Qué significa decir, en una especie de paradoja derridiana, que un texto es una imitación «inconfudible» de otro y que, sin embargo, no es lo que imita? ¿Y si en lugar de ser una imitación inconfundible y cercana de Hölderlin, el texto es simplemente de Hölderlin? De hecho, ¿qué es lo más probable?

16 Charlie Louth, «The Frankfurt Edition of Hölderlin's Hymns: A Review Article», *The Modern Language Review* 98, No. 4 (Oct 2003), 898.

17 En Friedrich Hölderlin, *Sämtliche Werke: Elegien und Epigramme*, vol. 6, ed. D. E. Sattler (Frankfurt: Roter Stern, 1975), 74-75n.

¿Que Schwab, que no mostraba ningún interés real por los temas tratados en el *Comunismo de los espíritus*, compusiera una imitación de Hölderlin y la dejara entre sus papeles relacionados con Hölderlin, o que Schwab copiara un manuscrito temprano de Hölderlin, ahora perdido, entre sus otras copias de textos tempranos y definitivamente auténticos de Hölderlin? Aun así, no se puede contravenir a la ligera tanto a Beißner como a Sattler. Por lo tanto, es necesario examinar al supuesto autor del *Comunismo de los espíritus* que ellos proponen: C. T. Schwab.

De las dos posibilidades, es difícil escrutar a Schwab y concluir que debió ser el autor de este notable fragmento sólo porque está escrito en su letra. Aunque fue un entusiasta editor y promotor de Hölderlin, no parece haber sido uno particularmente talentoso.[18] Mientras que su padre Gustav fue un poeta de éxito, C. T. Schwab no fue un escritor distinguido, y poca actividad en su vida u obra apunta a que compusiera tal texto, o que tuviera las preocupaciones teológicas, filosóficas, políticas o estéticas particulares del *Comunismo de los espíritus*. Su único libro publicado parece ser el delgado volumen *Arkadien: Seine Natur, seine Geschichte, seine Einwohner, seine Alterthumer* (1852). Esta obra, escrita de forma totalmente distinta a la del *Comunismo de los espíritus*, es un árido tratado que incluye descripciones de fuentes antiguas de esta región de Grecia [Arcadia] y relatos antropológicos de sus habitantes contemporáneos. A diferencia de Hölderlin, no hay pruebas de que Schwab participara en la política radical, donde se habría encontrado con la palabra «*Communismus*», que apenas empezaba a circular en alemán en la década de 1840. Dada la ubicación del manuscrito entre otros materiales de Hölderlin escritos por Schwab, la carga de la prueba debería consistir en verificar que Schwab es el autor del *Comunismo de los espíritus*, y no Hölderlin.

---

[18] Sobre las deficiencias de la edición de Schwab, véase Dierk Hossmann y Harald Zils, «Hölderlin-Editionen», en Rüdiger Nutt-Kofoth and Bodo Plachta (eds.), *Editionen zu deutschsprachigen Autoren als Spiegel der Editionsgeschichte* (Tubinga: Niemeyer, 2005), 201f.

III. Temas, contextos y fuentes

Prácticamente todo en el contenido del *Comunismo de los espíritus* evoca las ansiedades y preocupaciones particulares de los círculos filosóficos, teológicos, políticos y literarios de principios y mediados de la década de 1790 en los que Hölderlin se movía. Esta sección examinará algunas de esas cuestiones en relación con el *Comunismo de los espíritus* y Hölderlin, además de proporcionar algunas nuevas fuentes y constelaciones contextuales relevantes, incluyendo conexiones hasta ahora no discutidas entre Hölderlin y otra posible aparición más temprana de la palabra «*Kommunismus*», ésta en la década de 1790 por una conspiración comunista radical en Viena. El siguiente cuadro se ha trazado para evocar un campo de posibilidades y probabilidades más que una única cadena conectada, con el fin tanto de ilustrar el texto como de argumentar a favor de la autoría de Hölderlin del *Comunismo de los espíritus* frente a la de Schwab. Este conjunto apunta a una sola conclusión razonable: fue escrito por Hölderlin a principios-mediados de la década de 1790. Las subsecciones siguientes se agrupan bajo estos epígrafes: A. *Religión y crisis de fe*; *B. Educación*; *C. Geist*; *D. Pentecostés y Joaquín*; *E. Los jacobinos de Viena y «Kommunismus»*.

A. Religión y crisis de fe

El *Comunismo de los espíritus* fue claramente escrito por alguien que atravesaba una profunda crisis de fe, una crisis personal que resonaba de una forma más amplia y generacional: el texto habla de la «incredulidad generalizada» [*Allgemeinheit des Unglaubens*] de la época. Aunque Hölderlin no desarrollaría hasta más tarde su famoso tema de la huida de los dioses, las crisis de fe fueron una constante en su vida y su obra. La primera carta suya que se conserva, escrita a los 15 años a su tutor, habla de sus dificultades profundamente angustiosas con el cristianismo, y termina con la esperanza de que el Espíritu Santo guíe su corazón superando las dudas (StA 6.1:3-4). Esta sensación de crisis espiritual es especialmente aguda a finales de 1790 (época de la visita a la capilla de Wurmlingen con Hegel) y en el período siguiente. En febrero de 1791, mientras proseguía sus estudios teológicos en el seminario de Tubinga, Hölderlin escribe a su madre para asegurarle su fe cristiana, pero lo que resulta revelador es que sólo puede hacerlo insinuando con fuerza la reciente agitación espiritual: el espectro del ateísmo ocasionado por el encuentro con la demolición de las pruebas racionales de la existencia de Dios por parte de Kant, y la filosofía de Spinoza, «un hombre grande y noble» aunque «*ateo*» (*Essays* 8 [*Correspondencia*, p. 115]).[19]

La filosofía crítica de Kant –especialmente evangelizada y transformada por sus enérgicos seguidores como Karl Leonhard Reinhold– provocó un terremoto académico por todo el mundo intelectual de habla alemana, especialmente en Tubinga. Carl Immanuel Diez, el mentor y maestro algo mayor de Hegel y Hölderlin, y una figura clave en el *Stift*, ofrece un ejemplo ilustrativo del entorno; Diez quedó tan cautivado por el pensamiento kantiano que se sintió obligado a renunciar a la teología y abandonar Tubinga por Jena en 1792, donde se unió al primo y amigo íntimo de Reinhold y Hölderlin, Immanuel Niethammer (Hölderlin llegó a llamar a Niethammer su «mentor filosófico»), que acababa de sufrir su propia crisis de fe y filosofía mientras estaba en íntimo contacto con Hölderlin (*Essays* 68).[20] Dieter Henrich ha

---

[19] Carosso, Vaysse y D'Hondt han encontrado conexiones con Spinoza en el *Comunismo de los espíritus*, como señala Duarte, «Apocryphal», 270-271. D'Hondt recoge la frase «communisme des esprits» en la penúltima página del monumental libro de Alexandre Matheron sobre Spinoza *Individu et communauté chez Spinoza*, de 1969.

[20] Véase Dieter Henrich, *The Course of Remembrance and Other Essays on Hölderlin* (Stanford: Stanford University Press, 1997), 110. Es fácil imaginar a los dos primos hablando de su común crisis de fe, especialmente de cómo se relacionaba con el nuevo pensamiento kantiano y Spinoza. Sobre Díez, véanse los capítulos 1-3 del *Course* de Henrich.

demostrado de forma convincente que «la determinación de la relación entre la filosofía kantiana, por un lado, y la religión y la teología cristiana, por otro» no estaba simplemente circulando en el entorno de Hölderlin y sus amigos, sino que era la cuestión central de la época.[21] Además, esta cuestión filosófica aparentemente abstracta estaba estrechamente relacionada con la agitación política revolucionaria, ya que «la kantomanía y el jacobinismo iban de la mano».[22] ¿Era la nueva filosofía crítica realmente compatible con el cristianismo? ¿Qué significaba esta cuestión para los que estudiaban en el seminario para ser predicadores luteranos? ¿Qué nuevos paradigmas eran adecuados para esta nueva era de revolución? Estas preguntas omnipresentes en la década de 1790 son exactamente las que se plantean en la apertura del *Comunismo de los espíritus*, cuando analiza «la incredulidad generalizada» y postula: «Esta incredulidad está relacionada con la crítica [*Kritik*] científica propia de nuestros tiempos [...] el lamento es inútil, la tarea es ayudar. La ciencia debe o bien destruir [*vernichten*] el cristianismo o bien ser uno con él». Además, con respecto a la cuestión de unificar la religión y la ciencia, cabe destacar que en 1795 Niethammer publicó un texto titulado *Sobre la religión como ciencia* [*Uber Religion als Wissenschaft*]. Las inquietudes del *Comunismo de los espíritus*, por tanto, reflejan con bastante precisión la situación y las inquietudes de Hölderlin y su generación a principios de la década de 1790, y tienen poca relevancia para C. T. Schwab en la década de 1840.

Por todas partes existía la sensación de que la silueta del mundo estaba desapareciendo, una silueta que podríamos considerar simbolizada en el *Comunismo de los espíritus* por las «glorias pasadas» [*verschwundner Größe*] de la capilla de Wurmlingen que contemplan los dos personajes, Eugen y Lothar. Además de la inspiración de su propia experiencia de visitar la capilla medieval

21 Henrich, *Course*, 43.
22 David Constantine, *Hölderlin* (Oxford: Oxford University Press, 1988), 21.

de Wurmlingen con Hegel, Hölderlin parece haberse inspirado también en la melancólica novela de Johann Martin Miller *Siegwart, eine Klostergeschichte* (1776), un libro que leyó a principios de la década de 1790. La primera escena clave de *Siegwart* es notablemente similar al escenario del *Comunismo de los espíritus*: presenta a dos hombres, uno de los cuales es un joven poeta sensible, que discuten sobre Dios, la religión, el tiempo y el mundo ante un viejo monasterio al anochecer, rodeados de un paisaje muy parecido al descrito en el *Comunismo de los espíritus*; incluso parte de la dicción utilizada en esta escena de *Siegwart* es idéntica a la del *Comunismo de los espíritus*. Dada la similitud entre el *Comunismo de los espíritus* y *Siegwart* y la confirmación de la lectura contemporánea de la novela por parte de Hölderlin (la citó en una entrada del *Stammbuch* a su hermano en 1790), esta nueva fuente es otro elemento que apunta a la autoría de del *Comunismo de los espíritus* por parte de Hölderlin.[23]

B. Educación

Dado que eran estudiantes de seminario, la crisis de fe sufrida por Hölderlin y sus compañeros fue necesariamente también una crisis educativa y vocacional. De hecho, tanto Hölderlin como Hegel consideraron seriamente la posibilidad de abandonar el *Stift* hacia 1790 para estudiar Derecho; y aunque ambos finalmente se quedaron para terminar sus estudios teológicos, ninguno aceptó un cargo como pastor. En lugar de ello, se dedicaron a la educación, trabajando como tutores y profesores. La educación ya era una de las grandes obsesiones de Hölderlin; en un sermón sobre Juan 2, 7-9 predicado a principios de 1791, el joven Hölderlin hablaba «de Cristo como maestro de la humanidad» [*von Christo als Lehrer der Menschen*], al tiempo que se inquietaba por

---

[23] El mensaje de Hölderlin de 1790 citando a *Siegwart* se encuentra en StA 2.1:348.

la «incredulidad» [*Unglauben*] entre los «educados» [*bei dem gebildetern*], del mismo modo que el *Comunismo de los espíritus* se preocupa por la «incredulidad» que está «relacionada con la crítica científica» (StA 4.1:173). Pocos años después de que Hölderlin llamara a Cristo «el maestro de la humanidad», el *Alteste Systemprogramm des deutschen Idealismus* [*Primer programa de un sistema del idealismo alemán*], un fragmento a modo de manifiesto compuesto por Hölderlin, Hegel y Schelling en alguna combinación hacia 1796, hablaría de la poesía como «*la maestra de la humanidad*» [*Lehrerin der Menschheit*] (StA 4.1:198 [*Escritos de juventud* (Hegel), p. 220]).[24] De este modo, pasando de Cristo como maestro de la humanidad a la poesía como maestra de la humanidad, Hölderlin llegaría a afirmar el papel esencialmente religioso de la poesía; como escribe en otro fragmento en prosa [*Sobre la religión*]: «Sería, así, poética según su esencia toda religión» (*Essays* 239 [*Ensayos*, p. 100]).

A lo largo de la década de 1790, Hölderlin trató de reimaginar y renovar radicalmente el concepto de educación, y de otorgarle un extraordinario peso intelectual, político, estético y espiritual. La influencia de la filosofía educativa de Schiller en las *Cartas sobre la educación estética del hombre* (1794) de este último fue importante, pero Hölderlin consideró que no iba lo suficientemente lejos; a principios de 1796 esbozó a Niethammer un ambicioso proyecto para reescribir a Schiller, que se llamaría *Nuevas cartas sobre la educación estética del hombre*. Incluso antes de las *Cartas* de Schiller, las ideas de Hölderlin sobre la educación, la pedagogía y la academia estaban influidas por Wieland, la idea de Klopstock de una *Gelehrtenrepublik*, y *La educación de la raza humana*, la obra final de Lessing, una obra que también invoca a Cristo

[24] El concepto del *Systemprogramm* de una nueva educación que conduzca a la libertad universal y a la «igualdad de los espíritus» [*Geister*] se parece mucho a la conexión entre educación, comunidad y espíritu en el *Comunismo de los espíritus*.

como maestro, y a la que volveré más adelante.[25] Tales «grandes planes de academia» de la época, por tanto, son un contexto clave con el que debemos leer la invocación de «Universidades» y «*La Nueva Academia*» en el *Comunismo de los espíritus.*[26] Justo después de discutir la escisión de la ciencia y la religión, el esbozo inicial de la obra sobre *Communismus* no solo menciona, sino que culmina en una visión de «*La Nueva Academia*», como el principal sitio o «institución» [*Institute*] a través de la cual forjar una nueva vida común indivisa, donde todos busquen crear «una existencia grandiosa, digna e independiente. Seminarios y academias de nuestra época. Universidades. *La Nueva Academia*».[27] A la luz del «platonismo de Tubinga» de la época, incluido el interés del propio Hölderlin por la Academia de Platón (hasta su propia topografía y formas de socialidad) a principios de la década de 1790, la mención de «*La Nueva Academia*» en el texto probablemente también muestra la influencia de Platón y, por tanto, corrobora aún más la autoría de Hölderlin y la datación que propongo.[28]

No es de extrañar que la atención prestada en el *Comunismo de los espíritus* a las iglesias y los monasterios medievales acabe ligada a la cuestión de la educación y las universidades. Hölderlin asistió de niño a la *Klosterschule* (su padre administraba la finca de un monasterio secularizado), y, de hecho, el edificio del *Tübinger Stift*

---

[25] Podemos añadir *Algunas lecciones sobre el destino del sabio* de Fichte, que Hölderlin menciona a Hegel en una carta de 1795. Sobre la centralidad de la educación en el pensamiento de Hölderlin, véase Koji Ota, *Der freie Gebrauch des Eigenen: Zur Konzeption von Bildung und ästhetische Erziehung bei Friedrich Hölderlin* (Würzburg: Königshausen & Neumann, 2021).

[26] Zinkernagel, "Neue Hölderlin-Fünde" 344

[27] Notablemente, la frase «*La Nueva Academia*» está subrayada en el manuscrito pero no en la transcripción de Beißner.

[28] Véase *Tübinger Platonismus: Die gemeinsamen philosophischen Anfangsgründe von Hölderlin, Schelling und Hegel* de Michael Franz (Tubingen: Francke Verlag, 2012), especialmente las pp. 75-84, sobre el interés de Hölderlin en la academia platoniana a principios de la década de 1790. Es de particular relevancia la carta de Hölderlin de julio de 1793 a Neuffer sobre Platón, que Franz contextualiza.

fue fundado originalmente en 1262 como monasterio agustino. Una vez más, pues, la evidencia textual interna y temática apunta a Hölderlin y a la década de 1790; como señala D'Hondt, la educación era una cuestión filosófica viva increíblemente importante en la década de 1790, pero mucho menos y de forma muy diferente en la década de 1840, cuando Schwab supuestamente habría compuesto y titulado este texto. A mediados de la década de 1840, el «comunismo» se estaba consolidando en su significado político, económico y filosófico ya conocido, por lo que utilizar la palabra «*Communismus*» (¡escrita con *C*!) en el título de un texto sobre una capilla medieval sería anacrónico y decididamente extraño, a diferencia de en la década de 1790, cuando la palabra se acababa de acuñar y, por lo tanto, aún era semántica y ortográficamente maleable.[29]

Hay otra pista relevante en la correspondencia de Hölderlin sobre un proyecto relacionado con la educación y la religión, una pista tentadora que tiene una importancia crucial para el *Comunismo de los espíritus*. En una carta de enero de 1795, tras elucubrar sobre Fichte y Spinoza, Hölderlin habla a su amigo más íntimo, colaborador y confidente Hegel de una obra que lleva tiempo imaginando sobre «la educación ideal del pueblo»:

> Desde hace mucho tiempo estoy trabajando en la educación ideal del pueblo [*Volkserziehung*], y como tú te estás ocupando de una parte de ella, la religión, tal vez elija tu imagen y tu amistad [*Dein Bild und Deine Freundschaft*] como conductoras de mis pensamientos hacia el mundo exterior de los sentidos y escriba a tiempo lo que tal vez habría escrito más tarde en cartas dirigidas a ti que puedas juzgar y corregir. (*Essays* 48-49, traducción modificada; StA 6.1:156 [Cfr. *Correspondencia*, p. 233]).

[29] Jacques D'Hondt, «Le meurtre de l'histoire», *Cahier Hölderlin*, ed. Jean-François Courtine (París: L'Herne, 1989), 222. [Traducido en esta misma edición, a partir de la p. 95.]

Ya en su artículo de 1926, Zinkernagel sugiere, creo que correctamente, que Hölderlin puede estar refiriéndose aquí a lo que ahora sobrevive como los fragmentos del *Comunismo de los espíritus*. La caracterización de Hölderlin de este proyecto como algo que le ocupaba «desde hace mucho tiempo» coincide con sus intereses y los de Hegel sobre la educación durante los primeros años de la década de 1790[30], e indica que cuando escribió esto a Hegel a principios de 1795 probablemente ya habría hecho notas y esbozos durante el año o años anteriores. Otro detalle que conecta estas observaciones con el *Comunismo de los espíritus* es la insistencia de Hölderlin en que el trabajo sobre la educación y el pueblo tratara específicamente la cuestión de la «religión». A mediados de la década, a Hegel también le consumía la cuestión de las formas comunistas de la vida cristiana primitiva y su posible existencia en la modernidad; y, como Hölderlin en el *Comunismo de los espíritus*, llegó a situar esta cuestión precisamente bajo la rúbrica del «*Geist*», un esfuerzo que culminó en su temprano ensayo teológico *El espíritu* [*Geist*] *del cristianismo y su destino* (1799), que constituye «[el] intento de Hegel de averiguar por qué una comunidad basada en el vínculo inmediato del amor [en el cristianismo primitivo] no es posible para los individuos modernos».[31]

---

[30] En su comentario sobre este intercambio, Butler señala que «T. L. Hearing y H. S. Harris han demostrado que a lo largo de la década de 1790 la ambición primordial de Hegel era, como la de Hölderlin, ser un educador popular en la tradición de la Ilustración, y que Hegel finalmente se convirtió en filósofo solo debido a la decepción en esta vocación inicial», en Hegel, *The Letters*, trad. Clark Butler y Christiane Seiler (Bloomington: Indiana University Press, 1985), 34.

[31] Alice Ormiston, «"The Spirit of Christianity and Its Fate": Towards a Reconsideration of the Role of Love in Hegel», *Canadian Journal of Political Science* 35, No. 3 (Sep., 2002), 499-500. Éste es, esencialmente, el problema del *Comunismo de los espíritus*. También en varios de sus primeros escritos teológicos de la década de 1790 (por ejemplo, *La positividad de la religión cristiana*), Hegel se muestra pesimista sobre la posibilidad de mantener el comunismo apostólico cristiano primitivo, o la «comunidad de bienes», en la modernidad.

Lo que llama especialmente la atención es que este trabajo sobre educación y religión mencionado en la carta de Hölderlin de 1795 tenga una relación especial con Hegel. El proyecto que menciona Hölderlin, pues, no sería un simple tratado, sino una obra a la «imagen» de un amigo y una amistad particulares: «tu imagen y tu amistad [*Dein Bild und Deine Freundschaft*]», es decir, un diálogo, exactamente lo que es el *Comunismo de los espíritus*. ¿Qué se parece más a un texto basado en la imagen de la amistad de Hölderlin con Hegel que el *Comunismo de los espíritus*, que narra su memorable paseo juntos en la capilla de Wurmlingen como estudiantes en 1790? Recordemos que la primera línea del *Comunismo de los espíritus*, al situar la escena, dice simplemente: «*Die Freunde*». Los amigos: Hölderlin y Hegel. El poeta y el filósofo conversan al atardecer; entre ellos, un comunismo de espíritus y de pensamiento. Cuando Hölderlin buscaba un recuerdo que cristalizara esta imagen de la amistad, debió de pensar en aquel día y en sus conversaciones con Hegel en la capilla de Wurmlingen: ésta se convirtió en la imagen del diálogo de los dos amigos en el *Comunismo de los espíritus*.

C. Geist

Si retomamos la fuerte probabilidad de que el *Comunismo de los espíritus* fuera escrito bajo el signo de la amistad entre Hölderlin y Hegel, surge otra prueba en la palabra clave que Hölderlin eligió para simbolizar esta imagen de amistad y pensamiento compartido: *Geister*, o espíritus. *Geist* es un término común en alemán, pero sondear algunas de las repercusiones específicas de esta palabra en el título del *Comunismo de los espíritus* –una palabra tan particularmente importante para Hölderlin, para Hegel y para el vínculo entre ellos– arroja más luz sobre el texto y su autoría, y también comienza a acercarse al atrayente enigma central de la palabra «*Communismus*».

El concepto de *Geist* fue crucial para el intercambio intelectual (es decir, espiritual) entre Hölderlin y Hegel en la década de 1790, hasta el pũnto de que varios académicos han sostenido que fue sobre todo Hölderlin quien impulsó a Hegel a hacer del *Geist* su «gran categoría filosófica» central.[32] Después de 1800, por supuesto, Hegel estaba en vías de desarrollar una fenomenología de este *Geist*, y una noción bastante diferente de espíritu, historia y comunidad (que más tarde, a través de Marx, se convertiría en comunismo) a la de Hölderlin. De hecho, es una gran y trágica coincidencia que Hegel terminara su obra magna sobre el *Geist* en octubre de 1806, pocas semanas después de que Hölderlin fuera finalmente internado en una institución el 11 de septiembre de 1806, para pasar el resto de su vida envuelto en lo que a menudo se denomina su larga noche del espíritu, su *geistige Umnachtung*.

Además, la formulación idealizada «*X der Geister*» aparece con frecuencia en Hölderlin, incluso en el mencionado *Älteste Systemprogramm*, donde se invoca la «*allgemeine Freiheit und Gleichheit der Geister*» [«la libertad y la igualdad universal de todos los espíritus»] en relación con el advenimiento de una «*neue Religion*» [«nueva religión»] (StA 4.1: 299 [*Escritos de juventud* (Hegel), p. 220]). Entre otros ejemplos, se podría recurrir, como hace D'Hondt, al uso de «*Harmonie der Geister*» [«armonía de los espíritus»] en *Hiperión*, que también está vinculado a la renovación de la historia («*die Harmonie der Geister wird der Anfang einer neuen Weltgeschichte seyn*» [«la armonía de los espíritus será el principio de una nueva historia del mundo»]), teniendo en cuenta que la esperanza de una formación comunitaria y espiritual radicalmente nueva en la modernidad es el anhelo que se encuentra en el

---

32 Alan Olson, *Hegel and the Spirit: Philosophy as Pneumatology* (Princeton: Princeton University Press, 1992), 3. Véase también Christoph Jamme, '*Ein ungelehrtes Buch': Die philosophische Gemeinschaft zwischen Hölderlin und Hegel in Frankfurt 1797-1800* (Hamburg: Felix Meiner, 1983), 399-400; Henrich, *Course*, 131ss.

corazón del *Comunismo de los espíritus* (StA 3:63). *Hiperión* también invoca un «*Bund der Geister*» [«liga de los espíritus»], mientras que el amigo íntimo de Hölderlin, Sinclair, un radical acérrimo, era conocido por utilizar la frase «*Kommerzium der Geister*» [«comercio de los espíritus»] a principios de la década de 1790 (StA 3:90)[33].

En Hölderlin, *Geist* se asocia casi siempre con comunidad, y a menudo con formas radicales de colectividad, y las frases comunes como «*Gemeingeist*» [«espíritu comunitario»] y «*der gemeinsame Geist*» [«el espíritu común»] llenan sus escritos. Este hecho se relaciona con la autoría de Hölderlin del *Comunismo de los espíritus*, donde la conexión entre comunismo y espíritu en el título culmina en la pregunta del texto: «¿dónde quieres encontrar una comunidad?» [*wo willst du eine Gemeinschaft finden?*]. Que la comunidad es uno de los temas centrales de Hölderlin no necesita prueba, pero hay un pasaje que invoca conjuntamente el *Geist* cerca del final de *Hiperión* que adquiere una relevancia especial para el *Comunismo de los espíritus*. Aquí, Hiperión relata una carta que recibió de Diotima en su lecho de muerte.

> ¿Cómo podría extraviarme de la esfera de la vida donde el amor eterno, que es común a todos [*die allen gemein ist*], mantiene unidas todas las naturalezas? ¿Cómo podría separarme de la alianza [*Bunde*] que une a todos los seres? Ella no se rompe tan fácil como los flojos lazos de esta época [*die losen Bande dieser Zeit*]. Ella no es como un día de mercado [*Markttag*], en que el pueblo corre de aquí para allí, se amontona y grita. ¡No! Por el espíritu que nos une, por el espíritu divino que es propio de cada uno y común a todos [*bei dem Geiste, der uns einiget, bei dem Gottesgeiste, der jedem eigen ist und allen gemein*] [...].
>
> Existiré; no me pregunto en qué me convertiré. Existir, vivir, es bastante, es la gloria de los dioses; y por eso da igual qué vida haya en el mundo de los dioses, y en él no hay señores ni siervos. Las naturalezas viven unas con otras como amantes; todo lo

[33] Duarte, «Apocryphal», 277.

tienen en común, espíritu, alegría y eterna juventud [*sie haben alles gemein, Geist, Freude und ewige Jugend*] (StA 3:148).[34]

La asombrosa visión de Diotima en su lecho de muerte presenta un mundo de igualdad absoluta, donde la jerarquía está abolida y «no hay señores ni siervos». En este pasaje, «espíritu» [*Geist*] y «común» [*gemein*] aparecen repetidamente y están íntimamente relacionados –el compartir, la igualdad y la «alianza» [*Bunde*] caen todos bajo la rúbrica del espíritu, culminando en la imagen del «todo lo tienen en común, espíritu, alegría y eterna juventud». Tener todas las cosas en común, pues, es una cuestión de espíritu. Es difícil encontrar una descripción mejor para el ideal expresado en este pasaje que un comunismo de los espíritus.

Otra pista está en la frase «todo lo tienen en común» [*sie haben alles gemein*], una frase que evoca un comunismo cristiano radical y que se transmite como una llama secreta desde la Iglesia primitiva, pasando por los movimientos heréticos medievales, la Reforma Radical (la *omnia sunt communia* de Thomas Müntzer), los contemporáneos románticos de Hölderlin como William Blake, los comunistas de mediados del siglo XIX y los socialistas utópicos como Wilhelm Weitling, hasta el presente. La frase deriva de Hechos 2:44 («Todos los que habían creído estaban juntos y tenían todas las cosas en común») y 4:32, donde se describe el comunismo apostólico primitivo, o comunidad de bienes

---

[34] Hölderlin, *Hiperión*, trad. Ross Benjamin (Brooklyn: Archipelago, 2008), 199 (traducción modificada) [*Hiperión*, pp. 197-198]. Otra influencia importante en *Hiperión* que vale la pena mencionar aquí es la novela de formación [*Kunstlerroman*] *Ardinghello und die glückseligen Inseln* (1787) [vid. *Ardinghello* en la bibliografía] de Wilhelm Heinse, que describe una utopía comunista de propiedad comunal (Heinse recibió la dedicatoria de *Brod und Wein* [*Pan y vino*] de Hölderlin). Lacoue-Labarthe llega incluso a llamar a *Ardinghello* «una especie de "manifiesto comunista"» para los radicales de 1790 como Babeuf y Rétif de la Bretonne, hasta el entorno del joven Marx; véase *Poétique de l'histoire* (París: Galilée, 2002), 20n. En otros lugares, Heinse notablemente destaca los monasterios medievales para el debate y la crítica.

(significativamente, los «apóstoles» también se mencionan en el *Comunismo de los espíritus*). Lo que resulta especialmente notable a nuestros efectos –y volveré sobre ello más adelante– es que el comunismo de los apóstoles se anuncia por primera vez en Hechos 2, en los versículos que siguen directamente a Pentecostés, es decir, a la llegada del *espíritu*.[35]

El pasaje anterior de *Hiperión* ya constituye por sí mismo un vínculo temático y textual significativo con el *Comunismo de los espíritus*, puesto que habla de un comunismo en el que «[las naturalezas] todo lo tienen en común» bajo la rúbrica del espíritu. Pero también hay una conexión biográfica de este pasaje con Hölderlin y, plausiblemente, con el *Comunismo de los espíritus*, que se encuentra en la imagen que Diotima opone a su visión comunista de igualdad y el tener todo «en común», para mostrar lo que no es: un día de mercado. Le dice a Hiperión que su sueño de vida y amor «común a todos» específicamente «no es como un día de mercado [*Markttag*], en que el pueblo corre de aquí para allí». Recordemos que en la carta de Hölderlin de noviembre de 1790 en la que menciona la visita a la capilla de Wurmlingen con Hegel (el viaje que inspiraría el *Comunismo de los espíritus*), escribe que el paseo es precisamente para evitar el «gentío» [*Getummel*] o bullicio del gran «día de mercado» [*Markttag*]. Así, al igual que Hölderlin y Hegel en 1790, Diotima también opone la vida y el espíritu en común al bullicio alienante del mercado.

El término «espíritu» no sólo aparece en el título y varias veces en el cuerpo principal del *Comunismo de los espíritus*, sino también una vez en la segunda parte, «[*Disposición para un ensayo sobre los períodos históricos*]». En el encabezamiento del esbozo tripartito de la historia del mundo, encontramos esta única frase: «Para nosotros, todo se concentra en lo espiritual [*Geistige*]; nos hemos

[35] Comparar con la traducción de Lutero de *Hechos* 2:45 [«*Sie verkauften Güter und Habe und teilten sie aus*»], que recuerda al *Empédocles* de Hölderlin: «*gebt das Wort und theilt das Gut*» [«dad vuestra palabra y compartid los bienes] (StA 4.1:66 [*Empédocles*, p. 95]).

vuelto pobres [*arm*] para poder volvernos ricos [*reich*]».[36] El hecho de que se trate de una clara alusión a las epístolas de San Pablo, concretamente a 2 Corintios 8:9 («aunque [Cristo] era rico, se hizo pobre por vosotros, para que vosotros os enriquecierais con su pobreza»), es sumamente significativo para corroborar la autoría de Hölderlin del *Comunismo de los espíritus* a principios-mediados de 1790.[37] Resulta que Hölderlin habla de un intenso compromiso con Pablo –a quien llama «el hombre más cercano a mi alma»– en dos cartas de 1795 (*Essays* 64). En una de estas cartas de 1795, dirigida a Ebel, Hölderlin menciona la «comunicación» o «comunión» de «espíritus» [*Geister*] junto a una críptica discusión sobre el «apóstol» Pablo (*Essays* 64; StA 6.1:184-5 [*Correspondencia*, pp. 268-269]); en la otra, dirigida a Hegel, sugiere un proyecto consistente en «la paráfrasis de las cartas paulinas según tu idea» (*Essays* 65 [*Correspondencia*, p. 271]). Estas cartas demuestran que, a mediados de la década de 1790, Hölderlin asociaba estrechamente la comunión de los espíritus, el apóstol Pablo y su diálogo con Hegel, todo lo cual aparece en el *Comunismo de los espíritus*. Además, hay que tener en cuenta que el pasaje más amplio de 2 Corintios 8 se refiere precisamente a la igualdad y al reparto comunitario de los bienes.

---

[36] En su conferencia de 1945 «Pobreza», pronunciada cuando los soviéticos estaban entrando en Berlín, Heidegger discute esta línea del *Comunismo de los espíritus*. El análisis de Heidegger –que incluye una discusión sobre el comunismo– es a su vez retomado por Agamben en «Lo inapropiable», aunque ninguno de los dos menciona el hecho de que la línea deriva del «Comunismo de los espíritus». Véase Agamben, *Creation and Anarchy: The Work of Art and the Religion of Capitalism*, trad. Adam Kotsko (Stanford: Stanford University Press, 2019).

[37] La frase también se hace eco de 2 Corintios 6:10: «como pobres, pero enriqueciendo a muchos; como no teniendo nada, pero poseyéndolo todo». Como señala Marcello Tarì, el lenguaje de 2 Corintios 6:10 se convierte en una importante consigna revolucionaria, que aparece en el Abate Sieyes, en Marx y en «The Internacionale», Tarì, *There is No Unhappy Revolution: The Communism of Destitution* (Brooklyn: Common Notions, 2021), 6. En otro lugar Tarì habla de «comunismo del espíritu», quizá aludiendo a Hölderlin.

D. Pentecostés y Joaquín de Fiore

La revelación de Diotima en la que los espíritus «todo lo tienen en común» se transmite desde su lecho de muerte, pronunciada como un discurso consolador. De este modo, se trata de una especie de mensaje pentecostal, ya que el don del Espíritu Santo en Pentecostés es un consuelo por la partida de Cristo, clave y huella de la presencia de Dios que se retira del mundo. Como ya se ha dicho, el acontecimiento de Pentecostés descrito en Hechos 2 tiene también una relación privilegiada con el comunismo cristiano, ya que es en los versículos inmediatamente posteriores a Pentecostés (Hechos 2:1-41) cuando los apóstoles se convierten por primera vez en «comunidad» (κοινωνία) y «tenían todas las cosas en común» (Hechos 2:42-44). Pentecostés inaugura así el tener «todas las cosas en común»: es, literalmente, un comunismo del espíritu. Hölderlin, que meditó poéticamente sobre Pentecostés en varias ocasiones, lo sabía bien.[38]

Una vez establecida la importancia y la implicación de Pentecostés, el espíritu, la comunidad radical (o comunismo) y la historia de la época, propongo ahora una nueva fuente para el *Comunismo de los espíritus*: el teólogo herético del siglo XII Joaquín de Fiore. En toda la tradición teológica cristiana, Joaquín es probablemente el pensador más estrechamente relacionado con Pentecostés y con la idea de espíritu. En particular, trasladó la Trinidad y el acontecimiento de Pentecostés al plano de la historia universal, dividiendo el tiempo en tres épocas: la Era del Padre, la Era del Hijo y la utópica Era del Espíritu. Fundamentalmente,

[38] Una relación poética significativa con Pentecostés se produce en los últimos borradores de «Patmos» de Hölderlin; véase Gabriel Trop, *Poetry as a Way of Life: Aesthetics and Askesis in the German Eighteenth Century* (Chicago: Northwestern University Press, 2015), 110-116. Sobre Hölderlin y Pentecostés, véase también Kristina Mendicino, *Prophecies of Language: The Confusion of Tongues in German Romanticism* (New York: Fordham University Press, 2016).

la próxima Era del Espíritu iba a traer una vida común generalizada a imagen del monasterio, algo así como un comunismo de espíritus en el que «todos los hombres de la Era de los Monjes [de Joaquín] vivirán una vida apostólica, unidos en la unidad de la caridad y compartiendo todas las cosas».[39]

Las correspondencias entre la visión apocalíptica de Joaquín del «Pentecostés final de la historia» y el *Comunismo de los espíritus* son sorprendentes, y no sólo en el énfasis del *Comunismo de los espíritus* en el espíritu y su pregunta sobre la relación de las formas medievales de vida común y monástica con una comunidad utópica futura («Las órdenes monásticas según su significado ideal», dice la apertura del *Comunismo de los espíritus*).[40] La parte final del *Comunismo de los espíritus*, «[*Disposición para un ensayo...*]», divide con precisión la historia humana en tres edades: 1. «Mundo antiguo», 2. «Edad Media», 3. «Nueva era», lo que revela el esquema tripartito de Joaquín.[41] Sin entrar en el espinoso debate sobre la influencia de Joaquín en el idealismo alemán, es notable que muchos hayan descubierto conexiones entre el teólogo medieval y Hölderlin y sus contemporáneos, que han sido considerados

---

[39] George Boas, *Primitivism and Related Ideas in the Middle Ages* (Baltimore: Johns Hopkins University Press, 1997 [1948]), 214-215. Anitchkof escribe sobre el «comunismo intransigente» de Joaquín en *Joaquim de Flore et le milieu courtois* (Rome, 1931), 233; y compárese con Peter Linebaugh, *The Magna Carta Manifesto: Liberties and Commons for All* (Berkeley: University of California Press), 25.

[40] Marjorie Reeves, «The Originality and Influence of Joachim of Fiore», *Traditio* 36 (1980), 270.

[41] Compárese con Jacob Taubes: «El esquema Antigüedad-Edad Media-Tiempos Modernos no es más que una versión secularizada del esquema "trinitario" de la historia de Joaquín [...] La meta de la teología de Joaquín no está en Cristo sino en el Espíritu Santo, que sustituye a Cristo, y esto marca la pauta para todos los espiritistas [...] a través de los idealistas alemanes». *From Cult to Culture: Fragments Toward a Critique of Historical Reason* (Stanford: Stanford University Press, 2010), 167-168. Además, Taubes subraya la importancia de la educación en la visión comunal (o protocomunista) de Joaquín –exactamente como en el *Comunismo de los espíritus*. Véase *Cult* 282 ss.

parte de la «posteridad espiritual» de Joaquín.[42] Más directamente relevante, el pensamiento pentecostal de Joaquín, en particular su doctrina de «las tres edades del mundo», se invoca decisivamente en *La educación* de Lessing, el mismo texto que los académicos han postulado como una influencia en las ideas educativas del *Comunismo de los espíritus*.

Además del sorprendente hecho de que Joaquín es a menudo considerado como el fundador espiritual del comunismo tanto por los comunistas como por los anticomunistas[43], tiene sentido que un pensador medieval herético marginado pero aún influyente como Joaquín pudiera ser una fuente para el *Comunismo de los espíritus*, un texto que presenta la Edad Media, la forma de vida monástica, el espíritu y las tres edades de la historia. Si la «posteridad espiritual» o herencia de Joaquín es una influencia en el comunismo de Hölderlin en el *Comunismo de los espíritus*, se manifiesta como lo que Blanchot –gran admirador de Hölderlin– llamó un «comunismo sin herencia», que debe regenerarse en los espacios separados de la historia.[44] Al mirar al período medieval para evaluar tanto la pobreza de la modernidad como su potencial espiritual, los dos jóvenes del *Comunismo de los espíritus* deben prescindir de toda la «materia muerta» [*todten Stoffe*] de la historia, hasta el punto de convertirse en un «criminal» [*Verbrecher*]: «uno se encuentra como un criminal ante la Historia».

---

[42] Véanse, por ejemplo, *La postérité spirituelle de Joachim*, esp. el capítulo 8 de Lubac, *Hegel*, 62 [Hay trad. castellana: *La posteridad spiritual de Joaquín de Fiore*. Ediciones Encuentro, Madrid,1989]; Warwick Gould y Marjorie Reeves, *Joachim of Fiore and the Myth of the Eternal Evangel in the Nineteenth and Twentieth Centuries* (Oxford: Oxford University Press, 2002), 71, 77, 129.

[43] Véase Matthias Riedl, «Longing for the Third Age: Revolutionary Joachism, Communism, and National Socialism», en *A Companion to Joachim of Fiore*, ed. Matthias Riedl (Leiden: Brill, 2017), 267-318.

[44] Aquí Blanchot habla del comunismo en relación con un «guion» histórico [*trait d'union*], *Political Writings 1953-1993*, trad. Zakir Paul (Nueva York: Fordham University Press, 2010), 93.

E. Los jacobinos de Viena y «Kommunismus»

Si Joaquín representa una fuente medieval influyente para el *Comunismo de los espíritus* y sus secretos, esta sección se dirige al contexto contemporáneo más intrigante: un entorno político que también arroja luz sobre la palabra «comunismo». A pesar de todas las pruebas, fuentes, conexiones y contextos aducidos que confirman la autoría de Hölderlin, queda el escándalo de la palabra titular: comunismo, que en el *Comunismo de los espíritus* parece nombrar la posibilidad de la vida en común en un mundo donde todas las antiguas autorizaciones del ser comunal, concentradas metonímicamente en la iglesia medieval y la vida monástica, están perdidas «para siempre». ¿Cómo es posible que Hölderlin conociera o utilizara la palabra «*Communismus*», que sólo se empieza a usar a mediados del siglo XIX? En realidad, hay otro uso documentado de la palabra «comunismo» en alemán en la década de 1790, en el mismo momento en que Hölderlin estaba (en mi opinión) componiendo el *Comunismo de los espíritus*.

En julio de 1794, la policía vienesa descubrió un complot insurreccional para derrocar el régimen del emperador Francisco II e instaurar una nueva sociedad inspirada en los elementos más radicales de la Revolución Francesa. Mediante una fuerte vigilancia, las autoridades registraron domicilios y lugares de reunión, detuvieron a varios revolucionarios e interrogaron a los principales participantes. Muchos de los documentos oficiales relativos a estos sucesos no salieron a la luz hasta finales del siglo XX, mucho después de que la memoria popular –e incluso la mayor parte de la historiografía– se hubiera desvanecido. Tal fue el fascinante y aún oscuro caso de *Die Wiener Jakobiner*, los jacobinos vieneses. En las transcripciones de los interrogatorios policiales que han salido a la luz, el término «*Kommunismus*» (escrito por los policías con *K*) es utilizado por uno de los hombres en el centro de la conspiración, Andreas Riedel, para describir la ideología política del grupo: la comunidad de bienes, o todas las cosas en común. Salvo en el *Comunismo de los espíritus*, la palabra «*Kommunismus*» no volvería a aparecer documentada en alemán hasta casi cincuenta años después (concretamente en 1841, en ese momento tomada del uso francés).[45] ¿Es posible relacionar a Hölderlin, aunque sea remotamente, con los jacobinos vieneses y con este extraño uso de «*Kommunismus*» en 1794, aumentando así la verosimilitud de que pudiera haber conocido o utilizado la palabra en el *Comunismo de los espíritus*? El comentario de Duarte sobre el *Comunismo de los espíritus* menciona brevemente el uso de Riedel, antes de señalar que «la suposición de que Hölderlin podría haber tenido acceso a esa misma transcripción del interrogatorio es manifiestamente poco más que una fantasía».[46] Naturalmente, pero es mucho menos una fantasía que Hölderlin hubiera estado relacionado de algún modo con Riedel y los jacobinos de Viena. De hecho, se han pasado por alto las conexiones entre los círculos comunistas de Riedel (cuya otra figura central era Franz Hebenstreit) y Hölderlin, debido a la lo poco que se sabe del primero y al olvido casi total del fragmento el *Comunismo de los espíritus*, un texto tan huérfano como órfico.

Sin embargo, la proximidad de los primeros usuarios de la palabra «*Kommunismus*», los poco conocidos revolucionarios vieneses, con el probable autor del *Comunismo de los espíritus* es muy sugerente. Estos vínculos, que nunca antes se han investigado[47],

---

45 Sobre los jacobinos vieneses, me baso principalmente en Alfred Körner, *Die Wiener Jakobiner* (Stuttgart: J. B. Metzler, 1972), Jacques Grandjonc, *Communisme/Kommunismus/Communism* («Editions de Malassis»: 2013), Stephen Tull, *Die politischen Zielvorstellungen der Wiener Freimaurer und Wiener Jakobiner im 18. Jahrhundert* (Frankfurt: Peter Lang, 1993), y el apéndice a Johann Benjamin Erhard, *Über das Recht des Volks zu einer Revolution und andere Schriften*, ed. Helmut Haasis (Munich: Hanser, 1970).

46 Duarte, «Apocryphal», 272.

47 La excepción parcial es el inestimable trabajo de Dieter Henrich, que habla de Erhard y Herbert (estos nombres se explican más adelante) y reimprime su correspondencia con Niethammer. Véase *Der Grund im*

se basan en gran medida en el hecho de que la insurrección comunista frustrada en Viena no surgió de la nada; de hecho, tenía vínculos con la filosofía poskantiana de Tubinga y Jena, es decir, precisamente con círculos estrechamente relacionados con Hölderlin. Una figura clave es Franz Paul von Herbert, cuya casa fue allanada y cuyos documentos fueron confiscados por sus conexiones con la conspiración; de hecho, gran parte de su correspondencia filosófica no se descubrió hasta el siglo XX en los archivos de la policía de Viena. Como comenta irónicamente Manfred Frank: «La policía suele ser más minuciosa que los filólogos».[48] Herbert participó estrechamente en los círculos intelectuales poskantianos en torno a Reinhold, que incluían a Novalis, y fue personalmente mecenas tanto de Reinhold como de Niethammer. Herbert fue incluso el dedicatario del mencionado *Uber Religion als Wissenchaft* (1795) de Niethammer, mientras que Niethammer era primo, amigo íntimo y «mentor filosófico» de Hölderlin.

Una conexión aún más sugerente se encuentra en el amigo más cercano y camarada de Herbert, el filósofo kantiano, revolucionario y médico Johann Benjamin Erhard, que también aparece nombrado en los documentos policiales relativos a la conspiración jacobina de Viena. Erhard estaba estrechamente relacionado con los dos principales mentores de Hölderlin de la época: Schiller y Niethammer. Niethammer incluso solicitó contribuciones para su nuevo *Philosophisches Journal* tanto a Hölderlin como a Erhard en esta misma época (1794-1795), y discutía los mismos problemas filosóficos con ellos.[49] Además, hay pruebas

---

Bewußtsein de Henrich y la reconstrucción más completa en el monumental *Grundlegung aus dem Ich* (en particular el volumen dos). Pero el interés de Henrich es estrictamente filosófico: solo menciona de pasada a los jacobinos de Viena y nunca menciona a Riedel ni la palabra «comunismo».

48 Frank, *The Philosophical Foundations of Early German Romanticism*, trad. Elizabeth Milán-Zaibert (Albany: SUNY Press, 2004), 31

49 Henrich, *Course*, 111.

que indican claramente que Hölderlin fue específicamente a reunirse con Erhard en Núremberg en mayo de 1794 o justo después.[50] Durante su estancia en Núremberg, Erhard, que estaba trabajando en un controvertido libro en defensa de la revolución (*Über das Recht des Volkes zu einer Revolution* [*Sobre el derecho del pueblo a la Revolución*], 1795), escribió entusiasmado a Herbert el 17 de mayo de 1794, para informarle de que acababa de reunirse con Schiller, y que también acababa de encontrarse con un vienés, con el que sentía que compartía una «identidad de convicciones» [*Gleichheit der Gesinnungen*][51]: este hombre era Andreas Riedel. Apenas unas semanas después de este encuentro con Erhard (y de haber conocido a Schiller), Riedel regresaría a Viena; allí sería atraído hacia una emboscada por espías, detenido, torturado, interrogado (confesando su adhesión a una doctrina inaudita llamada «*Kommunismus*») y condenado a sesenta años en un calabozo miserable (consiguiendo salir en 1809).

Así, una semana antes de una reunión íntima y prolongada con Schiller, y varias semanas antes de un probable encuentro con Hölderlin, Erhard mantuvo varias discusiones intensas sobre política y filosofía con Riedel, el hombre que describiría el programa de su célula revolucionaria como «*Kommunismus*» solo unos meses más tarde; Erhard incluso expresó el deseo de volver a reunirse en Viena con Herbert y Riedel, lo que se corrobora tanto

---

[50] Para la evidencia –curiosa y significativamente suprimida por Schwab– del encuentro de Hölderlin con Erhard a mediados de 1794, véase Gustav Schlesier, *Hölderlin-Aufzeichnungen*, ed. Hans Steimer (Weimar: Hermann Böhlaus Nachfolger, 2002), 42 y 252s. Dada la estrecha relación de los dos principales mentores de Hölderlin en aquella época (Niethammer y Schiller) con Erhard y Herbert, es difícil no creer que hubiera algún contacto, especialmente teniendo en cuenta el papel de Niethammer como anfitrión y centro de intercambio intelectual en Jena en 1794-95. Véase Niethammer, *Korrespondenz mit dem Klagenfurter Herbert-Kreis*, ed. Wilhelm Baum. Wilhelm Baum (Viena: Turia þ Kant, 1995), 34.

[51] Erhard, «Ungedruckte Briefe des Philosophen und Arztes Joh. Benjamin Erhard», *Deutsche revue über das gesamte nationale Leben der Gegenwart*: Jahrg. 7: Bd.4 (1882:Okt.-Dez.), 220.

en su correspondencia como en los archivos del interrogatorio policial.[52] Esto no quiere decir que Hölderlin estuviera implicado en absoluto en la conspiración jacobina de Viena, desde luego que no lo estuvo (aunque el papel de Hölderlin en una conspiración jacobina posterior, posiblemente revolucionaria, con su amigo Isaak von Sinclair sigue envuelto en el misterio[53]). Sin embargo, la novela *Hiperión* de Hölderlin presenta una sociedad radical secreta llamada «la Liga de Némesis» [*der Bund der Nemesis*] que se dedica a la «actividad revolucionaria conspirativa» y que tiene una serie de sorprendentes semejanzas con la conspiración de Riedel.[54] El espacio de que dispongo no permite aquí una explicación más completa de los vínculos entre los círculos de Hölderlin y los jacobinos vieneses, por no hablar de la especulación sobre lo que se ha perdido, destruido, suprimido, enmascarado y ocultado debido a la vigilancia policial y la represión; pero además de completar la imagen del *Comunismo de los espíritus* de Hölderlin, el estudio de los jacobinos vieneses, sus redes y sus reverberaciones es valioso en sí mismo, ya que constituyen una matriz olvidada de la filosofía y la política revolucionaria de la época, un episodio olvidado del radicalismo y uno de los capítulos proscritos de la historia.

---

[52] Körner, *Jakobiner*, 168

[53] El radicalismo jacobino secreto de Hölderlin fue defendido de forma más famosa –y controvertida– por Pierre Bertaux, quien por su parte rechaza la autenticidad del *Comunismo de los espíritus* incluso cuando sugiere que Hölderlin estuvo influido por la «forma de comunismo agrario y abolición de la propiedad privada» de Babeuf, *Bertaux, Hölderlin und die Französische Revolution* [vid. *Hölderlin y la RF* en la bibliografía] (Frankfurt: Suhrkamp, 1970), 109.

[54] Anthony Curtis Adler, *Politics and Truth in Hölderlin: «Hyperion» and the Choreographic Project of Modernity* (Rochester: Camden House, 2021), 149n. Adler ofrece una útil visión general de las posibles interpretaciones de la Liga de Némesis, incluidas las perspectivas que vinculan a la Liga con las Órdenes Iluminati, a las que pertenecían varios conocidos de Hölderlin y a las que también estaba vinculado Hebenstreit, en el centro de los jacobinos vieneses.

Quizá Hölderlin nunca fue a reunirse con Erhard en Núremberg en el verano de 1794, como era su intención, donde probablemente habría oído hablar de Riedel y sus ideas radicales. Incluso si las conexiones entre los jacobinos de Viena y las figuras idealistas alemanas relevantes –Erhard, Herbert, Schiller, Niethammer, Jens Baggesen, Reinhold, Novalis, Fichte, etc.– nunca llegaron directamente a Hölderlin ni transfirieron esta palabra talismán, «comunismo», estos vínculos son sólo una parte de la imagen más amplia presentada aquí, y la autoría de Hölderlin del *Comunismo de los espíritus* no se basa en ellos. Como mínimo, el caso del uso de Riedel invalida a priori cualquier afirmación de que sería imposible que Hölderlin, o cualquiera, utilizara la palabra «comunismo» en alemán a principios de la década de 1790. La palabra circulaba de hecho, aunque espectralmente; más aún, circulaba en un grupo de intelectuales de habla alemana que unían la política jacobina radical y la filosofía poskantiana –precisamente la doble orientación de Hölderlin en aquel momento, y la de sus íntimos. Así pues, si la palabra circuló más allá del círculo inmediato de conspiradores de Viena, habría llegado a oídos de alguien como Hölderlin, tal vez como una consigna o un código secreto al que su círculo era aficionado (como *Hen Kai Pan* [Uno y Todo] o *Reich Gottes* [Reino de Dios]).

Además, más allá de cualquier cuestión de transmisión, el uso de los jacobinos de Viena funciona como una especie de caso de prueba para acuñar el término. Si «comunismo» se acuñó en un hervidero de política, poesía y filosofía revolucionarias, ¿por qué no en otro? De hecho, creo que es incluso más probable que la palabra fuera acuñada más o menos al mismo tiempo por el círculo de Riedel y por Hölderlin de forma independiente, en lugar de ser transmitida. De ser así, podríamos pensar que *comunismo* se acuñó simultáneamente, de forma análoga a otras ideas similares de la historia mundial, como el cálculo y la selección natural.[55] La palabra en sí es bastante intuitiva: no es extraño que alguien tan creativo lingüísticamente como Hölderlin fuera capaz de tomar una raíz francesa/latina tan típica (incluso común) como «*commun-*» y añadir el sufijo alemán «*-ismus*», también muy familiar, para acuñar un nuevo término. «*Communismus*» bien pudo ser un intento de traducir el griego *koinonía* [κοινωνία] o «comunidad» –frecuentemente utilizado en el Nuevo Testamento, incluso en Hechos 2– al alemán, una forma de evitar algunas connotaciones del germánico *Gemein* [«común»] para *koiné*. De hecho, Hölderlin acuñó o incorporó otras varias palabras de lenguas antiguas de forma similar. Una vez más, el panorama general apunta abrumadoramente a Hölderlin y no a Schwab; Schwab a principios de la década de 1840 estaría demasiado lejos de la década de 1790 para tener alguna conexión o conocimiento de los jacobinos de Viena, pero también demasiado cerca de la (re)introducción de la palabra «*Kommunismus*» en la década de 1840 como para estar muy familiarizado con ella.

También es cierto que las formas latinas y francesas de la palabra «*communist(a)(e)*» (significativamente, siempre sin «*-ismo*», que no se atestigua en ningún idioma antes de 1794) circulaban por algunos textos dispersos entre los siglos XVI y XVIII.[56] Si bien casi todos estos usos tempranos, raros y no sistemáticos de «comunista» designan a un participante en diversas formas de vida comunitaria premoderna (en particular, los anabaptistas fueron llamados «*communistae*» en algunos textos latinos), es el uso francés de Victor D'Hupay en 1785 el que comienza a moverse hacia la modernidad; en particular, el uso de D'Hupay se

[55] La palabra «*communisme*» (en lugar de «*communiste*») aparecería documentada por primera vez en francés en 1797, por Rétif de la Bretonne. No aparece en inglés hasta 1840. Véase Grandjonc, *Communisme*, 364 ss; 492 ss.

[56] Grandjonc proporciona un registro de tales usos. Grandjonc ignora al *Comunismo de los espíritus* excepto en una nota a pie de página para descartar su autenticidad, al tiempo que hace varias afirmaciones fácticas atrozmente incorrectas sobre el texto (por ejemplo, que está escrito del puño y letra de Hegel), *Communisme*, 71-72n.

produce en un texto que imagina «una comunidad de vida que precisamente se supone que reemplazará a la de los monjes» y habitará los monasterios vacíos.[57] Esto es notablemente similar a la conversación en el *Comunismo de los espíritus* sobre la disminución de las formas de comunidad representadas por la iglesia medieval y los monjes, y la búsqueda de algo que la sustituya en «la noche del presente». De este modo, aunque todavía no esté conectado con el materialismo dialéctico o el movimiento obrero, el *Comunismo de los espíritus* es tanto el primer uso textual [en general] como el primer uso textual *moderno* de la palabra «comunismo» (diferenciándolo de apariciones anteriores de «comunista») precisamente porque es un texto sobre la modernidad («*Neue Zeit*»)[58], sobre la imposibilidad de volver a cualquier autorización trascendente previa de la vida en común, que está «perdido para siempre». En lugar de ver a D'Hupay o Rétif de la Bretonne como fuentes directas (poco probables) para Hölderlin, es más útil tomar su uso, como el de Riedel, como una especie de caso de grupo de control para los tipos de discursos de la época que incubarían esta palabra e idea. Si «comunista» funcionaba como una oscura palabra agrícola y eclesiástica premoderna antes de este período, entonces es difícil imaginar una obra temáticamente más apropiada que el *Comunismo de los espíritus* para traer la palabra a la modernidad (y acuñar «*Communismus*»): un texto explícitamente sobre el cambio histórico del período medieval a la modernidad, que menciona a los apóstoles, las órdenes monásticas y la posibilidad de comunidad, todo ello debatido ante una iglesia medieval en el crepúsculo.

---

[57] Jean-Luc Nancy, «Communism, the Word», in *The Idea of Communism*, ed. Costas Douzinas y Slavoj Zizek (London: Verso, 2010), 145.

[58] «Neue Zeit» es el tercer epígrafe de la segunda parte, la [*Disposición para...*], del *Comunismo de los espíritus*. Significativamente, es precisamente a finales del siglo XVIII cuando esta expresión «*neue Zeit*» (que más tarde se convirtió en *Neuzeit*) dejó de ser un marcador temporal neutro y empezó a expresar «una trascendencia cualitativa del pasado», Peter Osborne, *The Politics of Time: Modernity and Avant-Garde* (Londres: Verso, 1995), 11.

IV. Conclusión: El espíritu del comunismo y su destino

Es apropiado que el *Comunismo de los espíritus* tenga lugar en el crepúsculo, el tiempo liminal donde el día y la noche se funden en la indistinción, «cuando el ojo del cielo es arrancado de la Naturaleza, y la vastedad de la tierra yace ahí, como un enigma a cuya solución le falta la palabra [*das Wort der Lösung*]», dice Eugen. El comunismo nombra el enigma de la tierra. Literalmente aquí, es una palabra [*Wort*] lo que le falta a la retorcida y acribillada tierra: una palabra para heredar la noche, para ser dada y compartida. Es Hölderlin quien en otro lugar habla de «reconciliando el día con la noche» [«*er söhne den Tag mit der Nacht aus*», en *Pan y vino*]. El comunismo insiste entre y ante la división del día y la noche, entre la poesía y la filosofía, entre la vida y la política, entre las épocas, un «criminal ante la Historia», fuera de la Historia y de su(s) fin(es), un fugitivo de su juicio.

Exactamente un año después de la muerte de Hölderlin, el joven Marx escribió: «El comunismo [...] es la solución del enigma de la historia [*das aufgelöste Rötsel der Geschichte*] y lo sabe».[59] Este enigmático texto *Communismus der Geister* permanece en la penumbra, pero ahora puede ser enigmático de forma más abierta y colectiva. Las pruebas textuales, contextuales, temáticas y de otro tipo reunidas apuntan a Hölderlin como el autor abrumadoramente probable, algo que la historia erudita y editorial de la obra ha descartado, obscurecido y descuidado, manteniendo el texto en y como un margen fantasmal. Que tanto Beißner como Sattler hayan podido proponer a Schwab como autor con tanta confianza es desconcertante, y ha impedido esencialmente que esta importante obra se leyera durante medio siglo, no solo en detrimento de la erudición sobre Hölderlin y el Romanticismo/Idealismo, sino también impidiendo un ajuste de

---

[59] Marx, *Early Writings*, trad. Rodney Livingstone and Gregor Benton (Londres: Penguin, 1974), 348 [*OME*, v. 5, p. 378].

cuentas con la historia de una de las palabras más importantes del alemán moderno, y de la propia modernidad, una palabra que no ha dejado de habitar entre nosotros: comunismo.

Aunque entre finales de 1790 y 1796 es una fecha plausible, entre mediados y finales de 1794 me parece la fecha de composición más probable dada la coincidencia con los angustiosos acontecimientos de la Revolución Francesa, la intensa composición temprana de *Hiperión* (que comparte tantas preocupaciones con el *Comunismo de los espíritus*) y otros textos filosóficos, su separación de Hegel (y el plan de escribir un texto basado en su amistad filosófica), su profundización en el estudio de Kant y el encuentro con Erhard, entre otros factores. La carga de la prueba debería residir en la autoría de Schwab y no en la de Hölderlin, dada la ubicación del manuscrito entre los papeles de Schwab para su edición de Hölderlin, donde se encuentra junto a otras obras tempranas de Hölderlin. Aun suponiendo por un momento la autoría de Schwab, ¿por qué emplearía la novedosa palabra «comunismo» en relación con una «imitación» de Hölderlin que él consideraba lo bastante cercana al espíritu de Hölderlin como para agruparla con otros materiales definitivamente auténticos de Hölderlin de la década de 1790? ¿Qué corrientes de la vida, la obra o el espíritu de Hölderlin habrían obligado a Schwab a relacionarlo con la palabra «comunismo»?

Ir aunque sea un poco más allá de la lectura más conservadora de las pruebas nos lleva a la conclusión de que Hölderlin es el autor y, por tanto, el primero, o uno de los primeros, en utilizar científicamente la palabra «comunismo» en un texto en cualquier idioma. Hölderlin acuñó «comunismo». Pero algunos aspectos de este enigma de origen (im)puro todavía tienden a profundizarse cuando se abordan más de cerca. Pues a pesar de la obscuridad del *Comunismo de los espíritus*, e incluso dejándolo completamente de lado, los numerosos vínculos entre Hölderlin y el comunismo son significativos, por no decir asombrosos. Esto es especialmente cierto en lo que respecta a la recepción de

Hölderlin hasta el presente, pero incluso el período de su propia vida deja interrogantes que quizá nunca se resuelvan, huellas que tan poco pueden asimilarse como descartarse, indicios que nos llevan más allá de la década de 1790 a la existencia póstuma del poeta, a sus décadas de semivida en el *Hölderlinturm*.

Por ejemplo: los relatos convencionales casi siempre rastrean los orígenes de los movimientos socialistas y comunistas modernos del siglo XIX y posteriores a la llamada Conspiración de los Iguales en la Francia revolucionaria de mediados de la década de 1790. Su líder, Babeuf –conocido como el primer comunista moderno– fue ejecutado en 1797, pero su camarada Philippe Buonarroti fue deportado y vivió hasta 1837. Buonarroti escribió un influyente relato sobre la Conspiración de los Iguales en 1828, y se convirtió en un héroe para el naciente movimiento socialista y comunista, siendo mentor de figuras como Blanqui y ayudando indirectamente a transmitir la palabra «comunismo» a través de sus círculos también a la lengua inglesa. Es decir, la figura más influyente en la promoción del comunismo en las primeras décadas del siglo XIX –la persona que más hizo por mantener vivo el espíritu del comunismo revolucionario de 1790– fue Buonarroti. Se da la circunstancia de que Hölderlin, en sus últimas décadas de locura en la torre, se negaba a responder al nombre de «Hölderlin», un nombre del que afirmaba no saber nada, y al que reaccionaba de forma testifical cuando se le llamaba (por ejemplo, «*ich habe nie Hölderlin geheißen*» [«nunca me he llamado Hölderlin]) (StA 7.3:294). En su lugar, prefería ser conocido como «El Bibliotecario» [*Herr Bibliothekar*], o por uno de los varios seudónimos que empleaba para firmar sus poemas y otros documentos. El más utilizado, Scardanelli, es ahora famoso, pero menos conocido es el otro seudónimo de Hölderlin: Buonarroti.[60]

---

60 Tanto el StA (7.3:305) como Bertaux creen que este nombre se refiere al comunista revolucionario Buonarroti. En la obra de teatro *Hölderlin* (1971), de Peter Weiss, el nombre de Buonarroti aparece varias veces, incluso en una conversación ficticia entre el joven Marx y el anciano Hölderlin.

«*Was bleibet aber, stiften die Dichter*», escribe célebremente Hölderlin en *Andenken*: «Mas lo que permanece lo fundan los poetas». ¿Qué queda del espíritu del comunismo y de su destino, el comunismo de los espíritus? La fundación poética del «comunismo» atestigua un espíritu igualmente poético que persigue y elude todo «comunismo» realmente existente, pasado y futuro, y que destierra cualquier fundacionalismo o aspiración positivista a la ciencia objetiva: «Comunismo: lo que excluye (y se excluye de) cualquier comunidad ya constituida».[61] Es como si muchos hölderlinianos comunistas e izquierdistas, incluidos poetas, artistas y pensadores –generalmente bastante poco ortodoxos o excéntricos– de algún modo ya lo supieran; aunque desconozcan el *Comunismo de los espíritus*, sienten una extraña atracción gravitatoria hacia Hölderlin. Con la posible excepción de W. Blake, Hölderlin es el artista del período romántico –tiempo de los primeros inicios del comunismo moderno– que más inspira a los intelectuales y artistas comunistas heterodoxos de los siglos XX y XXI. Esta afinidad electiva revela lo que cabría llamar una corroboración espiritual de la autoría de Hölderlin del *Comunismo de los espíritus* y la acuñación de «comunismo», no admisible como prueba filológica, pero ciertamente no ignorable, que persiste como el tipo de prueba espectral que evade una rúbrica clara.

La inmensa mayoría de estos hölderlinianos comunistas desconocen, por supuesto, la existencia del *Comunismo de los espíritus* y, sin embargo, la presencia de Hölderlin entre ellos pone de manifiesto una inoportuna connivencia. En el siglo XX, podría decirse que esta conexión comienza con la antología del comunista y anarquista Ludwig Rubiner de 1919 *Die Gemeinschaft: Dokumente der Geistigen Weltwende*, una recopilación de fragmentos para celebrar el «giro espiritual del mundo» que Rubiner estaba seguro de que llegaría con la revolución comunista. La primera selección de esta antología de escritores, pensadores y activistas no es

[61] Blanchot, *Political Writings*, 93.

otra que Hölderlin. La segunda selección es W. Weitling, el hombre al que Engels llamó «el fundador del comunismo alemán».[62] Al situar a Hölderlin antes que al supuesto fundador del comunismo, Rubiner intuye la fundación poética, la relación anoriginaria entre Hölderlin y el comunismo que el *Comunismo de los espíritus* confirma. El particular atractivo de Hölderlin para el pensamiento y la expresión de extrema izquierda y comunista no ha pasado desapercibido[63], sin embargo, apenas se ha cartografiado hasta qué punto «los auspicios de Hölderlin» fomentan un «comunismo de pensamiento», en palabras de un notable pensador comunista francés a otro.[64] La lista de relaciones de extrema izquierda y comunistas con Hölderlin incluiría nombres como Sean Bonney, Jean-Luc Godard, René Depestre, Jean-Luc Nancy, Peter Weiss, Maurice Blanchot y Dionys Mascolo, hasta otros como Walter Benjamin, Denise Riley, Georg Lukács, Bifo Berardi y Fred Moten, por nombrar solo algunos. Hay una fuerza que atrae a estas figuras hacia Hölderlin, que hace que los cineastas de vanguardia Straub-Huillet tengan en cuenta una y otra vez lo que ellos llaman «el sueño (comunista) de Hölderlin», incluso en la reciente película *Kommunisten* (2014).[65] También hay un grupo más pequeño de pensadores de izquierdas, activistas y artistas que de alguna manera han encontrado el *Comunismo de los espíritus*: se pueden encontrar alusiones breves y furtivas a *Comunismo de los espíritus* en textos de Mario Tronti, María Gabriela Llansol, Paul Celan, Frédéric Neyrat, Roberto Esposito, el grupo ultraizquierdista francés Tiqqun, Alexandre Matheron y

---

62 Karl Marx y Friedrich Engels, *Collected Works*, vol. 3 (Nueva York: International, 1975), 402 [*OFME*, v. 2, p. 154].

63 Véase Helen Fehervary, *Hölderlin and the Left* (Heidelberg: Carl Winter, 1977) y Karl-Heinz Ott, *Hölderlins Geister* (Munich: Carl Hanser, 2019).

64 Dionys Mascolo escribiendo a Deleuze y citando la traducción de Blanchot de Hölderlin en *Two Regimes of Madness: Texts and Interviews 1975–1995*, ed. David Lapoujade (Los Ángeles: Semiotext(e), 2007), 331.

65 Danièle Huillet y Jean-Marie Straub, *Writings*, trad. Sally Shafto y Katherine Pickard (Nueva York: Sequence, 2016), 196.

Philippe Lacoue-Labarthe, por no hablar de mi co-traductor del *Comunismo de los espíritus*, el poeta David Brazil. El texto, a pesar de su exilio, ha seguido exudando un encanto enigmático.

Es hora, pues, de que el *Comunismo de los espíritus* salga a la luz. Al reevaluar el manuscrito, el contenido, los contextos y sus fuentes probables (incluyendo la adición de nuevas fuentes y pruebas como Joachim, *Siegwart*, conexiones sueltas con los jacobinos de Viena, etc.), he tratado de reunir la fundamentación más completa hasta ahora para la autoría de Hölderlin del *Comunismo de los espíritus*, además de introducir el texto y sus problemas a la academia anglófona. La acumulación de pruebas en todos los ámbitos relevantes apunta a Hölderlin, no a su laborioso pero anodino editor Schwab. Las pruebas circunstanciales también indican la implicación de Hegel, el interlocutor frente la capilla de Wurmlingen, sea como inspiración o de algún modo más directo. Aunque el *Comunismo de los espíritus* es singular por su generación del término «comunismo», también debe considerarse en el contexto más amplio de los escritores y pensadores de la época romántica que reimaginaban la posibilidad de la comunidad en el umbral de la modernidad, cuando todo lo sólido se estaba desvaneciendo. El *Comunismo de los espíritus* es tan elegíaco como esperanzador, como lo es Pentecostés. El acontecimiento ya ha sucedido, o nunca sucedió: el dios se ha marchado, la revolución ha naufragado y no cabe esperar nada inevitable. Lo que queda es espíritu, palabras formadas en lenguas de fuego, vida para ser vivida en común: comunismo de los espíritus.[66]

[2022]

---

66 Muchas personas han colaborado en diversos aspectos de este proyecto según se desarrollaba desde 2015. Me gustaría agradecer a I. Beilin, M. Bengert, T. Blaser, D. Brazil, K. Chepurin, A. Key, A. Leeds, E. Vogman y a los revisores anónimos de la *Germanic Review*. También a las maravillosas personas del Hölderlin-Archiv y la Württembergische Landesbibliothek, especialmente al Dr. J. Ennen, la Dra. K. Losert, A. Ruß y U. Seegräber por su ayuda con los manuscritos.

POSFACIO

Lo que el tiempo escogió como presa
florecerá de nuevo mañana;
de la destrucción nacerá la primavera,
de las olas surgió Urania;
cuando las estrellas descoloridas inclinan la cabeza,
resplandece Hiperión en su heroica carrera.
¡Pudríos, esclavos! Se alzan sonrientes
días libres sobre vuestras tumbas.

F. Hölderlin, *Himno a la libertad*

Estudio extraductorio:

Mohamed B. Djibril

Hölderlin y el comunismo

Hay una evidente *sobreproducción* de estudios sobre Hölderlin. Se ha escrutado su vida, su poesía, su novela, su tragedia, su filosofía, su correspondencia, su perfil político, su perfil psicológico... ¿Por qué añadir un estudio más a la interminable lista?

Falta, hasta donde llega nuestro finito conocimiento, una importante cosa; algo que esta primera edición íntegra en castellano del *Comunismo de los espíritus* nos ofrece la ocasión de acometer: un análisis sistemático que, sin violentar la letra ni el espíritu del gran poeta alemán, explore los «significativos», «asombrosos» y «numerosos vínculos entre Hölderlin y el comunismo».[1] Y ello, así lo pretendemos, desde las posiciones teóricas y prácticas del comunismo revolucionario contemporáneo.

---

[1] *Supra*, p. 169.

Nos proponemos, valga decir, «leer *limpiamente*» a Hölderlin; esto es, desprejuiciadamente, sin necesidad de caer en ninguno de los costados de esa «doble manipulación, a derecha e izquierda»[2] que otros han denunciado, pero sin renunciar tampoco a interpretar su obra desde las premisas que fundamentan nuestra cosmovisión. El que esté libre de ideología que tire la primera piedra. Nosotros tomamos la palabra a Hölderlin: «la filosofía da las ideas y la experiencia provee los datos»[3]; lo que, traducido al lenguaje antipositivista contemporáneo, podemos formular como que la propia concepción del mundo está en la base de cualquier análisis de la realidad.

Hölderlin, por lo demás, ha sido tratado groseramente por la sociedad burguesa, a cuya superación aspiraba explícitamente el poeta. Ignorado primero, inentendido después, finalmente tergiversado y manoseado hasta la náusea –siendo el ejemplo nacionalsocialista sólo el más oscuramente grotesco–, el hondo sentido de su vocación poética ha permanecido siempre parcialmente oculto, ignoto. A pesar de la fama universal de que hoy en día goza su obra; a pesar incluso de que ya se reconoce la profundidad política de su escritura, creemos que no se han sacado todas las consecuencias oportunas.

Desea Hölderlin no seguir siendo juzgado erróneamente
no seguir abrasándose en el fuego del sacrificio.[4]

Nuestro intento, entonces, consistirá en *exprimir* desde dentro –inmanentemente– la obra de Friedrich Hölderlin. Queremos descubrir, en sus propias palabras y concepciones históricamente determinadas, qué quiso decirnos acerca de ese milenario anhelo humano que recibió, es posible que de su misma pluma, el inmortal nombre de *Comunismo*.

[2] Ambas citas en *Pan y Vino*, pp. 12 y 11.
[3] *Escritos de juventud* (Hegel), p. 219.
[4] *Weiss*, p. 231.

I. EL ESPÍRITU DEL COMUNISMO

0. De espectros, fantasmas y espíritus

No hay fantasma que recorra el mundo
–y mucho menos Europa–
no hay fantasma al que llamemos camarada
susurrando a los campesinos,
colándose en las fábricas,
ni grandes familias soñando con hogueras
atrancando puertas y ventanas.[5]

Ein Gespenst geht um in Europa – das Gespenst des Kommunismus. Las diez primeras palabras del *Manifiesto del Partido Comunista* se han convertido en un inmortal apotegma. Pero, como todo afortunado adagio, su feliz formulación, una vez descorrida la dinámica cinta del tiempo, deviene cliché, frase hecha, lugar común. Y sobre los lugares comunes rara vez se reflexiona.

Un espectro recorre Europa – el espectro del comunismo. ¿O se trata de un fantasma? Esta duda en la tradición traductora castellana del enunciado inaugural del *Manifiesto* nos pone sobre la pista de su densidad conceptual. Veamos. El primer significado –y único que viene al caso– de «espectro» en el diccionario de la Real Academia Española (RAE) reza: «fantasma (imagen de una persona muerta)»; pero esta imagen, «que, según algunos, se aparece a los vivos», es sólo la tercera acepción de «fantasma» según la RAE. La primera determina este sustantivo como «imagen de un objeto que queda impresa en la fantasía»; la segunda en cuanto «visión quimérica como la que se da en los sueños o en las figuraciones de la imaginación»; y la tercera, ya citada, remite tanto a «espectro» como a «espíritu». Espectro, fantasma y espíritu.

5 Fragmento de un poema inédito de C. B., en el que la autora versiona, actualizándolo, *Un fantasma recorre Europa*, de Rafael Alberti.

El sentido de la introducción del *Manifiesto* es claro: Marx y Engels no se están refiriendo aquí al comunismo como la *imagen de algo muerto*; dan simple cuenta de una realidad factual: que, a la sazón (1848), la burguesía reconoce en el comunismo una atemorizante imagen difusa, inmaterial, impresa en su fantasía y figura de su imaginación. La inmadurez del comunismo, que por entonces constituía una amorfa constelación de sectas, ligas y asociaciones doctrinalmente heterogéneas (habitualmente secretas o clandestinas y, por tanto, tan copartícipes del reino de la penumbra como los fantasmas) lo convertía en el intimidante anuncio de un próximo advenimiento, de una catástrofe por venir, exactamente en el sentido de la sexta acepción de «fantasma» según la RAE: «amenaza de un riesgo inminente».[6] En 1848, el comunismo era la sombría imagen de una inminente amenaza.

El poeta Heinrich Heine captó con verdadera penetración (quizá sólo igualada, entonces, por la frialdad sociológica y menos literaria del hegeliano de derecha Lorenz von Stein) el estado mental de la burguesía más sensible a la emergencia del comunismo –*adversario* al que el poeta relaciona, según verá el lector inmediatamente, con lo *oculto, emboscado, sombrío, aterrador, temible, anónimo, asotanado, catacúmbico, secreto, oscuro* y, sobre todo, *futurible*– y lo expresó con elocuencia en fecha tan temprana como 1842:

> Pero los enredos, las dificultades y las perplejidades momentáneas en las que el gobierno puede caer a causa de estas maquinaciones pueden dar a las potencias ocultas, emboscadas en las sombras, la señal de la explosión, y como siempre, la revolución espera una iniciativa parlamentaria. Entonces, la rueda aterradora se pondría de nuevo en movimiento, y esta vez veríamos avanzar a un antagonista que bien podría mostrarse como el más temible de todos los que hasta ahora han entrado en combate con el orden existente. Este antagonista aún guarda su terrible

[6] Acepción que, como «peligro inminente», también recogen los diccionarios alemanes para *Gespenst*.

anonimato y reside como un pretendiente necesitado en esos sótanos de la sociedad oficial, en esas catacumbas donde, en medio de la muerte y la descomposición, germina y brota una nueva vida. Comunismo es el nombre secreto de este formidable adversario que opone el reino de los proletarios en todas sus consecuencias al régimen actual de la burguesía. Será un duelo espantoso. ¿Cómo terminará? Eso lo saben los dioses y las diosas cuya mano moldea el futuro. Por nuestra parte, sólo sabemos que el comunismo, aunque sea poco discutido en este momento y arrastre su existencia enfermiza en buhardillas ocultas sobre su miserable lecho de paja, es, no obstante, el oscuro héroe al que está reservado un papel enorme, aunque pasajero, en la tragedia moderna, y que sólo espera la réplica para entrar en escena.[7]

Por eso el *Manifiesto* es la *entrada en escena* del comunismo. Su objetivo declarado es «que los comunistas expresen a la luz del día y ante el mundo entero sus ideas, sus tendencias, sus aspiraciones, saliendo así al paso de esa leyenda del fantasma comunista con un manifiesto de su partido»[8]: se trataba de sacar de la oscuridad los objetivos comunistas y dar a la luz del día su cuerpo vivo: convertir al fantasma rojo en doctrina definida (*Manifiesto…*) y magnitud política (*…del Partido Comunista*).

---

7 *Lutèce*, p. 258 (la traducción es nuestra). Marx trabó amistad con el poeta apenas uno o dos años después. Aunque editadas como libro sólo al llegar el año 1855, estas cartas eran artículos publicados en la *Allgemeine Zeitung* (coloquialmente conocida como *Gazette d'Augsbourg*, por su lugar de publicación), periódico que Marx conocía perfectamente y con el que llegó a polemizar –precisamente acerca del comunismo– desde la *Gaceta Renana*. No es descartable que el fragmento de Heine, junto a otros del mismo tenor, resonara en su cabeza al escribir el primer pasaje del *Manifiesto*.

8 Utilizamos, por conveniencia de la traducción (levemente modificada), la versión de los años 30 de W. Roces. Esta misma edición traduce el inicio, algo libremente, como sigue: «Un espectro se cierne sobre Europa: el espectro del comunismo». Aunque quizá poco literal respecto al alemán «geht», creemos que la variante pronominal del verbo «cernir» retiene inmejorablemente el sentido global de todo el fragmento.

¿Y hoy? ¿Se sigue pudiendo uno referir al comunismo como un fantasma o un espectro? Si lo primero, resulta evidente que definirlo en el presente tal que «amenaza de un riesgo inminente» es sólo posible como delirio psicopatológico, provenga el ridículo dislate de los amigos de la comunidad de bienes o de los enemigos de *los enemigos del comercio*; si lo segundo –a saber: el comunismo como *imagen de algo muerto*, o el decretar *la muerte del comunismo*–, consideramos que aquí nos adentramos en el terreno de la ideología: la filología ha devenido lucha de clases teórica.

Así las cosas, en lo sucesivo –y al calor del hölderliniano objeto que nos ocupa–, trataremos de defender un punto de vista alternativo, el que emerge del tercero excluido en la antedicha tripleta: *el comunismo como espíritu*.[9]

1. Hölderlin y el espíritu del comunismo

1.1. Hölderlin y la comunidad de bienes

Si el comunismo en cuanto anhelo genérico y abstracto tiene un *espíritu*, un contenido esencial, éste es sin duda la abolición de la propiedad privada y el establecimiento de la comunidad de bienes. Estas ideas no sólo habían sido formuladas decenas de veces antes del tiempo de Hölderlin: él mismo estaba familiarizado con ellas por sus estudios teológicos, filosóficos y literarios.

Hölderlin estudió teología en el *Stift* de Tubinga. Se preparaba para pastor de almas cristianas, aunque la religión institucionalizada pronto le pareció, como a sus amigos, una aberración extemporánea. Lo señalamos sólo porque Hölderlin conocía bien la Biblia. Y, sobre todo en el Nuevo Testamento, la comunidad de bienes está presente con todas sus implicaciones:

---

[9] *Un espíritu se cierne sobre Europa: el espíritu del comunismo* habría sido una posible traducción castellana, tan admisible como osada, de las primeras diez palabras del *Manifiesto*. No nos consta que hasta ahora haya sido propuesta.

Todos los creyentes vivían unidos y tenían todo en común; vendían sus posesiones y sus bienes y repartían el precio entre todos, según la necesidad de cada uno.[10]

La multitud de los creyentes no tenía sino un solo corazón y una sola alma. Nadie llamaba suyos a sus bienes, sino que todo era común entre ellos. [...] No había entre ellos ningún necesitado, porque todos los que poseían campos o casas los vendían, traían el importe de la venta, y lo ponían a los pies de los apóstoles, y se repartía a cada uno según su necesidad.[11]

No son éstos pasajes incidentales: es la descripción del régimen de vida de la primera comunidad cristiana. Estos versículos habían sin duda llamado la atención también del joven Hegel, quien «no es por cierto admiración lo que [...] experimenta hacia los que destruyen la igualdad y el comunismo de las primeras sectas cristianas».[12]

Pongamos otro ejemplo, ahora en el terreno literario: el de Wilhelm Heinse y su *Ardinghello* (1787). Heinse fue un curioso personaje de la generación anterior a la de Hölderlin. En su *Ardinghello* se ha visto, con frecuencia y no sin razón, un antecedente inmediato del *Hiperión* de Hölderlin. Hölderlin no sólo conocía bien la obra de Heinse, sino que ambos fueron amigos y llegaron a convivir durante algunas semanas; a la postre, Hölderlin le dedicaría a su amigo su magnífica elegía *Pan y Vino*. Lo interesante de esta relación es que, prácticamente al final de su obra, Heinse

[10] Hechos 2, 44-45.

[11] Hechos 4, 32, 34 y 35.

[12] *Hegel secreto*, p. 55. Sigue D'Hondt, diciendo: «Antes de resignarse a este destino moderno –la propiedad–, Hegel había examinado largamente todas las posibilidades de escapar a ella y sopesado las probabilidades de las diversas tentativas efectuadas en tal sentido» (*Ibid.*). Hegel también se detiene en el problema de la «propiedad», la «comunidad de bienes» y el reparto «a cada uno según sus necesidades» en su *Fenomenología*, pp. 511 y ss.

concluye con el relato de cómo el protagonista, Ardinghello, se involucra en la fundación de una suerte de Estado ideal, que describe de esta forma:

> Luego organizamos nuestra constitución, siguiendo a Roma y Grecia, y para ello estudiamos con aplicación la *República* de Licurgo, [la] de Platón, y *El príncipe* de Maquiavelo, para defendernos de él. Tuvimos el acierto de evitar las dos clases de ciudadanos de Platón, en las que unos ocupaban los puestos de honor y los otros practicaban la agricultura, [y] en contra de la opinión de Aristóteles, conservamos la idea de la comunidad de bienes. El gran número de males que con ello desterramos fue demasiado grande y en esto nos pareció que el agudo juez de todas las repúblicas conocidas en su tiempo no se había librado suficientemente de los prejuicios de la educación.[13]

Heinse se basa fundamentalmente en los griegos para delinear los contornos de su utópico Estado comunista, fundamentalmente en Platón.[14] De hecho, el título completo de su obra es *Ardinghello y las Islas Afortunadas* (y sobre el lugar de estas islas en el imaginario mitológico greco-latino volveremos más abajo). Heinse se basa en Platón, seguramente primer *comunista* del que tenemos registro documental. ¿Y qué relación tenía Hölderlin con ese griego de ancha espalda?

> Yo creo que al final exclamaremos todos: «¡Santo Platón, perdona!, se ha pecado gravemente contra ti».[15]

---

[13] *Ardinghello*, p. 427.

[14] Heinse también menciona a Aristófanes cuando, en el Estado comunista de su novela, se abole la familia (*Ibid.*, p. 429). Se refiere a la genial comedia *La asamblea de las mujeres*, en la que las féminas de la polis, además de abolir la familia privada, instauran una ginecocracia comunista. Dice su lideresa, Praxágora: «Todos deben tener todo en común [...]: establezco una vida común para todos, una vida igual» (*La asamblea*, pp. 241-242).

[15] *Versiones previas*, p. 149.

Esta sentencia es el epítome de la actitud del suabo hacia el discípulo de Sócrates. La influencia de Platón sobre Hölderlin permite suponer que estaría sobradamente familiarizado con los pasajes «comunistas» de la *República*.

> En primer lugar, nadie poseerá bienes en privado, salvo los de primera necesidad. En segundo lugar, nadie tendrá una morada ni un depósito al que no pueda acceder todo el que quiera. [...] Se sentarán juntos a la mesa, como soldados en campaña que viven en común.[16]

Y, en el *Político*, encontramos este interesante pasaje:

> SÓCRATES EL JOVEN. – Pero el género de vida que impuso, según tú dices, el reino de Cronos, ¿se sitúa en el período antiguo de revolución o en el de la que vivimos nosotros? [...].
>
> EXTRANJERO. – [...] Bajo su gobierno [el de la divinidad], no había ninguna constitución ni existía la posesión de las mujeres y los hijos [...]. [Los hombres] tenían con toda profusión los frutos de los árboles y de una vegetación generosa, y los cosechaban sin labrar la tierra, sobre un suelo que se los ofrecía por sí mismo. [...] Ésta es, pues, Sócrates, la vida que se llevaba bajo Cronos; en cuanto a aquella que se cuenta que rigió Zeus, la de ahora, la conoces por ti mismo.[17]

En este paso se vinculan varios problemas –o, diríamos: varios aspectos del mismo problema– que obsesionarán a Hölderlin a lo largo de toda su obra: la Edad de Oro, el reinado de Cronos, la presencia de la divinidad entre los hombres, el estado de naturaleza roussoniano… Pero hagamos como el buen carnicero de Platón y separemos a la cosa misma por sus junturas naturales.

---

[16] *República*, Libro III (416d y ss.), pp. 117 y ss.

[17] *Político* (271e y ss.), pp. 1069 y ss.

1.2. Hölderlin y la Edad de Oro o el tiempo de Cronos/Saturno

¿Por qué es importante este mito para comprender a Hölderlin? Como vemos por el texto platónico, el reino de Cronos (= la Edad de Oro) se trata de una era de abundancia y felicidad, caracterizada por la ausencia de familia, trabajo y Estado. Es la versión mítica de un recuerdo universal de la humanidad, a saber: su existencia antes de la aparición del hogar privado, la explotación, las clases y el Derecho, lo que Marx y Engels llamarán «comunidad originaria» y la tradición posterior «comunismo primitivo».[18] La primera descripción conservada –al menos en la tradición occidental– la dará Hesíodo –autor del que, sabemos, se ocupó a fondo Hölderlin[19]–, en *Los trabajos y los días*:

> [...] los Inmortales que habitan mansiones olímpicas crearon una dorada estirpe de hombres mortales. Existieron aquellos en tiempos de Cronos, cuando reinaba en el cielo; vivían como dioses, con el corazón libre de preocupaciones, sin fatiga ni miseria [...]; poseían toda clase de alegrías, y el campo fértil producía espontáneamente abundantes y excelentes frutos.[20]

Y, algo más adelante, encontramos también la emparentada descripción de las Islas Afortunadas, que como adelantamos dan subtítulo al libro de Heinse:

> A los otros [héroes y semidioses] Zeus Crónida determinó concederles vida y residencia lejos de los hombres, hacia los

---

[18] Dice Lukács que «la Edad de Oro, el "Reino de Saturno", es en la mayoría de los mitos al mismo tiempo el mito del período anterior a la propiedad privada y al estado» (*Goethe y su época*, p. 234). El Jardín del Edén es el equivalente judeocristiano de esta tradición mitológica, compartiendo todas sus características esenciales.

[19] *Correspondencia*, p. 101.

[20] *Trabajos y días*, p. 130.

confines de la tierra. Éstos viven con un corazón exento de dolores en las Islas de los Afortunados, junto al Océano de profundas corrientes, héroes felices a los que el campo fértil les produce frutos que germinan tres veces al año, dulces como la miel, lejos de los Inmortales; entre ellos reina Cronos.[21]

La literatura especializada sobre la Edad de Oro y las Islas Afortunadas (o Islas de los Bienaventurados, los Campos Elíseos o el Jardín de las Hespérides) es numerosísima. Valga aquí resumir el tema así: en la mitología griega, la primera y feliz vida de los hombres en la Edad de Oro pertenece al remoto y perdido pasado; ese régimen dorado de existencia humana, vinculada directamente al cuidado de la divinidad (particularmente, de Cronos/Saturno), sólo permanece en unas enigmáticas Islas Afortunadas, donde van a parar los héroes y las almas justas.

Acudamos, entonces, a otra fuente griega: al poeta Píndaro, cuya obra Hölderlin no sólo conocía, sino que la estudió y la tradujo concienzudamente al alemán.[22] En su II Oda Olímpica dice:

Con el disfrute de un sol
que hace iguales las noches siempre
a días iguales, los buenos
obtienen una vida menos dolorosa
sin tener que perturbar la tierra con el vigor de su mano
ni el agua marina
durante una vana existencia, sino que, junto a los honrados [por los dioses
los que se complacían en la fidelidad a los juramentos llevan [una vida sin llanto,
mientras que los otros arrastran un sufrimiento insoportable [a la vista.

---

[21] *Ibid.*, p. 132.

[22] Vid., por ejemplo, *Píndaro desde Hölderlin.*

Y cuantos tienen el valor de permanecer tres veces
en una y otra parte y de apartar por completo de las
[iniquidades
a su alma, concluyen el camino de Zeus
que lleva a la torre de Crono; allí de los Bienaventurados
a la isla oceánicas
brisas envuelven.[23]

Reténgase esta idea: concluir el camino de Zeus, atravesarlo, lleva (hace ascender) a la bienaventurada torre de Cronos.

También Ovidio refiere el mismo mito en sus conocidísimas *Metamorfosis*, obra que cita Hölderlin en su correspondencia.[24] Transcribimos extensamente su descripción de la Edad de Oro, ya que es de las fuentes antiguas más pródigas en detalles:

Fue creada la primera edad, la de oro que, sin responsable alguno, por propia iniciativa, sin leyes, cultivaba la lealtad y la rectitud. El castigo y el miedo estaban ausentes y no entrelazaban palabras amenazadoras en bronce clavado ni la suplicante muchedumbre temía la cara de su juez, sino que estaban seguros sin garante. [...] Todavía no rodeaban las ciudades fosas en precipicio, no existía la trompeta de bronce recto, no los cuernos de bronce curvado, no los cascos, no la espada: sin hacer uso del ejército, los pueblos pasaban la vida en apacible ocio libres de preocupaciones. También la propia tierra, sin daño y sin haber sido tocada por la azada ni herida por arado alguno, ofrecía por sí misma todas las cosas y, satisfechos con los alimentos producidos sin que nadie los forzara, recolectaban frutos del madroño y fresas silvestres y [...]. La primavera era eterna [...]: fluían ya ríos de leche, ya ríos de néctar, y la rubia miel goteaba de la verde encina.

---

[23] *Píndaro*, pp. 67-68.

[24] *Correspondencia*, p. 105.

> Después de que, una vez enviado Saturno al Tártaro lleno de tinieblas, el mundo estuvo bajo el dominio de Júpiter, llegó la generación de plata, inferior al oro [...].[25]

Este mito de la Edad de Oro no era tampoco ajeno a la filosofía contemporánea de Hölderlin. Constituía, más bien, un tópico cultural universal, seguramente rejuvenecido por motivos obvios en ese tiempo inmediatamente revolucionario.[26] Kant lo comenta, críticamente, al calor de su filosofía de la historia:

> El *tercer* deseo (o más bien vano anhelo, pues uno se da cuenta de que lo deseado nunca podrá tocarnos en suerte) es el espectro de esa *edad de oro* tan ensalzada por los poetas, donde nos desharíamos de toda necesidad artificial con que nos agobia la opulencia, contentándonos con la mera necesidad natural y en la que se daría una igualdad universal, además de una paz perpetua, entre los hombres, en una palabra, el puro goce de una vida despreocupada, ociosamente onírica o puerilmente retozona: una nostalgia que hace muy seductores a los Robinsones y a los viajes hacia las islas del Sur, pero que por encima de todo pone de manifiesto el hastío experimentado por el hombre reflexivo en una vida civilizada, cuando éste intenta cifrar el valor de tal vida exclusivamente en el *placer* y toma en cuenta el contrapeso de la pereza si la razón le recuerda que ha de dar un valor a la vida por medio de *acciones*. La futilidad de este deseo de retorno a una época de sencillez e inocencia queda bien patente en la descripción que hicimos anteriormente del estado originario: el hombre no puede mantenerse en él porque no le satisface, por lo que tanto menos inclinado se hallará a volver de nuevo a ese

25 *Metamorfosis* (vv. 89 y ss.), pp. 198-199.

26 El mito de la Edad de Oro estaba vinculado, ya desde los griegos, a un recuerdo del que se echaba mano para fines más o menos subversivos: en tiempos de inconformidad con el estado de las cosas, aquella leyenda áurea servía como ideal regulativo de las cosas a transformar. Vid. *La edad de oro dionisíaca: una utopía entre la religión y la política*, p. 8 (103).

mismo estado; así que siempre ha de atribuirse a sí mismo y a su propia elección el actual estado de penalidades.[27]

Hölderlin, por supuesto, tiene en consideración esta objeción kantiana. Pero no compra sin más la idea del de Königsberg. Parece responderle en su *Hiperión*:

> Ser uno con todo lo viviente, volver, en un feliz olvido de sí mismo, al todo de la naturaleza, ésta es la cima de los pensamientos y alegrías, ésta es la sagrada cumbre de la montaña, el lugar del reposo eterno [...].
>
> ¡Ser uno con todo lo viviente! Con esta consigna, la virtud abandona su airada armadura y el espíritu del hombre su cetro, y todos los pensamientos desaparecen ante la imagen del mundo eternamente uno [...], y el férreo destino abdica de su soberanía, y la muerte desaparece de la alianza de los seres, y lo imposible de la separación y la juventud eterna dan felicidad y embellecen al mundo.
>
> A menudo alcanzo esta cumbre, Belarmino. Pero un momento de reflexión basta para despeñarme de ella.[28]

Hasta cierto punto, Kant y Hölderlin coinciden: el primero observa objetivamente, desde fuera, cómo esa «nostalgia» de la edad de oro, de «la mera necesidad natural», «pone de manifiesto el hastío experimentado por el hombre reflexivo en una vida civilizada»; el segundo expone subjetivamente, como dolor intrínsecamente sentido, cómo precisamente «un momento de reflexión basta para despeñarme» de esta cumbre, de este «ser uno con todo lo viviente [...], [el] todo de la naturaleza». Pareciera que el poeta da la razón al filósofo, admitiendo ambos que,

---

[27] *Probable inicio de la historia humana*, en *Kant III*, p. 360.

[28] *Hiperión*, pp. 25-26. Este pasaje continúa con toda una diatriba contra las escuelas, la ciencia y, en general, una lastimera reconvención de los males de la «vida civilizada», al decir de Kant.

en efecto, es un «vano anhelo» mantenerse en este estado natural: «el hombre no puede mantenerse en él porque no le satisface». Pero Hiperión sólo pasajeramente, sólo como ficción fantasiosa, quiere «volver a ese mismo estado»; no siéndole ajena la *acción*, lo que pretende es reconstituir, a través de la zeúsica «vida civilizada», como conclusión suya, un nuevo estado de unidad con el todo de la naturaleza.

Si hemos citado tan extenso párrafo de Kant es porque, de hecho, todo el dilema que atraviesa el *Comunismo de los espíritus* (en adelante *CdG*, por sus siglas en alemán) podría pensarse como una tentativa de respuesta (o de formular las preguntas adecuadas) al fragmento de Kant. ¿Dónde encontrar de nuevo una comunidad como la de la Edad de Oro después del fin del reinado de Cronos/Saturno, de la expulsión del paraíso, después, en definitiva, de la civilización moderna y la ciencia? ¿Cómo volver a reunir a la divinidad con los hombres en una existencia dorada y plena?

Esta problemática no es exclusiva del *Comunismo de los espíritus*; está presente en toda la obra del poeta suabo. Veamos, por ejemplo, este pasaje de su *Empédocles*, donde Hölderlin vincula claramente «los venturosos días de Saturno» (i. e., la Edad de Oro) a algo que debe *llegar* y *revivir*:

> Luego, cuando lleguen los venturosos días de Saturno
> nuevos y más viriles, entonces,
> pensad en el tiempo pasado, que hará revivir
> con el calor del genio, la leyenda de los padres.[29]

O en uno de sus poemas, donde esta «dulce edad de oro» debe apresurarse y sonreírle al hombre en una «nueva hora de la creación»:

[29] *Empédocles*, p. 98.

Apresúrate, nueva hora de la creación,
sonríele [al hombre], dulce edad de oro,
y que en la más bella en intacta alianza
te festeje la inmensidad.[30]

O en otro poema, éste específicamente dedicado a Saturno (Cronos) y Júpiter (Zeus):

Reinas en lo alto del día y florece
tu ley, sostienes la balanza, hijo de Saturno,
y repartes el destino, y te complaces
en la gloria de las inmortales artes soberanas.

Pero cantan los poetas que desterraste
al abismo a tu propio sagrado padre,
que gime en lo hondo
donde los indómitos están por tu justicia,

y el dios inocente de la edad de oro,
que fue hace mucho como tú, infatigable y grande,
aun cuando ya no dictaba mandamientos
y ningún mortal lo invocaba por su nombre.

Baja de ahí, o no te avergüences de ser agradecido,
y si quieres seguir, honra a tus mayores,
y alégrate por él, cuando el cantor lo nombre
antes que todos los dioses y hombres.

Pues, como de la nube tu rayo, así procede
de él cuanto tienes; mira que fue engendrado por él
lo que ordenas, y de la paz saturnina
se ha originado todo poder.

---

[30] *Poemas*, p. 39.

En mi corazón sentía y entreveía
la forma viva que creabas,
y me figuraba dormido de delicia
en su cuna al tiempo inquieto.

Entonces te conocí, hijo de Cronos, y escuché,
al maestro sabio, hijo del tiempo como nosotros,
que dicta leyes y proclama
lo que alberga el sagrado crepúsculo.[31]

Este poema nos parece clave para interpretar el conjunto de la obra hölderliniana. Su título completo es *Naturaleza y Arte, o Saturno y Júpiter*. Cualquier lector de Hölderlin tendrá una idea intuitiva del lugar central que ocupa, en toda su producción, la contradicción entre naturaleza y arte. Este segundo término está emparentado (por no decir igualado), en el pensamiento de Hölderlin, con los de espíritu, idea, hombre, etc.[32] Y ¿qué decir del primero? Por docenas, si no cientos, se cuentan las veces que Hölderlin aspira a la fusión con la naturaleza, que a su vez significa para él el reino donde una vez hombre y divinidad convivieron inmediatamente. Este poema da la clave para lo que podríamos llamar la filosofía de la historia de Hölderlin: todo se trata de volver al tiempo de Cronos, pero a través del tiempo de Zeus. Y no se trata aquí de una sucesión lineal y escatológica al modo de la concepción del tiempo de las religiones abrahámicas –sujetas a la arbitrariedad volitiva del Dios que interviene en la historia de los hombres a su antojo–, sino de un tiempo cíclico de raigambre griega pero de, por cierto, precoz constitución dialéctica y *poiética*. Es decir: el tiempo de Zeus, el de la ley, la desigualdad y la escasez civilizada, debe ser reabsorbido, reconciliado si se quiere, con el tiempo de Cronos, el de ausencia de Estado, la

[31] *Poemas*, pp. 241 y 243.

[32] «Y, así, el conflicto del arte –el pensar, el ordenar del carácter formante del hombre– y la naturaleza carente de conciencia…» (*Ensayos*, p. 117).

igualdad y abundancia naturales. La Edad de Oro debe volver en un nivel superior, habiendo atravesado «el sagrado crepúsculo» de la dolorosa pero productiva experiencia de la civilización, en una verdadera *aufhebung*.[33]

Edad de Oro y Civilización. Cronos y Zeus. Naturaleza y Arte. Hölderlin aborda detenidamente esta contraposición, en el mismo sentido que en el poema citado más arriba, en otro lugar: se trata su *Fundamento para Empédocles*, un ensayo no publicado en vida, fechado alrededor de 1799. Allí desarrolla esta problemática en términos de filosofía del arte:

> Naturaleza y arte, en la vida pura, sólo están armónicamente contrapuestos entre sí. El arte es la flor, el cumplimiento de la naturaleza, la naturaleza se hace divina sólo mediante ligazón con el arte –armónico, aunque de diversa índole–; cuando todo es por completo lo que puede ser, y un término se liga con el otro, suple la falta del otro, falta que el otro necesariamente ha de tener para ser por completo aquello que como término particular puede ser; entonces tiene lugar el cumplimiento, y lo divino está en el medio de ambos. [...]
>
> Así, Empédocles es un hijo de su cielo y de su período, de su patria, un hijo de las violentas contraposiciones de naturaleza y arte, en las cuales apareció el mundo ante sus ojos.[34]

Volveremos a este ensayo más abajo, pues nos ofrece la clave de comprensión de su tragedia *Empédocles*. Por ahora, valdrá con que retengamos que Hölderlin desarrolla esta dialéctica entre

---

[33] El propio Hölderlin confirma esta lectura nuestra en una carta a la madre, donde lo expresa como sigue: «[...] tanto en lo singular, como en el todo y en medio de las tormentas, reina infinitamente un espíritu que todo lo sostiene, un espíritu de la paz y el orden, que sólo acepta la lucha, el sufrimiento y la muerte para conducir todo en todas partes, a través de las disonancias de la vida, a la suprema armonía» (*Correspondencia*, p. 354).

[34] *Ensayos*, pp. 110 y 112.

naturaleza y arte en los términos de «la más alta hostilidad» de la que surge, aparentemente, «la más alta reconciliación»; pero este «momento unificante, como un espejismo, se disuelve». ¿Por qué? Porque «este sentimiento [de armonía] pertenece quizá a lo más alto que el hombre puede sentir», sí; pero *in media res* está «la lucha y la muerte del singular»; porque, en definitiva, esta contraposición entre naturaleza y arte «nunca puede resolverse visiblemente e individualmente». Por eso Empédocles, como Hölderlin, es una «víctima de su tiempo».[35]

Entonces podemos, y de hecho debemos, ir más allá del individuo. Quizá nos diga algo ese «tiempo inquieto» que aparece en la sexta estrofa del poema citado más arriba; quizá tengamos que adentrarnos en los secretos que «alberga el sagrado crepúsculo», el ocaso, para comprender la clave ya no individual, sino *social e histórica*, del modo en que Hölderlin se representa el problema. Acudamos al ensayo que se ha titulado *El devenir en el perecer*; si hacemos caso de Pierre Bertaux –y su interpretación es más que sugerente– «lo allí descrito es el proceso histórico de la Revolución».[36] Analicemos sólo tres fragmentos del ensayo:

> La patria en ocaso, la naturaleza y los hombres en tanto que están en una particular acción recíproca, constituyen un *particular* mundo que se ha hecho ideal, así como un enlace de las cosas, y en tal medida se disuelven para que de ellos y de la generación sobreviviente y de las sobrevivientes fuerzas de la naturaleza, que son el otro principio, el principio real, se forme un mundo nuevo, una acción recíproca nueva, pero tal como aquel ocaso procedió de un mundo puro, pero particular. [...]
>
> *Este ocaso o tránsito de la patria* (en este sentido) se siente en los miembros del mundo consistente de tal manera que en el mismo momento y grado en que lo consistente se disuelve, se siente también lo nuevo, lo joven, lo posible. [...]

---

[35] Todas las citas del párrafo están en *Ensayos*, entre las pp. 111 y 115.
[36] *Hölderlin y la RF*, pp. 131 y ss.

> La nueva vida es ahora efectivamente real; lo que debía disolverse, y se ha disuelto, es ahora posible (idealmente *antiguo*), la disolución es ahora necesaria y porta su carácter peculiar entre ser y no-ser [...], por todas partes lo posible se hace real, y lo efectivamente real se hace ideal, y esto, en la libre imitación artística, es un terrible, pero divino sueño.[37]

La interpretación de Bertaux es sencilla: la «disolución» equivale sencillamente a la «revolución», y de lo que nos habla aquí Hölderlin es de cómo lo viejo «consistente» (i. e., el Antiguo Régimen) se «disuelve» para dar paso a «lo nuevo, lo joven, lo posible». Esta lectura nos parece perfectamente justa. En otros lugares encontramos también las ideas de «disolución» o de «efervescencia» directamente vinculadas con la revolución. En una importantísima carta al ya mencionado Ebel, comentando la decepción que supuso para él la política del Directorio, Hölderlin comenta:

> Y en lo tocante a lo general, tengo un consuelo, y es que toda efervescencia y disolución tienen que conducir necesariamente o a la aniquilación o a una nueva organización.[38]

Pero creemos que en *El devenir en el perecer* hay algo más, y que coincide con el tema del *CdG*. Hölderlin no sólo está describiendo, en términos filosóficos, el proceder de la revolución de su tiempo; pareciera exponer, como si se tratase de un fractal, el ciclo general de revolución (en un sentido cosmológico, como en el fragmento del *Político* arriba citado) que va del mundo originario a la «suprema armonía» a través de la discordia jupiterina. Hölderlin dice que «aquel ocaso procedió de un mundo puro». ¡Puro! ¿Qué otro «mundo puro» puede concebir Hölderlin que no sea «aquel» en el que la divinidad custodiaba la feliz e ingenua

---

[37] *Ensayos*, pp. 101-102.
[38] *Correspondencia*, p. 318.

vida de los hombres? Dice también que «lo que debía disolverse, y se ha disuelto, es ahora posible (idealmente *antiguo*)». ¡Antiguo! ¿Qué otra antigüedad interesa a Hölderlin que no sea el recuerdo griego? Y también arguye que este intercambio de los opuestos (a saber, el trueque entre lo ideal y lo efectivamente real) es, «en la libre imitación artística, [...] un terrible, pero divino sueño». ¡Divino sueño! ¿Qué otro «divino sueño» artístico (y, por tanto, *bello*) puede representarse Hölderlin que no sea la más íntima interpenetración de naturaleza y hombre? ¿Qué otra cosa es el conjunto de su obra?

Pero tenemos una clave adicional en aquello de que «lo posible se hace real, y lo efectivamente real se hace ideal», noción a la que Hegel dará su formulación clásica en términos muy similares.[39] Vayamos, para confirmarlo, al famoso ensayo hölderliniano titulado *Juicio y ser*:

> Realidad efectiva y posibilidad se distinguen como conciencia inmediata y mediata. [...] No hay para nosotros posibilidad pensable que no haya sido realidad efectiva.[40]

Es el propio Hölderlin quien vincula explícitamente esta dialéctica entre lo efectivamente real y lo ideal a lo originario. Unamos, de nuevo, los puntos: si «no hay posibilidad pensable que no haya sido realidad efectiva», cuando en *El devenir en el perecer* dice que «se siente lo nuevo, lo joven, lo posible»; que «lo que debía disolverse, y se ha disuelto, es ahora posible»; que «por todas partes lo posible se hace real»... ¿no es evidente que eso *posible* que fue *realidad efectiva* –y por tanto *pensable*– y que se *disolvió* es la vieja comunidad humana natural, su infancia dorada bajo el cuidado de Cronos?[41]

---

[39] «Lo que es racional, eso es efectivamente real; y lo que es efectivamente real, eso es racional» (*Filosofía del Derecho*, p. 17).

[40] *Ensayos*, p. 27.

[41] P. ej.: «[...] lo que fue naturaleza, es hoy el ideal» (*Hiperión*, p. 93).

> [...] ¿Ya es tiempo? Porque siempre en primavera,
> cuando el corazón se renueva en los vivientes, y despierta
> el primer amor y el recuerdo de la edad dorada en los hombres,
> vengo a ti y te saludo en tu silencio, oh anciano.[42]

Diotima se lo tiene que explicar a Hiperión, cuyo amor individual por ella –o por sus amigos– no satisface sus los elevados ideales que le mueven y le llevan a la guerra:

> No querías a hombres, créeme; lo que querías era un mundo. ¡La pérdida de todos los siglos de oro tal como llegaron hasta ti […], el espíritu de todos los espíritus de un tiempo mejor […], todo eso te lo debía compensar un solo ser humano…! […] Porque posees todo y nada, porque el espectro de los días de oro que deben venir te pertenece, pero todavía no está ahí […].[43]

Hölderlin insiste mucho en esta idea del recuerdo de la edad dorada, del «mundo originario»; tanto, tantísimo, que es difícil de obviar. Si nos internamos en otro pasaje de su *Hiperión*:

> El hombre no puede disimular que hubo un tiempo en que fue feliz como los ciervos del bosque, y a pesar de los incontables años transcurridos, se apunta todavía en nosotros la nostalgia por los días de aquel mundo originario en que todos recorríamos la tierra como dioses, antes de que no sé qué domesticara a los hombres, cuando todavía les rodeaban por todas partes no muros y maderas muertas, sino el alma del mundo, el aire sagrado.[44]

Este fragmento se lo escribe, en una de sus cartas, el héroe de Hölderlin a su amada Diotima. La guerra contra los turcos ha

---

[42] *Poemas*, p. 337.
[43] *Hiperión*, p. 98.
[44] *Hiperión*, pp. 153 y 131.

comenzado, y dice Hiperión que «mi espíritu es más firme y más ágil desde que estoy inmerso en una materia viva» como es una guerra que Hiperión considera «justa».[45] Tras el fragmento citado describe la felicidad que le produce vida rodeado de su soldadesca en campaña (recordemos el *comunismo* de Platón: «Se sentarán juntos a la mesa, como soldados en campaña que viven en común»). E inmediatamente vincula ese dichoso «mundo originario» a una misión revolucionaria en su presente:

> Entonces empiezo a hablar de mejores días y sus ojos se alzan brillantes al pensar en la alianza que debe unirnos, y vislumbran la arrogante imagen del futuro Estado libre.
>
> ¡Todos para uno y uno para todos! Hay un fuego alegre en estas palabras, que llega siempre a mis hombres como un mandamiento divino.[46]

La misión revolucionaria de Hiperión es, entonces, fundar el «Estado libre» para que, cuando estén él mismo y su pueblo preparados, puedan ir a fundar una vida semejante a «aquel mundo originario [...] [en que] recorríamos la tierra como dioses». Hiperión lo ha anunciado páginas atrás, cuando le dice a Diotima:

> Para conducir a mi pueblo al Olimpo de la divina belleza, donde manan de fuentes eternamente joven lo verdadero y lo bueno, aún no estoy preparado. Pero a servirme de una espada sí he aprendido, y no necesito más por ahora. La nueva liga de los espíritus no puede vivir en el aire, la sagrada teodicea de lo hermoso tiene que morar en un Estado libre, éste precisa de un lugar en la tierra, y este lugar lo conquistaremos nosotros.[47]

---

45 *Hiperión*, p. 134.
46 *Ibid.*, pp. 153-154.
47 *Hiperión*, p. 133.

Más allá de las bellas resonancias bíblicas del pasaje[48], el contenido revolucionario de la concepción política de Hölderlin en *Hiperión* está clara: la fundación de un Estado libre es precondición de la elevación de la humanidad a la «divina belleza», un «Olimpo» cuyo sentido concreto podremos ver más abajo en detalle. Pero esta revolución política no está exenta de dificultades y dilemas, como sabe cualquier lector de *Hiperión* y como veremos de inmediato.[49]

1.3. Hölderlin, el espíritu y el Estado

En su *Empédocles*, que bien puede entenderse como continuación de *Hiperión*, está presente el mismo dilema. Pausanias, discípulo de Empédocles, le reprocha a éste su aparente renuncia a su misión entre los hombres diciendo:

> No te vi en tus acciones, cuando el bárbaro Estado
> adquirió forma y sentido por tu causa; conocí
> el poder de tu espíritu y su mundo, cuando más
> de una vez una palabra tuya, en el sagrado instante,
> creaba para mí muchos años de vida,
> y así se abría una era nueva y bella
> para el adolescente; como a los mansos ciervos,
> cuando el bosque murmura a lo lejos y recuerdan su cuna,
> así me palpitaba a menudo el corazón, al explicarme
> tú la dicha del mundo originario. ¿Y no trazaste

---

[48] Compárese la belicosa afirmación de «a servirme de una espada sí he aprendido» con Mt 10, 34 («No penséis que he venido a traer paz a la tierra. No he venido a traer paz, sino espada.»); igualmente, la idea de que «un Estado libre [...] precisa de un lugar en la tierra» con el anuncio de la llegada del Reino de Dios a la tierra.

[49] P. ej.: «[...] después de todo es verdad que cuanto menos sepa el hombre del Estado, sea cual sea su forma, tanto más libre será. En todas partes acaba resultando un mal necesario tener que contar con leyes dominadoras y con los ejecutores de las mismas» (*Correspondencia*, p. 534).

ante mí las grandes líneas del futuro,
como añade la segura mirada del artista
a todo el cuadro el miembro que faltaba?
¿No ves claro ante ti el destino de los hombres?
¿No conoces las fuerzas de la naturaleza
para guiarlas, en una intimidad que no posee
ningún mortal, a tu antojo, con tranquilo poder?[50]

De nuevo, «la dicha del mundo originario» inmediatamente vinculada con «las grandes líneas del futuro» y «el destino de los hombres». La nostalgia helenófila de Hölderlin no es un sueño reaccionario: es un programa político para el futuro.

Pero ¿por qué aparece aquí «el bárbaro Estado», en lugar del «futuro Estado libre»? La contradicción «Estado libre» vs. «bárbaro Estado» está ya presente en *Hiperión*: el héroe, a pesar de que finalmente se decanta por la guerra convencido por Alabanda, desde el comienzo de sus peripecias desconfía del rol del Estado y no escatima en diatribas contra él:

> Me parece [dice Hiperión a Alabanda] que tú concedes demasiado poder al Estado. Éste no tiene derecho de exigir lo que no puede obtener por la fuerza. Y no se puede obtener por la fuerza lo que el amor y el espíritu dan. ¡Que no se le ocurra tocar eso o tomaremos sus leyes y las clavaremos en la picota! ¡Por el cielo!, no sabe cuánto peca el que quiere hacer del Estado una escuela de costumbres. Siempre que el hombre ha querido hacer del Estado su cielo, lo ha convertido en su infierno.
>
> El Estado no es más que la ruda corteza que envuelve el meollo de la vida. Es el muro que rodea el jardín de los frutos y flores humanos.
>
> Pero ¿de qué sirve el muro que rodea el jardín cuando el suelo está seco? En ese caso, la única ayuda es la lluvia del cielo.

---

[50] *Empédocles*, p. 31. «¡Basta! No sabes qué espina es para mí / cada palabra que pronuncias», responde Empédocles.

¡Oh lluvia del cielo! ¡Oh entusiasmo! Tú volverás a traernos la primavera de los pueblos. A ti no puede hacerte nacer el Estado. Pero si él no te lo impide, vendrás; vendrás con tus voluptuosidades todopoderosas, nos envolverás en nubes de oro y nos alzarás sobre la condición mortal [...] ¿Me preguntas cuándo llegará? Cuando la preferida del tiempo, la más joven, la nueva Iglesia, surja de entre esas formas manchadas y viejas, cuando el despertar del sentimiento de lo divino devuelva al hombre su divinidad y a su pecho la hermosa juventud, cuando… no puedo anunciarlo, pues apenas lo presiento, pero es seguro que llegará, seguro.[51]

El Estado es, entonces, una «ruda corteza», contrapuesta –o al menos inferior– al espíritu. Es, por tanto, una suerte de «mal menor», un mero instrumento para el espíritu, que lo que anhela y necesita realmente es la propicia «lluvia del cielo» y sus «nubes de oro» que harán surgir «la nueva Iglesia», o sea: una nueva comunidad de hombres libres.

Se trata, a fin de cuentas, del drama de la Revolución Francesa *presentado con ropajes griegos*, como diría Bertaux. Del drama francés tal como lo vive buena parte de la intelectualidad alemana, incluido aquí el sensible poeta suabo. Pero Hölderlin ha ido, como siempre, más allá. Tan lejos como para reflexionar profundamente acerca de lo que debería hacer el espíritu con ese mero instrumento que, según hemos visto, es el Estado:

[51] *Hiperión*, p. 54. Y Diotima, desde el presente de la acción del joven Hiperión, ya le advierte sobre los peligros de sus ilusiones revolucionarias: «Conquistarás», replicó Diotima, «y olvidarás para qué has conquistado. Si todo va bien, conseguirás un Estado libre, y entonces te dirás: ¿para qué lo he construido? ¡Ay, toda esa hermosa vida que debería brotar en él, se consumirá, se destruirá en ti! ¡Lo salvaje de la lucha te destrozará, alma hermosa; envejecerás, espíritu feliz!, y cansado de la vida preguntarás al fin: ¿dónde estáis ahora, ideales de mi juventud?» (*Hiperión*, p. 133).

> De la naturaleza paso a la obra humana. Con la idea de la humanidad delante quiero mostrar que no existe ninguna idea del *Estado*, puesto que el Estado es algo *mecánico*, así como no existe tampoco una idea de una *máquina*. Sólo lo que es objeto de la *libertad* se llama *idea*. ¡Por lo tanto, tenemos que ir más allá del Estado! Porque todo Estado tiene que tratar a hombres libres como a engranajes mecánicos, y puesto que no debe hacerlo debe *dejar de existir*.[52]

Se trata del *Primer programa de un sistema del idealismo alemán*. En él, llevando hasta su extremo consecuente sus concepciones idealistas en materia filosófica, política y estética, Hölderlin proclama la necesidad de abolir el Estado, de atravesar su experiencia para poder ir *más allá* de él.

¿Hölderlin, anarquista? No. Más bien, republicano consecuente o, si se prefiere, demócrata revolucionario.[53]

2. Hölderlin y el espíritu de su tiempo

> Es tan poco frecuente que un hombre, desde sus primeros pasos en la vida, sienta así de golpe, tan rápida y profundamente, todo el destino de su época, y que este sentimiento quede ligado a él de forma imborrable porque no es ni lo suficientemente brutal como para rechazarlo, ni bastante débil para borrarlo con sus lágrimas…, esto, amado mío, es tan poco frecuente que casi no nos parece algo natural.[54]

---

[52] *Escritos de juventud* (Hegel), p. 219.

[53] Por ejemplo, Saint-Just había llegado a algunas ideas similares por su cuenta: «La ciudad escribirá por tanto sus leyes para que cada cual, siguiendo la regla de todos, esté ligado a todos y a fin de que os ciudadanos ya no estén ligados al estado, sino que ligados entre ellos, formen el estado [...]» (*La libertad*, p. 151). Aunque aquí el Arcángel del Terror, más que la mera desaparición del Estado, parece prefigurar la idea marxista de que el Estado, por llegar a ser la totalidad de las masas, se disuelve en ellas.

[54] *Hiperión*, p. 174.

2.1. Hölderlin y la Revolución

Dijo Hölderlin de la figura de Empédocles, exponiendo los fundamentos de su tragedia, que es «el resultado de su período, y su carácter remite a éste, tal como de éste ha surgido él [...]. Así, Empédocles debía ser una víctima de su tiempo».[55] Es, en puridad, un juego de máscaras: Hölderlin está hablando de sí mismo. Y, para entender por qué, debemos captar el particular espíritu de su propio tiempo. ¿Cuál es, pues, el *Geist* del *Zeit* de Hölderlin?

El poeta nació, como Hegel, en la Suabia de 1770. El inicio de la Gran Revolución (1789) le pilló con 19 años recién cumplidos y fue sin duda el hecho distintivo de sus años de aprendizaje y de los de su generación. Si de Kant se dice que inaugura la era de la crítica, el espíritu del tiempo de Hölderlin es, simplemente, la Revolución. Y el dotado poeta no es indiferente a los dilemas de su presente: es un «republicano [...] en espíritu y de verdad, y que seguramente cuando llegue el momento saldrá de su oscuridad; [...] es el doctor Hölderlin, el autor de *Hiperión*, un escrito que merece hacer época en el sentido más profundo».[56] Y, por su parte, *Hiperión* es una «novela programática de corte revolucionario».[57]

Republicano, pues. Revolucionario, también. Pero ¿de qué tipo? La filiación política de Hölderlin ha sido objeto de un nutrido debate. Se le ha presentado como jacobino, como girondino, como liberal, como patriota, etc. A nuestro juicio, casi bastaría con lo dicho y atestiguado: Hölderlin era un republicano revolucionario, y por ello representante de las tendencias de vanguardia que existían en su tiempo. Sobre el contenido de estas tendencias tendremos ocasión de explayarnos más abajo, pues

---

55 *Ensayos*, pp. 113 y 115.

56 *Correspondencia*, p. 109

57 *Claves*, p. 14.

ello está lejos de ser poca cosa. Tratar de encajar su figura en un partido concreto, fijado de una vez por todas –especialmente cuando, como suabo-alemán, no vivió de primera mano los acontecimientos franceses–, nos resulta tan inútil como innecesario. Más, si cabe, cuando su pensamiento estuvo constantemente volcado hacia lo universal y, en su caso, hacia el futuro: Hölderlin anhela, incluso más que el añorado pasado de la Hélade –que, cierto es, contempla siempre con triste nostalgia–, algo que está por venir; otra cosa que ha de llegar, cuyos contornos puede intuir, pero no delimitar con certeza. Por ello es, tal como Empédocles, víctima de su tiempo. Si, al decir de Hegel, «la filosofía siempre llega demasiado tarde»[58], Hölderlin busca en su poesía «la vida que aún no ha madurado».[59]

Pero los dos amigos –tres, si incluimos al precoz Schelling– parten de un mismo medio intelectual y beben de las mismas fuentes a la hora de informarse sobre los acontecimientos revolucionarios franceses. Esto nos servirá para trazar algunos hitos de su periplo. Como nos informa Jacques D'Hondt:

> *Minerva*, un periódico de contenido histórico y político, representaba bastante bien, al menos en sus comienzos, la tendencia a la que se adherían los «tres compañeros de Tubinga», Hegel, Hölderlin y Schelling.[60]

Tendencia de *Minerva* que el propio D'Hondt califica de «girondismo moderado».[61] ¿Eso es todo? ¿Es Hölderlin, sencillamente, *otro* girondino moderado, sólo que con un especial talento poético? ¿Es Hölderlin un tibio republicano burgués cuyas posiciones son partícipes del egoísmo de su clase? No.

---

[58] *Filosofía del Derecho*, p. 21.

[59] *Empédocles*, p. 64.

[60] *Hegel secreto*, p. 14.

[61] *Ibid.*, p. 16.

Hölderlin busca, hemos dicho, «la vida que aún no ha madurado». Pero ¿qué vida es ésa? Arguye el suabo que «una sociedad al menos más hermosa que la anterior sociedad burguesa», una que parece advenir *tras* –de hecho, *con*– «la guerra y la revolución».[62] Hölderlin es republicano y revolucionario, sí, pero no adolece de la estrechez de miras del burgués; se considera, en efecto, un *citoyen*, y por lo menos hasta el cambio de siglo de tendencia desacomplejadamente internacionalista.[63] Y como los más sinceros republicanos de su tiempo, ve en la riqueza y el privilegio enemigos de la virtud. Se lo dice claramente a su hermana:

> Tu dicha es verdadera; vives en una esfera en la que no hay demasiados ricos ni demasiados nobles y aún menos aristócratas, y sólo en la sociedad en la que mora una dorada medianía se puede encontrar todavía dicha, paz, corazón y mente pura, según me parece. Porque aquí [en Fráncfort], por ejemplo, puedes ver, exceptuando a unas cuantas personas de verdad, a un montón de monstruosas caricaturas. A la mayoría le sienta la riqueza como al campesino el vino nuevo, pues son exactamente igual de ridículos, farsantes, bastos y petulantes.[64]

Y apenas tres meses después:

> Eres feliz y aún lo notarías en mayor medida si pudieras ver lo poco amistoso y desconsolador que es el mundo elegante, no sólo para nosotros, sino también para los que viven en él y parecen concederle mucha importancia mientras les corroe el alma

[62] *Correspondencia*, p. 534.

[63] Un internacionalismo, anotémoslo, de tipo burgués; pero internacionalismo burgués llevado hasta sus últimas consecuencias: Hölderlin prefiere la invasión de las tropas revolucionarias francesas y ver sucumbir a «su» pequeño Estado medieval que la integridad del territorio patrio. Pues, en estos años, su verdadera patria es la Razón, la Libertad y la República.

[64] *Correspondencia*, p. 366.

una secreta insatisfacción que ellos mismos no comprenden. Cuantos más caballos lleva un hombre uncidos a su tiro, cuantas más son las estancias en las que se encierra y más los criados que le rodean, y cuanto más se hunde en el oro y la plata, tanto más honda es la tumba que se ha excavado y en la que yace muerto en vida [...]. Al único que todavía puede hacerle feliz esta triste comedia es a aquél que la contempla y se deja engañar.[65]

Hasta aquí, cabría ubicar el pensamiento de Hölderlin en la estela de un igualitarismo roussoniano que impregnaba buena parte de la política francesa del momento. Por ejemplo, la del Cercle Social, una sociedad republicana cuyas posiciones, aunque críticas con los extremos antisociales de la riqueza y la miseria, no ponían seriamente en cuestión la propiedad privada y tampoco pasaban de un igualitarismo agrario de tipo pequeñoburgués.[66] Pero Hölderlin irá, de nuevo, más allá. Diseminadas por su obra hay variadas apologías de la propiedad común –esto es, la comunidad de bienes–, como hemos visto antes la idea fundamental del comunismo durante los últimos dos milenios y medio. Veamos algunos ejemplos.

En su magna *Hiperión*, prácticamente al final de la novela, Hölderlin pone en boca de su Diotima las ideas del fin de las clases y la comunidad de bienes, mediadas por el amor y específicamente vinculadas al régimen de vida de la divinidad. El pasaje, por supuesto, no es accidental ni accesorio: se trata del *testamento político* de Diotima, de sus últimas palabras de despedida:

Existir, vivir, es bastante, es la gloria de los dioses; y por eso da igual qué vida haya en el mundo de los dioses, y en él no hay señores ni siervos. Las naturalezas viven unas con otras como amantes; todo lo tienen en común [...].[67]

---

65 *Ibid.*, p. 373.

66 Vid. *Historia general*, v. 1, p. 225 y ss.

67 *Hiperión*, p 198.

Unas ideas muy similares podemos ver en la primera versión de su *Empédocles*, en un pasaje que rezuma espíritu revolucionario por doquier: allí se reclama, de nuevo mediado por el concepto de amor, que una humanidad consciente de su dignidad –pues los «pilares esbeltos» son su imagen metafórica– establezca la comunidad de bienes y la igualdad social.

> [...] tendeos entonces
> las manos de nuevo, dad vuestra palabra y compartid
> los bienes, ¡oh amantísimos!, compartid hechos y gloria
> como fieles Dioscuros; que sea cada uno
> igual a todos; que, como pilares esbeltos,
> descanse la nueva vida en normas justas
> y que la ley refuerce vuestra alianza.[68]

En una carta al hermano, y ya no como exaltación literaria, sino como crítica de la sociedad de su tiempo, se lamenta, precisamente, por la rusticidad alemana, que paría individuos «atados a su terruño», «de ahí esa falta de sentimientos para un honor y una propiedad comunes».[69]

Ya hemos visto que por la formación intelectual de Hölderlin (clásica y bíblica), la cuestión de la propiedad de bienes debía resultarle a Hölderlin perfectamente familiar. En su tiempo era, además, un tema abiertamente discutido en la Francia revolucionaria, y también, por lo tanto, en los medios cultos alemanes.[70]

---

[68] *Empédocles*, p. 95. Algunos versos más arriba, Empédocles exclama: «¡Atreveos! Lo que heredasteis, lo que adquiristeis, / lo que os contaron los labios de vuestros padres, lo que aprendisteis, / leyes y usos, los nombres antiguos de los dioses, / olvidadlo, audaces [...]» (*Ibid.*, p. 94).

[69] *Correspondencia*, p. 404.

[70] El propio Hegel meditó mucho sobre esta cuestión a finales de siglo (*Escritos de juventud*, p. 85 o p. 265). Hegel posteriormente se reconciliará con la propiedad: «El destino de la propiedad se ha vuelto demasiado poderoso

No cabe sorprenderse, pues, por estas expresiones comunizantes en la obra de Hölderlin, aunque parezcan haber sido poco exploradas como tema específico por los investigadores posteriores. La fuerza gravitatoria que ejerce el poderío formal de su poesía, junto a los prejuicios e ignorancia clasistas de los académicos, les han impedido captar en su totalidad la honda dimensión social y política, casi premonitoria, de la obra hölderliniana. Y ni siquiera Pierre Bertaux, dignísima excepción, ha explorado sistemáticamente lo que para nosotros es una hipótesis más que plausible: la influencia de Graco Babeuf sobre Hölderlin.

2.2. Hölderlin y Babeuf

Si llegó a conocerlas, ninguna de las ideas de Babeuf –tampoco las más igualitarias– extrañarían ni parecerían demasiado radicales al autor del *Comunismo de los espíritus*, teniendo en cuenta todo lo que hasta ahora hemos relatado acerca de la formación intelectual, los referentes y el entorno de Hölderlin.

> [Hölderlin] defendió los ideales republicanos de la libertad y de una fraternidad de tintes roussonianos (no de la igualdad jacobina, y menos del igualitarismo «comunista» de Babeuf y sus plebeyos).[71]

Con esta cerrada y categórica afirmación clausura Félix Duque el *caso* Hölderlin-Babeuf. ¿Tiene razón? Desde luego –aunque ya hemos visto algunos indicios de *comunismo* en Hölderlin–, no nos consta que ningún experto haya encontrado pruebas de esta relación directa. Como mucho, para explicar el pasaje antes citado del *Empédocles* («compartid los bienes»), algunos sugieren que «cabe suponer que Hölderlin había seguido con interés, en

---

entre nosotros para que se toleren reflexiones al respecto y para que se haga pensable su cancelación» (*Ibid.*, p. 315).

[71] *Pan y vino*, p. 10.

los periódicos de principios de 1797, el proceso de Gracchus Babeuf»[72]; otros, que en dicho pasaje «se observa la incontestable influencia de su admirado Rousseau y probablemente de algún ideólogo revolucionario francés como Babeuf».[73] *Cabe suponer que, probablemente*... etc., etc. Más allá de otros comentarios de pasada, por lo general insustanciales, ningún otro estudioso de la obra de Hölderlin ha propuesto una influencia significativa de Babeuf en el suabo.

Nosotros queremos proponer esta otra hipótesis: Hölderlin no sólo supo de la conspiración de Babeuf por los periódicos, sino que el ideario de ésta resonó con sus propias posiciones o al menos con los dilemas que quería expresar en su obra, hasta el punto de inspirarse en un pasaje decisivo de *El Manifiesto de los Plebeyos* para el final del primer volumen de *Hiperión*.

Primero, las pruebas. Pedimos al lector que compare atentamente el exclamatorio pasaje final del texto de Babeuf...

> ¡Que todo se confunda ya!, ¡que todos los elementos se revuelvan, se mezclen, se entrechoquen!... ¡que sobrevenga el caos, y que del caos emerja un mundo nuevo y regenerado!
>
> ¡Vamos, después del mil años, a cambiar estas leyes groseras![74]

... con este otro fragmento, también exclamatorio, y también al final, del primer volumen de *Hiperión*:

> ¡Que cambie todo a fondo! ¡Que de las raíces de la humanidad surja el nuevo mundo! ¡Que una nueva deidad reine sobre los hombres, que un nuevo futuro se abra ante ellos!

---

[72] *Hölderlin y la RF*, p. 113.

[73] *Claves*, p. 184.

[74] *Tribuno*, p. 94.

> En el taller, en las casas, en las asambleas, en los templos, ¡que cambie todo en todas partes![75]

Las similitudes entre ambos pasos son más que evidentes, y no deja de sorprendernos que no se hayan tratado de emparentar antes, sabiendo que ese extracto de *Hiperión* ha sido ampliamente comentado por su poderío y su particular tono subversivo –tanto que pareciera ser un exabrupto de un siempre más poético Hölderlin. ¿Es un parentesco indeseable para los académicos? ¿O es que, absortos en su estrecha especialidad (literaria, filosófica o poética, lo mismo da), simplemente ignoran el que seguramente es el texto fundamental del proyecto babuvista? Sea como fuere, los vínculos formales (su tono exclamatorio y subversivo, su ubicación como exhortación final en sendos textos) y los vínculos de contenido (la llamada a un cambio universal que traiga un nuevo mundo regenerado o rejuvenecido) vienen acompañados por numerosos indicios contextuales.

Ahora, pues, la reconstrucción del caso.

Primero. El texto de Babeuf fue publicado en el número 25 de su periódico, *El tribuno del pueblo*, que vio la luz el 30 de noviembre de 1795. El primer tomo de *Hiperión*, por su parte, aparece en abril de 1797. Y su redacción definitiva parece haber sido elaborada en el otoño de 1796.[76] Además, aunque sabemos que se han perdido materiales preparatorios, se da la conveniente circunstancia de que en ninguna de las versiones previas conservadas (1792-1796), ni siquiera en la postrera (1796), aparece este pasaje que emparentamos directamente con Babeuf. Parece surgir a última hora, como añadido y cierre del primer tomo. Cabría

---

[75] *Hiperión*, p. 125. Creemos que el texto de Babeuf también se puede emparentar con este otro fragmento de *Hiperión*: «¡Ah! Nuestro pueblo futuro no debe ser reconocido nunca sólo por su bandera; todo debe rejuvenecerse, todo debe cambiar desde abajo [...]. ¡[...] y ni un solo momento, ni una sola ocasión debe recordarnos el obtuso pasado!» (*Hiperión*, p. 152).

[76] *Hölderlin o El fuego*, p. 319.

pensar que Hölderlin dio con él precisamente en los meses en que redactaba la versión definitiva para la imprenta e incorporó el paso en ese momento. El indicio temporal cuadra perfectamente.

Segundo. Como ya mencionamos, es sobradamente conocido el hecho de que tanto Hegel como Schelling leían la revista alemana *Minerva*. Jacques D'Hondt lo atestigua profusamente en su recomendable obra *Hegel secreto*, llegando a ver en *Minerva* una fuente fundamental que Hegel tendría siempre presente[77]; y los expertos no dudan de que Hölderlin también debía leer dicha revista.[78] Pues bien, el propio D'Hondt comenta en la citada obra que *Minerva* llegó a publicar algunos textos de y sobre Babeuf, dando dos referencias en particular. Pero hay bastantes más que dos. Como señala Walter Markov:

> De mayo de 1796 a julio de 1797, Archenholz publica [en su revista *Minerva*] diez artículos consagrados principal o totalmente a Babeuf. Comienza por una exposición de los «principios del terrorista Babeuf», reunidos en 12 puntos por su corresponsal principal en París, que firma Ch.[79]

El propio Markov recuenta con evidente sorpresa que «son casi 140 páginas impresas en total, aparte de breves menciones de pasada».[80] ¡140 páginas! Es decir: en el lapso de poco más de un año, *Minerva* publicó el equivalente a un pequeño libro sobre las ideas y las peripecias de Babeuf. Transcribimos a continuación esos 12 puntos, para que el lector pueda constatar el tenor de la información que debió recibir Hölderlin en mayo de 1796 a través de *Minerva*:

---

77 También: *La vieja Roma*, pp. 68-72.

78 *Hölderlin y la RF*, p. 98.

79 *Babouvisme*, p. 189.

80 *Babouvisme*, p. 190.

1º. La naturaleza ha dado a cada hombre un derecho igual al disfrute todos los bienes.

2º. La sociedad tiene como fin defender esta igualdad, a menudo atacada en el orden natural por el fuerte y el malvado.

3º. La naturaleza obliga a todos los hombres a trabajar: ninguna persona tiene el derecho de sustraerse a esta obligación sin devenir criminal.

4º. Los trabajos y los disfrutes deben ser comunes a todos.

5º. La opresión reina si uno acaba exhausto de trabajar mientras el otro nace en la opulencia sin hacer nada.

6º. Nadie se puede apropiar exclusivamente de los bienes de la tierra o de los frutos del trabajo sin devenir criminal.

7º. En una verdadera sociedad no debe haber ricos ni pobres.

8º. Los ricos que no quieren renunciar a la abundancia en beneficio de los indigentes son enemigos del pueblo.

9º. Nadie tiene el derecho de privar a otros de la formación necesaria para su felicidad: la formación debe ser general.

10º. El fin de la revolución es destruir la desigualdad y fundar la felicidad de todos.

11º. La revolución no está acabada, porque los ricos devoran todos los bienes y dirigen solos; por el contrario, los pobres trabajan como verdaderos esclavos, languidecen en la miseria y no son nada en la República.

12º. La Constitución de 1793 es la verdadera ley de los franceses, porque el pueblo la ha aceptado solemnemente; la Convención no tiene el derecho de cambiarla; pero, para lograrlo, disparó contra el pueblo que exigía la ejecución de esta Constitución y cazó y masacró a los diputados que cumplieron con su deber de defender esta Constitución.[81]

Un ideario así, que el propio Markov reconoce como presentado con tintes más «roussonianos» que «anarquizantes», tuvo necesariamente que llamar la atención de Hölderlin.

---

[81] Traducimos desde la versión francesa en *Babouvisme.*, p. 193.

Tercero. Que el caso de Babeuf pudo resonar en Hölderlin tiene un indicio indirecto adicional. Hegel vivió en Berna entre 1793 y 1796. Es perfectamente plausible que el filósofo leyera en Suiza no sólo informaciones relativas a Babeuf, sino su mismo periódico, *El Tribuno del Pueblo*.[82] A partir de enero de 1797, mientras *Minerva* seguía recogiendo informaciones sobre Babeuf y su conspiración, Hölderlin y Hegel coinciden por un tiempo relativamente largo en Frankfurt. ¿No discutirían Hegel y Hölderlin acerca de la conspiración de Babeuf, en el contexto de un natural intercambio acerca de las noticias que llegaban desde Francia? Sabemos a ciencia cierta que Hegel conocía la actividad política de Babeuf. Y la impresión que debió dejarle parece tan honda que, en 1814 ¡más de quince años después!, Hegel hace intervenir a Babeuf en el relato que hace al amigo común Niethammer de un reciente sueño.[83]

Cuarto. Otro indicio indirecto. Nos consta que Johann Gottfried Ebel, amigo de Hölderlin que le consiguió a éste su puesto de preceptor en la casa de los Gontard, viajó a París en el verano de 1796. Ebel envío a Hölderlin, en octubre del mismo año, «una carta muy lastimera desde París [...]. Está muy descontento y ha sido engañado en todas sus expectativas, es realmente lamentable».[84] La carta no se conserva. Pero ¿acaso es improbable pensar que Ebel, «entusiasta partidario de la

---

[82] Que Suiza pudo ser el puente entre Babeuf y otros intelectuales alemanes, como Fichte, ya ha sido propuesto a principios del siglo pasado por Marianne Weber.

[83] D'Hondt referencia una carta de Hegel a Niethammer (6/1/1814). Lamentablemente, sólo hemos logrado acceder a versiones parciales de la misiva, donde no llega a aparecer el nombre de Babeuf.

[84] *Hölderlin o El fuego*, p. 152. Algo más de 3 años después, Hölderlin aún le confiesa a Ebel: «Su opinión sobre París me ha afectado mucho» (*Correspondencia*, p. 487). Parece que, por sus relaciones con una conjura armada que reclama al héroe germánico Arminio como inspiración –cuyo nombre relacionan los especialistas con el Belarmino del *Hiperión*–, el propio Ebel había sido denunciado a las autoridades (*Hölderlin y la RF*, p. 95).

revolución»[85] (como el propio Hölderlin) y que había viajado a París precisamente para hacerse allí una imagen de la situación política, relatara a Hölderlin la conspiración de Babeuf y su detención? Más bien: ¿cómo no iba a referirle Ebel a Hölderlin este hecho, sin duda la última gran noticia venida de Francia? Babeuf había sido arrestado en mayo de 1796; y si su caso llegó a *Minerva* casi de inmediato, en París el suceso había causado sensación. No sería nada inusual, pues, que Ebel comentase el caso, entre otras informaciones de actualidad, a su amigo Hölderlin, en el contexto de su decepción por la política reaccionaria del Directorio. Insistimos: esta carta perdida de Ebel a Hölderlin es de octubre de 1796. Y precisamente a partir de octubre se fecha la versión definitiva del primer tomo de *Hiperión*, no apareciendo el citado fragmento *babuviano* del final la novela en ningún borrador anterior.

Quinto. Quizá el indicio más claro y revelador. La conjura babuvista no sólo dejó honda huella en Hegel; sabemos a ciencia cierta que también tuvo que dejarla, de uno u otro modo, en el propio Hölderlin. Como está atestiguado, unas cuatro décadas después del caso Babeuf, y ya recluido el poeta en la famosa torre del Neckar, Hölderlin firmó algún fragmento como «Buonarroti».[86] Filippo Buonarroti no sólo fue compañero de Babeuf en la Conjura de los Iguales, sino el encargado a la postre de grabar en la memoria del movimiento proletario la historia y la doctrina de Babeuf. Los especialistas consignan este hecho pasando incomprensiblemente de puntillas por encima de él. Pero imaginemos por un momento el cuadro: Hölderlin, estando ya completamente fuera de sus cabales[87], y 40 años después de la Conjura

---

85 *Correspondencia*, p. 487.

86 *Biographie*, p. 568.

87 Sobre la *locura* de Hölderlin, nos limitaremos a indicar lo siguiente: nos *negamos* tanto a *afirmarla* desde una perspectiva estrechamente psicopatológica como a *negarla* unilateralmente. Creemos que su estado psíquico es una comprensible consecuencia de lo que se ha llamado su «dolor cósmico»

de los Iguales, repudiando el nombre de Hölderlin, se *identifica* con –y como– Buonarroti.[88] Es decir: estando su conciencia *desdoblada* –se le ha querido diagnosticar póstumamente esquizofrenia–, el poeta piensa a eso otro de sí mismo bajo el nombre de un líder babuvista. El biógrafo Safranski despacha el caso como «una reminiscencia de la época revolucionaria».[89] ¿Sólo eso? La conspiración babuvista fue, en rigor, el último intento serio en vida de Hölderlin de llevar a término, a cumplimentación, los ideales republicanos de libertad, igualdad y fraternidad a los que el poeta fue leal hasta el final. La conspiración babuvista fue, al tiempo, tanto el final de la Gran Revolución, su cúspide, como el punto de partida de una tradición que luego recibiría el nombre de comunista. Hölderlin, contemporáneo de esta encrucijada, se identifica en sus días postreros con Buonarroti, insistimos, sobreviviente de la represión del Directorio y albacea testamentario del babuvismo. Por motivos nada casuales, un par de

---

[*Weltschmerz*] (*Conocer Hölderlin*, p. 31): vistos sus ideales de juventud temporalmente derrotados, habiendo renunciado a toda integración normal en la sociedad burguesa, sin ninguna perspectiva de lograr al fin un puesto en el altar de los poetas y muerto el amor de su vida, ¿qué otro destino le esperaba a Hölderlin si no la locura o el suicidio? No se trataba de un destino neuroquímico, sino sociohistórico: su generación fue prolífica en producir locos y suicidas (*Correspondencia*, p. 23). O, visto más justamente, en palabras de Hölderlin, *víctimas de su tiempo*, de un tiempo con el que se comprometieron.

88 En 1840 firmó como «Buarotti» al menos un fragmento en prosa (*Realität*, pp. 20-21) Aunque algunos especialistas han querido relacionarlo, en cambio, con el genio renacentista Miguel Ángel Buonarroti, parece que el actual consenso de las investigaciones hölderlinianas se ha decantado con buen criterio por la opción *política* de este nombre. En cualquier caso, creemos que la levemente errónea grafía del apellido del conjurado refuerza la tesis política-revolucionaria: Hölderlin quizá recordara vagamente el nombre de Buonarroti, leído probablemente en los intensos años de 1796-1797. Cuatro décadas después conservaba la memoria de aquella figura que quizá le inspirase, pero no la grafía exacta de su apellido. Si se refiriera a Miguel Ángel, ¿no es más lógico pensar que, por su universal fama, habría escrito bien su apellido?

89 *Hölderlin o el Fuego*, p. 275.

breves alusiones poco amistosas hacia Robespierre o Marat han servido para rellenar páginas y páginas acerca del (falso) carácter pacífico, «antijacobino» y «antiterrorista» de Hölderlin[90]; pero este dato sobre Buonarroti, no mucho menos breve ni significativo que el otro, en cambio, no ha hecho a los especialistas suponer que el suabo terminó sus días identificado con la conjura comunista de Babeuf.

Se han dictado condenas con menos pruebas e indicios.

Quizá exclame un contradictor: «¡Son todo suposiciones! ¿Por qué, de ser todo esto así como se relata, no se digna Hölderlin a mencionar al menos una vez a Babeuf en algún lugar?».

Esto no es en absoluto difícil de comprender si observamos con detalle el contexto histórico del poeta. Por ejemplo: su amigo Magenau le advierte ya en 1793 de que «las cartas tienen oídos».[91] El propio Hölderlin desconfía de la privacidad del correo, como le hace saber a Hegel en otra carta; y, en general, parece evidente que todo su epistolario nos ha llegado en estado fragmentario, posiblemente censurado por su pietista y reaccionaria madre[92] o, como se desprende de los estudios de Albernaz, por su hermanastro Karl Gock. Además: en las fechas que consideramos decisivas (el otoño de 1796), el propio Hölderlin le dice a su hermano: «No me gusta hablar mucho de las desgracias políticas. Desde hace algún tiempo, guardo silencio sobre todos los acontecimientos que ocurren entre nosotros».[93] De hecho, otras

---

90 Añadamos el dato de que, aunque luego rectificó, el propio Babeuf también llegó a considerar a Robespierre un tirano. Tal evolución política no era, entonces, completamente imposible ni antinatural, sino más bien natural y casi necesaria en espíritus avanzados como Babeuf o Hölderlin.

91 *Hölderlin y la RF*, p. 154.

92 Esto es lo que sospecha Bertaux (*Ibid.*, pp. 58 y 154-155).

93 *Correspondencia*, p. 307. En esta misma carta dice al hermano que, cuando vuelvan a verse, encontrará a Hölderlin «en un estado de ánimo algo menos revolucionario» (*Ibid.*). Como señala Helena Cortés, el tono de esta carta «se contradice con su entusiasmo por "los pasos de gigante" de los republicanos"» de su carta anterior, del 6 de agosto.

opiniones políticas del poeta nos han llegado sólo por comentarios casi incidentales, como su preocupación por la vida de algunos líderes girondinos. Y adicionalmente, como hace notar Bertaux, se podría decir que de algún modo Hölderlin habla en clave: sus comentarios sobre la actualidad política adquieren una forma simbólica; la obra del suabo, en su totalidad, «parece ser una "sostenida metáfora" de la Revolución», de los dilemas de su tiempo, pero «presentados con vestimenta griega».[94] Las ideas y los referentes de Hölderlin aparecen por doquier a lo largo de su obra, pero usan nombres griegos aunque hablen del presente.

* * *

Anotado lo anterior, queremos consignar una idea más, a la que no otorgamos el digno estatus científico de *hipótesis* –sino sólo el de saludable *provocación*– pero que merece ser explorada. La primera noticia que tenemos de lo que luego será su *Empédocles* es de agosto de 1797. Le escribe a su hermano: «He hecho un plan detallado para una tragedia, cuyo plan me arrebata».[95] Por otro lado, en el número de julio del mismo año de *Minerva*, había sido publicada una traducción de la última carta de Graco Babeuf, escrita a su mujer e hijos sólo tres días antes de ser guillotinado.[96]

---

94 Ambas citas en *Hölderlin y la RF*, pp. 12 y 11.

95 *Correspondencia*, p. 340.

96 *Minerva*, número de julio de 1797, pp. 125-131. La carta se introduce con esta nota al pie: «Babeuf está aún en memoria fresca, según sus proyectos, también por *Minerva* y su final. Por lo tanto, en lugar de dibujar aquí su carácter y contar su historia, podrían encontrar lugar algunas observaciones de un periodista francés sobre esta carta: "¿Cómo debemos llamar –dice *L'Éclair*– a la horrible hipocresía, esa abominable maldad que acompaña a una persona hasta la tumba? Que, impulsados por una gran ambición, mientras todavía les sonríe la esperanza, las palabras *patria*, *libertad*, *virtud* las pronuncien de manera deliberada, es comprensible; no pueden ser felices en sus proyectos si no engañan a los demás; pero cuando la justicia humana se apodera de sus personas, cuando el acero está listo para cortar el hilo de sus esperanzas con el hilo de sus vidas, ¿qué pueden tener aún con sus

En ella: «morir por la patria», «la libertad perdida», «los republicanos sinceros» condenados a la «proscripción», «la felicidad común» y el «sacrificio» por su causa. Temas, todo ellos, que debían interpelar a Hölderlin: resuenan armónicamente con su propio ideario. Supongamos, por un instante, este escenario: Hölderlin lee la carta de Babeuf en el número de julio de *Minerva*; le impacta lo bastante como para sugerirle una pieza trágica; busca cómo presentarlo con «vestimenta griega»; encuentra o recuerda la figura de Empédocles y, en el espacio de semanas, ya le ha comunicado al hermano su entusiasmante empresa. Como veremos más adelante, del *Empédocles* se ha dicho que «proyecta la utopía social» de Hölderlin. Y el propio Hölderlin nos informa, en su *Fundamento para Empédocles*, de que «el poeta trágico [...] expresa la intimidad más profunda [...]; transfiere todo eso a una personalidad extraña [...] [y] expresa con la mayor claridad su secreto».[97] Unamos los puntos: el «secreto» de Hölderlin, su «intimidad más profunda», es nada más y nada menos que un proyecto de «utopía social». Analizaremos esto después. Ahora nos interesa terminar con el caso Hölderlin-Babeuf. ¿Por qué intentamos, aquí, vincular a Babeuf con Empédocles? Por algo que, a

---

muecas para un proyecto? Toda Francia conoce las villanías de la vida privada de Babeuf; fue un despreciable falsificador, condenado a las galeras en los primeros años de la Revolución. Y este miserable, que ya está condenado a muerte, que ya está medio en el sepulcro, en lugar de hacer penitencia ante Dios y los hombres, en lugar de admitir que ha sido justamente castigado y buscar perdón a través de una confesión pública de sus crímenes, advirtiendo al pueblo, que fue testigo de sus peores momentos, que no debe confiar en tribunos ni en *gracos* de su tipo, y revelando el secreto de la secta de la que era jefe, se le ocurre escribir una carta de despedida a su esposa y sus hijos, en la que se coloca la corona de mártir; dispuesto, ante el gran juez, se atreve aún a hablar de su virtud. Sin embargo, se lee la carta con el interés que inspira un moribundo, quienquiera que sea. Su esposa hizo que la carta se publicara en el *Journal des Hommes Libres*, cuyo editor, Duvat, organizó una colecta para la familia de Babeuf"».

[97] *Ensayos*, pp. 109-110. Recomendamos especialmente la lectura de este texto para comprender hasta qué punto, y de qué modo, se identifica Hölderlin con su Empédocles.

nivel temático, ha notado particularmente Pierre Bertaux: el vínculo entre la dimensión sacrificial de la figura de Empédocles –dimensión que atraviesa toda la obra hölderliniana–, y el tiranicidio.[98] Ya hemos consignado antes que *Minerva* publicó diversos materiales acerca de Babeuf. Entre ellos, también, las actas de su primer y segundo interrogatorio a cargo de la policía del Directorio y su última carta antes de ser guillotinado. Empecemos por su carta de despedida, pues este destino sacrificial de Babeuf es explícito en ella:

> Morir por la patria, dejar una familia, hijos, una esposa amada, sería algo soportable si no viese en fin la libertad perdida y todo lo que pertenece a los republicanos sinceros envuelto en la más horrible proscripción. [...] No creáis que me arrepiento de haberme sacrificado por la más bella de las causas; aun cuando todos mis esfuerzos hubieran sido vanos, he cumplido mi deber…
>
> [...] Es propio de la familia de un mártir de la libertad ofrecer el ejemplo de todas las virtudes para atraerse el afecto y la estima de todos los hombres honestos.
>
> [...] No concebía otra forma de haceros felices más que a través de la felicidad común. Mi plan ha fallado: me he sacrificado; muero también por vosotros.
>
> [...] Adiós. Estoy atado a la tierra tan sólo por un hilo que el día de mañana se quebrará. Esto es lo cierto, demasiado lo veo. Hay que hacer el sacrificio. Los desalmados son más fuertes; me toca rendirme.[99]

¡Cómo no iba a interpelarle este escrito, cómo no iban a interpelarle estas ideas a Hölderlin, que entre 1797 y 1799 escribió el poema *La muerte por la patria*!

---

98 *Hölderlin y la RF*, p. 132 y ss.
99 *Tribuno*, pp. 158-159.

¡Hacedme sitio en las filas,
para que no perezca de una muerte vil!
Me disgusta morir inútilmente, en cambio
me place caer en la colina del sacrificio

por la patria, y verter la sangre del corazón
por la patria, ¡y qué pronto será! Acudo
a vosotros, queridos, que me enseñasteis
a vivir y a morir, ¡ahora bajo con vosotros!

[...] Ahora acoged benévolos al extranjero
insignificante y reine aquí abajo la fraternidad.[100]

La coincidencia temática es apabullante y sólo revela que, si Hölderlin llegó a leer la postrera carta de Babeuf, ésta tuvo que resonar profundamente con sus convicciones, precisamente en un momento en el que la esperanza depositada en Francia se veía mermada al ritmo en que decaía su cosmopolitismo revolucionario.

Vayamos ahora con el tema del tiranicidio. En el interrogatorio de Babeuf, también publicado en *Minerva*, leemos lo que sigue:

> Pregunta: ¿No consistía su propuesta en hacer asesinar a los miembros de los dos consejos del Cuerpo Legislativo, a los miembros del Directorio y a las autoridades constituidas?
>
> Respuesta: No puedo dar detalles sobre los medios que se deberían haber utilizado. Además, no dependían solo de mí; sólo tenía una voz en el consejo de los asesinos de tiranos, y nos habría bastado con destruir el gobierno opresivo sin necesidad de asesinar.[101]

---

[100] *Poemas*, p. 139.

[101] Una última frase que debió gustarle a Hölderlin, que puso en boca de Hiperión esta respuesta al radical Alabanda: «Si es posible, las apartaremos [a las «cepas inútiles», a las «malas hierbas» que habría que «quemar»; en

Algo más adelante, en el acta insurreccional que también publicó *Minerva*, tras todos los considerandos y habiendo proclamado la constitución del comité insurreccional, podemos leer en su primer artículo:

> Art. 1. El pueblo está en insurrección contra la tiranía.

Y un poco más abajo, cuando esta misma acta define las consignas de la insurrección:

> Aquellos que usurpan la soberanía deben ser muertos por los hombres libres.

Hombres libres dispuestos al sacrificio para eliminar a los tiranos. Es, literalmente, uno de los temas que obsesionaban al poeta, como bien ha señalado Pierre Bertaux.[102] Citaremos sólo un pasaje del joven Hölderlin (1790), que da cuenta de su opinión general al respecto:

> Dos jóvenes héroes, Harmodio y Aristogitón, fueron los primeros en dar inicio a la gran empresa de la libertad. No hubo sino entusiasmo por esta audaz acción. Los tiranos fueron muertos o expulsados, y la libertad fue restaurada en su pasada dignidad.[103]

---

definitiva: a quienes impiden «la marcha triunfal de la humanidad»] suavemente a un lado» (*Hiperión*, p. 50).

102 Vid. *Hölderlin y la RF*, p. 134 y ss.

103 *Ibid*. Hölderlin insistirá en la alabanza de Harmodio y Aristogitón en *Hiperión* (pp.92-93 y 132). El joven Hegel pensaba exactamente lo mismo y se puede dar por hecho que había hablado de este tema largo y tendido con su amigo Hölderlin, pues en 1796 había escrito en *La positividad de la religión cristiana*: «¿Dónde está nuestro Armodio y nuestro Aristogitón, a quienes pudiéramos cantar escolios como a libertadores de nuestra patria?» (*Escritos de juventud*, p. 144).

El anhelo de la amistad tiranicida está también presente en *Hiperión*. ¿Quizá por eso recordó al final de su vida a Buonarrotti, compañero tiranicida de Babeuf? El propio Hölderlin fue investigado por su vinculación a las conspiraciones tiranicidas que envolvieron en problemas a su amigo Sinclair; el poeta se libró de mayores, simplemente, por ser considerado ya como loco. No se trata aquí de citar todos los pasos vinculados a este problema, sino sólo de dejar constancia del modo en que lo que Hölderlin pudo conocer de Babeuf debió de parecerle al suabo un resurgimiento en Francia de sus propios ideales de juventud, precisamente cuando éstos sucumbían en el ocaso de la Gran Revolución: igualdad, fraternidad, libertad… y felicidad común.[104]

2.3. ¿Hölderlin, Empédocles y Babeuf?

Empédocles se sitúa, en cierto sentido, al final del *Hiperión*. Si en esta novela Hiperión habla, desde el recuerdo, de cómo emprendió ilusionado la guerra contra los turcos y se vio rodeado de «una banda de ladrones»[105], Empédocles es el mismo sabio-poeta-educador del pueblo que, ya exiliado tras haber fundado un Estado pero fracasado en su empresa sapiencial y repudiado por el mismo pueblo –inmaduro aún para entender su profunda buena nueva pero que le quiso mientras fue estatista–, termina inmolándose en el Etna cuando los agrigentos vuelven a reclamarle. Era ya para él demasiado tarde, o quizás aún demasiado

104 Sólo una vez las páginas precedentes ya estaban escritas, dimos con el único artículo especializado que toma en detenida consideración la hipótesis de la influencia de Babeuf en Hölderlin, en concreto sobre su *Empédocles*. Aunque poco conclusivo, el autor no cierra la puerta a esta posibilidad. Al menos, puede servir como testimonio imparcial de que nuestra provocación tiene fundamento. Se trata de *Zeitgeschichtliche Hintergründe der 'Empedokles' - Fragmente Hölderlins*, de Christoph Prignitz, y publicado en *el Hölderlin Jahrbuch* de 1982-83.

105 *Hiperión*, p. 159.

pronto. Cabe entonces ver la secuela desde otro prisma, mucho más paralelo al curso histórico de los acontecimientos: Hiperión/Hölderlin se enrola en la mundana misión de liberar Grecia/Europa del yugo turco/absolutista, en una guerra/revolución política que, triunfando, deja por detrás de sí los nobles ideales espirituales que movieron a sus más dignos representantes; pero Hölderlin/Empédocles, ya maduro y retirado de la vida pública tras la guerra/revolución, es reclamado de nuevo por sus iguales para aconsejarles y guiarles «al Olimpo de la divina belleza».[106] Sólo ahí Hölderlin/Empédocles trasciende decididamente el umbral de la revolución política y, dando una última orientación a su pueblo, vislumbra la revolución social al modo babuvista: «compartid los bienes».[107]

Se ha querido ver en el tratamiento que hace Hölderlin de su Empédocles un paralelismo con Sócrates y/o Cristo. *Fair enough.* Sacrificio y anuncio de una nueva época. Con la misma legitimidad, nosotros queremos seguir vinculándolo –no *en cambio*, sino *además*– con el comunista Babeuf, que como hemos argumentado podía serle bien familiar al poeta. Babeuf, sin duda, cayó víctima de la reacción termidoriana por ser su proyecto prematuro. Y esto, nos dice Hölderlin, es la premisa de todo «*personaje trágico*», porque esta «singularidad, como resultado prematuro del destino» cae como «víctima», como «víctima de su tiempo».[108] Hablando de Empédocles y, por lo tanto, de sí mismo y de los dilemas de su tiempo, afirma:

---

106 *Hiperión*, p. 133.

107 Esta interpretación no es enteramente nuestra, sólo la hemos condensado y ordenado desde una perspectiva comunista. Que *Empédocles* es una suerte de secuela de *Hiperión* es algo reconocido por muchos expertos, como señala Helena Cortés Gabaudan. Ella misma, referente en los estudios hölderlinianos, dice que en *Empédocles* se «proyecta la utopía social de Hölderlin». Para ambas referencias: *Claves*, p. 182-184.

108 *Ensayos*, p. 115.

> [...] el destino de su tiempo, los violentos extremos, en los que creció, no exigieron canto, en el que lo puro es aún fácilmente captado de nuevo en una presentación ideal que yace entre la figura del destino y la de lo originario, si el tiempo no se ha alejado demasiado de ello; el destino de su tiempo tampoco exigió auténtico acto, que en verdad obra y ayuda inmediatamente, pero también más unilateralmente [...]; exigía un *holocausto* [...] porque en el individuo se mostró la unificación sensible que, de necesidad y discordia, ha surgido, prematura.[109]

Habla de Empédocles, y también de sí mismo. ¿No podría hablar asimsimo de Babeuf en ésta, su «utopía social» que llama a «compartir los bienes»? No nos proponemos ejercer violencia sobre el texto para realizar una interpretación a la carta. Nos tomamos en serio a Hölderlin cuando le dice a su madre:

> Le será difícil concluir cuál es mi auténtico asunto si juzga sólo por la parte de mis escritos que haya podido caerle entre manos hasta ahora; y sin embargo ya comencé desde hace tiempo [...] a *preparar* la que constituye la opinión más honda de mi corazón, que tal vez aún esté lejos de poder enunciarla por completo a aquellos que me escuchan. Ahora ya no es posible decir todo de modo directo, pues la gente se ha vuelto demasiado indolente y egoísta [...].[110]

La opinión más honda del corazón de Hölderlin es una «utopía social» que el poeta anuncia en calidad de heraldo del porvenir aun sabiendo que caerá en holocausto como víctima de su tiempo por ser una nueva prematura, que no puede exponer de modo directo. Quizá nos equivoquemos al proponer una influencia de Babeuf sobre Hölderlin –y, por supuesto, quizá no–; pero, si no irrelevante, es al menos secundario. *Se non è vero, è ben trovato.*

---

[109] *Ibid.*, p. 115.
[110] *Correspondencia*, p. 397.

Si no se trata de una realidad factual, es una hipótesis verosímil que encaja con todo lo que sabemos de los dos contemporáneos. Babeuf pone a andar el comunismo como proyecto político; Hölderlin lo bautiza como proyecto espiritual.

3. El comunismo como espíritu

Hasta ahora, apenas hemos dicho una palabra acerca del *Comunismo de los espíritus*: hemos analizado la entera obra de Hölderlin, exceptuando el texto susodicho, desde el punto de vista del *espíritu del comunismo*. Las 50 páginas precedentes eran imprescindibles, o así nos lo pareció según escribíamos, para dos fines.

El primero consistía en explicar cómo es que, si ni fantasma ni espectro, resulta el comunismo ser un espíritu. Nuestra exposición ha requerido asomarse, aquí y allá, a pequeños ventanucos documentales que recorren alrededor de dos milenios de historia humana. Sumariamente: de Hesíodo a Hegel. Y todo ello sin detenernos en Tomás Moro, ni en Thomas Müntzer, ni en los anabaptistas de Muntser, ni en Morelly, ni en tantos otros… Del recuerdo del pasado del comunismo –como áureo estadio natural– hemos llegado a la proyección del futuro del comunismo –como áureo estadio espiritual–. Del reino de la necesidad al reino de la libertad, por usar el tradicional diccionario marxista.

Pero, si espíritu, ¿por qué? ¿Qué es un espíritu? Una exposición sistemática obligaría a dar de nuevo dos mil vueltas al sol desde el ángulo de la filosofía occidental. Una asignación poco recomendable para el aficionado –que no lego– que escribe estas páginas. Bastará, por lo pronto, con algunas indicaciones. El espíritu, como *pneuma*, era para los griegos, y particularmente para los estoicos, el «aliento vital», el principio generativo de las cosas, aquello que las informa. Para Descartes, por su parte, espíritu equivale a entendimiento, razón, conciencia. Para Hegel, por último, el espíritu es la Idea, que se exterioriza como subjetividad humana (espíritu subjetivo), instituciones (espíritu objetivo) e historia de su mismo despliegue (espíritu absoluto). ¿Acaso tenemos que elegir? ¿No cabría pensar el comunismo, también, como aquella conciencia colectiva, esforzadamente racional, que alienta los mejores afanes de los hombres a lo largo de la historia? O, dicho de otro modo: ¿no ha sido el comunismo, durante más de dos milenios, un aliento vital que trata de suturar el absoluto desgarro originario –la división clasista de la sociedad– que los mejores representantes de la humanidad han sufrido como sagrado dolor cósmico? O, en suma, como dice el propio poeta:

> Hay pensamientos del espíritu común
> que terminan callados en el alma del poeta.
> Para que súbitamente impactada, de tiempo atrás
> conocedora de lo infinito, instigada por
> la memoria, inflamada por el rayo sagrado
> le nazca el fruto del amor, la obra de dioses y hombres,
> el poema, que da muestra de unos y otros.[111]

La exposición precedente trataba de demostrar, además de lo obvio –que Hölderlin estaba perfectamente familiarizado tanto con la idea comunista del modo en que había existido hasta entonces como con su resurgimiento en su época turbulenta, y que por lo tanto no es nada osado asignarle la paternidad del vocablo *Communismus*–, que el comunismo ha sido *un espíritu que se cernía sobre el mundo* –¿o cabe decir que *ha sido siempre el espíritu del mundo*?–; que a partir de mediados del siglo XIX ha sido un espíritu, de presencia fantasmal, que acechó Europa… y en el siglo XX el mundo entero, bien corporiforme. Quizá se nos reproche, desde cierta ortodoxia pseudomarxista y simplona, un pecado de idealismo. Otro de los sentidos del concepto de espíritu es aquello contrapuesto a la materia, o por lo menos al cuerpo. Y el marxismo es un monismo materialista. Pero una mirada más amplia

[111] *Poemas*, p. 399.

revela que la idea comunista se ha sostenido por sí misma en la historia universal sin necesidad de un cuerpo determinado que le diera continuidad: se ha transmitido de una fuente a otra, sí, pero también ha emergido, sucumbido y vuelto a emerger de lo más profundo de los anhelos de la humanidad. Sí, cierto: Marx y Engels definieron el comunismo como lo opuesto a «un *ideal* al que haya de sujetarse la realidad. Nosotros llamamos comunismo al movimiento *real* que anula y supera el estado de cosas actual».[112] Una definición nada espiritual, y absolutamente cierta y necesaria cuando por primera vez el objetivo comunista coincidió perfectamente con los intereses de toda una clase social y había que echar por tierra cualquier fantasía utopizante. Pero esta definición sólo atiende a una parte de la cuestión, precisamente a la que hoy es un reto por reconstituir, a saber: el comunismo como realidad efectiva. De quedarnos ahí, deberíamos decretar que hoy, sin semejante «movimiento real», el comunismo sencillamente *no existe*. Y exactamente ahí es donde el materialismo mecanicista se revela como positivista, y se da la mano con el *dictum* de la clase dominante: el comunismo ha muerto. ¿Acaso algún materialista aspirará a resucitar a un finado? ¿Por qué no un enfoque más refinado y dialéctico? Si la conciencia es el atributo fundamental de la forma social de la materia –o, dicho más poéticamente: si el *espíritu* es el producto supremo del *ser*–, ¿qué impide decir que el comunismo sobrevive aún como espíritu, como anhelo, como cosmovisión, como aliento vital de un mundo moribundo, como razón en marcha esperando a –o, dicho en rigor, luchando por– volver a dotarse de un cuerpo, a reconstituirse en forma de movimiento efectivamente real?

El segundo fin no era otro que crear las condiciones para que el lector –y uno mismo, por descontado– pueda comprender cabalmente lo que, desde nuestro particular punto de vista, pone en juego –y lo que, en sí mismo, es– este *Comunismo de los espíritus*.

---

[112] *La ideología alemana*, p. 37.

II. EL COMUNISMO DE LOS ESPÍRITUS

Resulta bastante grotesco que se haya dudado tanto acerca de la autoría hölderliniana del texto que, ahora sí, nos ocupa. Como demuestra Albernaz en el penetrante estudio publicado en esta misma edición, no hay una sola buena razón para desestimar, de primeras, que el *Comunismo de los espíritus* sea obra de Hölderlin. Al revés. Este breve manuscrito hace emerger con toda claridad la pregunta fundamental que Hölderlin tratará de responder con su obra: ¿cómo fundar una comunidad espiritual? Una y otra vez –en *Hiperión*, en *Empédocles*, en su poesía, en su correspondencia– el suabo insiste en las mismas problemáticas que propone el *Comunismo de los espíritus*: la coincidencia temática y textual entre éste y su obra conocida es más que apabullante. Intentaremos aportar algunas pruebas e indicios más a este respecto, teniendo en cuenta –pero intentando también ir más allá de– lo ya argumentado por Jacques D'Hondt y Joseph Albernaz.

4. Hölderlin y el *Comunismo de los espíritus*

Si el lector nos ha seguido hasta aquí, habrá visto que, con su *Empédocles*, Hölderlin pone un pie –pero sólo uno– en el problema que marcará la evolución del pensamiento social a partir de los jacobinos, a saber: la *revolución política*, siendo necesaria, no es suficiente. El movimiento obrero posterior sintetizará esto por venir, la transformación económica pendiente, como *revolución social*. El epicentro que la mirada crítica y de vanguardia ausculta dejará de ser el Estado y sus formas más o menos democráticas, y pasará a ser, en primer lugar, el régimen económico mismo, lo que Marx llamará el *modo de producción*. Los viejos artesanos republicanos devendrán proletarios comunistas.

4.1. Un comunismo espiritual

¿Y Hölderlin? Hölderlin no sabe nada de economía política. Hölderlin se ocupa del espíritu. No nos consta investigación alguna, por su parte, sobre las nuevas relaciones económicas que empezaban a descollar en su tiempo. Pero su sensibilidad es lo bastante aguda como para percatarse de los efectos nefastos que tiene sobre los espíritus la división del trabajo.

> Es duro lo que voy a decir, y sin embargo lo digo porque es la verdad: no puedo figurarme pueblo más desgarrado que los alemanes. Entre ellos encontrarás artesanos, pero no hombres, pensadores, pero no hombres, sacerdotes, pero no hombres, señores y criados, jóvenes y adultos, pero ningún hombre [...].[113]

---

[113] *Hiperión*, pp. 204-205. El fragmento, un poco más abajo, reza: «"Que cada cual se dedique a sus ocupaciones", me dirás, y yo también lo digo. Sólo que debe dedicarse con toda el alma, no debe ahogar en sí cualquier otra fuerza que no concuerde exactamente con su ocupación, no tiene que ser sólo, con ese miedo miserable, literal e hipócritamente lo que su título indica, tiene que ser con seriedad y con amor lo que es, y entonces, en su quehacer vivirá un espíritu, y si se siente oprimido en una especialidad donde no es posible en absoluto la vida del espíritu, ¡que la rechace con desprecio, y vale más que aprenda a trabajar la tierra!» (*Ibid*). Helena Cortés Gabaudan resalta con muy buen criterio que esta crítica hölderliniana a la división del trabajo ha pasado quizá demasiado desapercibida (aunque Lukács también la señala). No obstante, creemos que se equivoca cuando vincula esta crítica específicamente al «trabajo moderno» (*Claves*, p. 180). Para que esta crítica a la división del trabajo fuese *específicamente moderna* (esto es, crítica a la división capitalista del trabajo), debería referirse en algún extremo al maquinismo, a la industria, al trabajo que presupone la cooperación social en gran escala y la separación del proletario respecto de los medios de producción. Hölderlin, un alemán que no conoció Inglaterra ni nos consta que estudiara economía política (a diferencia de Hegel), no estaba en condiciones de realizar esta crítica. Su animadversión hacia la división del trabajo es genéricamente humanista –anhela hombres, espíritus, independientemente de su estrecha ocupación– y específicamente alemana –su lamento se centra en la cortedad de miras del filisteísmo alemán–.

El comunismo de Hölderlin es, en efecto, un comunismo espiritual. Veamos un ejemplo tardío. En una carta a su hermano a principios de 1801, Hölderlin resume aquello que le «permite contemplar con alegría la segunda mitad» de su vida:

> […] el egoísmo en todas sus formas doblegará la cabeza bajo el sagrado yugo del amor, y el bien, el espíritu de comunidad, dominará sobre todo, entrará en todo […].[114]

Este «espíritu de comunidad» que debe dominar sobre y entrar en Todo es exactamente el tema del *Comunismo de los espíritus*. Recordemos que el texto de Hölderlin se cierra con las siguientes preguntas:

> […] ¿dónde quieres encontrar una comunidad? […] ¿Dónde está aquel espíritu devoto y poderoso que […] desde un punto central que le elevó por encima del mundo de entonces lo sometió Todo a su inteligencia y la fuerza de su fe?

En ambos pasos se trata de un *espíritu comunitario* de idénticas características: tan poderoso que debe dominar, someter y entrar en Todo. ¿Se trata de una mera coincidencia? Quien conozca a fondo la obra de Hölderlin puede atestiguar que no lo es. Esta problemática no sólo es recurrente en su obra, sino que constituye el centro mismo de sus esfuerzos poéticos y teóricos. Ofrezcamos alguna prueba más, por ejemplo, leyendo su ensayo *Sobre el modo de proceder del espíritu poético*:

> Cuando el poeta se ha hecho dueño del espíritu, cuando ha sentido y se ha apropiado el alma comunitaria, que es común a todo y propia de cada uno […]; cuando ha entendido que un conflicto necesario surge entre la más originaria exigencia del espíritu, la cual se encamina a la comunidad y al unitario ser-a-

114 *Correspondencia*, p. 523.

la-vez-en-todas-partes, y la otra exigencia, la cual le ordena salir de sí [...]; cuando él ha entendido además que aquella comunidad y parentesco de todas las partes, aquel contenido espiritual, no sería en absoluto sentible si éstas no fuesen diversas según el contenido sensible [...]; cuando ha entendido todo esto, entonces para él todo depende de la receptividad del material para el contenido ideal y para la forma ideal.[115]

La «más originaria exigencia del espíritu [...] se encamina a la comunidad», es decir, *lo primero* que anhela y demanda el espíritu es tener una comunidad, ser parte de un *nosotros*; por eso el poeta debe apropiarse el «alma comunitaria, que es común a todo y propia de cada uno», y entender la necesaria tensión dialéctica entre identidad y diferencia (o el «salir de sí»). Éste es el exacto mismo tema que abordará, desde otro punto de vista, en un fragmento titulado *Sobre la religión*. Allí, reflexionando precisamente sobre la dimensión espiritual (mítica, religiosa) de los hombres, Hölderlin dice:

> [...] sólo en la medida en que varios hombres tienen una esfera comunitaria en la que actúan y padecen humanamente, esto es: elevados por encima de la necesidad, sólo en esa medida tienen una deidad comunitaria; y si hay una esfera en la que viven todos a la vez y con la cual se sienten en una relación distinta de la relación de necesidad, entonces –pero también sólo en esa medida– tienen todos ellos una deidad comunitaria.[116]

---

[115] *Ensayos*, pp. 58-59-60.

[116] *Ibid.*, p. 97. Aquí mismo (p. 100) desarrolla una idea de obvias resonancias robesperrianas. Uno cree estar leyendo una defensa filosófica del Ser Supremo venerado en la Francia jacobina: «Aquí se puede aún hablar acerca de la unión de varias religiones en una, allí donde cada uno venera en representaciones poéticas su dios y todos uno comunitario, donde cada uno festeja míticamente su propia vida más alta y todos una vida más alta comunitaria, la fiesta de la vida». El trasfondo común: Rousseau.

Esta precisión es importante, y certifica la dimensión espiritual (aquí, explícita y rigurosamente idealista) del comunismo hölderliniano: su deidad comunitaria emerge *allí donde termina la necesidad*. Aunque luego podremos volver sobre ello, conviene recordar cómo el comunismo científico emerge precisamente a partir del reconocimiento del «sistema de las necesidades» hegeliano. Esto, que fue lúcidamente señalado por Carl Schmitt[117], está completamente invertido en Hölderlin: su comunismo, la comunidad que él anhela, no es una ultimación consecuente de las necesidades –i. e., los intereses objetivos– de los grupos humanos tal y como socialmente existen; se trata, al revés, de un reino trascendente que aparece sólo cuando, de algún modo, una suma de individuos va humanísticamente *más allá* de sus intereses privados. Recordemos: «el egoísmo en todas sus formas doblegará la cabeza bajo el sagrado yugo del amor». Aunque aquí las melifluas palabras tienen más contenido que el superficialmente evidente, el comunismo de Hölderlin se puede caracterizar, sin duda, de humanista y sentimental.[118] Algo no muy distinto, en

---

[117] En la nota final (1981) de *Tierra y mar*, enuncia la filiación del marxismo como desarrollo de los materialistas parágrafos 243-246 de la *Filosofía del Derecho* de Hegel.

[118] Esta orientación queda clara, por ejemplo, en una carta a su madre: «Soy profundamente consciente de que la causa por la que vivo es noble y benéfica para los hombres, basta con conducirla a una correcta expresión y formación. Y con esta determinación y esta meta vivo en una tranquila actividad, y cuando a menudo me viene el recuerdo (lo cual es inevitable) de que tal vez estuviera mejor considerado por la gente si pudieran reconocerme dentro de la vida burguesa por medio de un oficio honrado, lo asumo con facilidad, porque lo comprendo y encuentro mi resarcimiento gozándome en la alegría por lo que es verdadero y hermoso, a lo que me he consagrado calladamente desde que era joven y a lo que he retornado aún más decidido después de las experiencias y enseñanzas de la vida» (*Correspondencia*, p. 481). Hölderlin es, en fin, un burgués desclasado de ideales humanistas: querría que, como él, todo el mundo fuera más allá de su específica particularidad para elevar la mirada a fines más ricos, profundos y comunitarios. En el fondo, éste fue el muro contra el que chocó su obra y su vida, y la decepción que le llevó a la locura: la insoluble contradicción entre el *bourgeois* y el *citoyen*.

este sentido, del credo de los primeros comunistas proletarios en Alemania (Weitling, Kriege) que Marx y Engels tuvieron que refutar casi medio siglo después para echar a andar el comunismo en cuanto movimiento real.

Si nos hemos detenido en ver cómo vincula Hölderlin los extremos del espíritu y la comunidad, de la comunidad y el espíritu, es porque esta relación constituye el verdadero núcleo de su pensamiento. Todo lo que se ha dicho de su nueva mitología o nueva religión encuentra aquí su simple solución. Hölderlin no es en puridad un romántico, sino más bien un ilustrado que quiere ir, aunque a través de ella, más allá de la ciencia [*Wissenschaft*] de su tiempo: «porque ya no hay ni filosofía ni historia, únicamente la poesía sobrevivirá a todas las ciencias y artes restantes».[119] Hölderlin cree que «para realizar un sistema de pensamiento es tan necesaria la inmortalidad como lo es para un sistema de la acción»[120]; que «la reunión del sujeto con el objeto en un absoluto [...] es posible estéticamente en la intuición intelectual»[121], pero no de otro modo. Las ideas y las acciones de los hombres son un constante esfuerzo, una «aproximación infinita»[122]; la única forma que tiene el espíritu de retener el Absoluto es, entonces, la poesía. El *Primer programa* reivindicaba «la formación igual de todas las fuerzas, tanto de las fuerzas del individuo como de las de todos los individuos»; también «la libertad y la igualdad universal de todos los espíritus».[123] ¿Cómo lograrlo?

---

119 *Escritos de juventud* (Hegel), p. 220.

120 *Correspondencia*, p. 263.

121 *Ibid.*

122 *Ibid.*

123 Ambas ideas constituyen, de nuevo, una apología –en una forma idealista y utópica–, del fin de la división social del trabajo. El mismo texto expone más arriba las condiciones de «la unidad perpetua entre nosotros»: esencialmente, el fin de la distinción –en el supramundano reino de las ideas y los sentimientos, claro está, no en el régimen económico– entre el pueblo, la masa, y los filósofos o sacerdotes; es decir, entre una mayoría dedicada al trabajo manual y una minoría volcada en el trabajo intelectual.

Un espíritu superior enviado del cielo tiene que instaurar esta nueva religión entre nosotros; ella será la última, la más grande obra de la humanidad.[124]

Esta *nueva religión* –que es a su vez el principio ordenador para el *Neue Zeit* que menciona el esquema que cierra el manuscrito– es lo que Hölderlin llamó de manera absolutamente visionaria *Comunismo de los espíritus*. Pues el intento de ejecución del *CdG* no es conclusivo; termina con un interrogante, y todo él es un mayúsculo interrogante: tras la bancarrota del cristianismo y el auge de la crítica científica, ¿cuál será el espíritu que pase a dominar la nueva era? La cosa no es baladí. Así, aquí, Hölderlin anticipó lo que real y efectivamente ha sido luego la gran cuestión de los últimos dos siglos: el comunismo. Y deslizó este neologismo en el borde superior de la primera página del manuscrito, como si hubiera encontrado al fin la respuesta a su pregunta.

4.2. Más evidencias temáticas, textuales y contextuales

Aportaremos algunas pruebas más –creemos que aún no presentadas por ningún especialista– de la autoría de Hölderlin del *Comunismo de los espíritus*.

Uno de los pasajes del manuscrito que más éxito ha cosechado, por la poderosa imagen que evoca, reza así:

> [...] cuando debo regresar del libre éter de la Antigüedad a la noche del presente, y no he encontrado otra salvación que la rendición aterida que es la muerte del alma; es un sentimiento torturador, ante el recuerdo de glorias pasadas uno se encuentra como un criminal ante la historia [...].

---

124 *Escritos de juventud* (Hegel), p. 220.

La metáfora es efectivamente poderosa. La impotencia que siente Eugen para rejuvenecer el mundo le hace sentir *como un criminal ante la historia*. De algún modo, siente que no está a la altura del ideal, de su referencia, de aquello que informa de lo bello que habría que recuperar en una forma contemporánea: la unidad de naturaleza y espíritu. Por otro lado, como se sabe, en *Hiperión*, Diotima representa –además de a su amada Suzette– esta misma unidad, esta encarnación del ideal hölderliniano de belleza. Cuando Hiperión se despide de Diotima para ir a la «guerra justa [que] vivifica todas las almas» y hace prevalecer su fogosidad belicosa hasta el punto de que Diotima cede en sus reconvenciones, el propio héroe dice:

> Lloraba amargamente y yo me sentía ante ella como un criminal.[125]

Si en el fragmento del *Comunismo de los espíritus* Eugen se siente torturado por el abismo que le separa de una época con espíritu, percibiéndose «como un criminal ante la historia», Hiperión llora amargamente por el abismo violento que de inminentemente le separará de Diotima, la naturaleza espiritualizada, sintiéndose «ante ella como un criminal». La similitud de ambas fórmulas pareciera sugerir un parentesco directo. ¿Es posible que lo haya? Sí, si atravesamos el deformador filtro de la traducción. En alemán ambas oraciones están construidas exactamente igual, cambiando sólo el objeto ante el que uno se siente como un criminal. La frase del manuscrito del *Comunismo de los espíritus* reza «**wie ein Verbrecher, vor** der Geschichte»; la de *Hiperión* dice «**wie ein Verbrecher, vor** ihr». La traducción literal sería: *como un criminal, ante la historia / como un criminal, ante ella*. Hasta la coma está idénticamente situada. Además, el verbo que predica en alemán es también el mismo: «stehen», cuya traducción

---

125 *Hiperión*, p. 134.

más literal es «estar (de pie)». En el primer caso, «man steht» (uno está), presente de indicativo; en el segundo, «ich stand» (yo estaba), pretérito. Ambos textos deben ser más o menos contemporáneos (y sobre la posible datación daremos después algunas indicaciones), lo que sólo refuerza la posibilidad de que Hölderlin reciclase la literalidad de alguna imagen en un marco narrativo diferente. Y, por supuesto, esta coincidencia no es nada casual en su contenido. Son dos temas cruciales en toda su obra: en el primer caso, en términos ontológicos, la nostalgia moderna de un tipo de comunidad espiritual que se da por perdida y que no se sabe cómo recuperar; en segundo lugar, y en términos políticos que se derivan directamente de lo anterior, el dilema hölderliniano entorno a la utilidad de la mundana violencia para la consecución de aquellos fines espirituales. [126] Hölderlin, creemos, no renuncia ni al fin ontológico comunitario ni a los medios políticos violentos; pero se mueve constantemente en la duda, en la pregunta de si es realmente posible, en el fracaso práctico de sus intentos y referentes, en la dificultad de armonizar sus elevados fines humanistas con terrenales humanos de carne y hueso.

---

[126] Por ejemplo, Hölderlin refleja esta contradicción en *Hiperión* (p. 50). Como vimos antes, Alabanda quiere «arrancar de la tierra las cepas inútiles», mientras que Hiperión dice: «Si es posible, las apartaremos suavemente a un lado». Antes, en un encendido discurso, Alabanda había entonado una argumentación marcadamente vanguardista: «El dios que hay en nosotros, al que se le abre la infinitud como un camino, ¿debe estar quieto y esperar hasta que el gusano le ceda el paso? ¡No, no! ¡No se os pregunta si queréis! ¡Vosotros, esclavos y bárbaros, no queréis nunca!» (*Ibid.*). Cabe recordar que, aunque Alabanda está inspirado en Sinclair, el revolucionario amigo de Hölderlin, es obvio que la dupla Hiperión/Alabanda también representa una suerte de diálogo interior del propio Hölderlin. No se trata sólo de la contraposición externa de las ideas Hölderlin/Hiperión respecto de su entorno, sino de la exposición de sus propios dilemas internos. Compárese, por ejemplo, esta diatriba de Alabanda que acabamos de citar con los versos de Hölderlin que abren nuestro texto, de su *Himno a la libertad*: «¡Pudríos, esclavos! Se alzan sonrientes / días libres sobre vuestras tumbas» (*Poemas*, p. 41).

Encontramos un vínculo textual adicional bastante importante en otro pasaje crucial del *Comunismo de los espíritus*: ése en el que Hölderlin dice, ni más ni menos, que la ciencia «debe o bien destruir el cristianismo o bien ser uno con él». Destruir, aniquilar: en alemán, «vernichten». No parece ser, ni ella ni sus derivadas, una palabra excesivamente frecuente en el léxico de Hölderlin. En *Hiperión* lo encontramos un par de veces, referido a uno mismo, a su alma. Lo mismo en la tragedia *Empédocles* y su *Fundamento*. En su epistolario parece ocurrir cosa similar: salvo error, lo encontramos sólo tres veces: una, de nuevo, en relación con el espíritu de la propia persona[127]; pero las otras dos aparecen juntas, pocos meses antes, en una misma y absolutamente decisiva carta a Ebel:

> Y en lo tocante a lo general, tengo un consuelo, y es que toda efervescencia y disolución tienen que conducir necesariamente o a la aniquilación [*Vernichtung*] o a una nueva organización. Pero puesto que no veo aniquilación [*Vernichtung*], pienso que por lo tanto de nuestra muerte tendrá que salir la juventud del mundo.[128]

Tanto en el *CdG* como en esta carta a Ebel (que, ya citada antes, es la respuesta de Hölderlin a la decepción sufrida por su amigo en París) esta acción destructiva [*vernichten*], esta destrucción [*Vernichtung*], aparecen ambas –en el plano lógico-formal– como una de las alternativas posibles en una dupla de proposiciones disyuntivas excluyentes: o bien *aniquilación* o bien *una nueva unidad*. Y, nada casualmente, si atendemos al contenido el dilema es de nuevo exactamente el mismo en ambos textos: el umbral entre épocas históricas, la transición entre períodos, las

---

127 Le dice a Neuffer: «Tu amor propio reposa todavía en otra feliz actividad; y de este modo no te aniquilas no siendo poeta» (*Correspondencia*, p. 336).
128 *Correspondencia*, pp. 318-319.

«contradicciones y contrastes» entre dos principios que luchan.[129] Entre las contradicciones que enlista la carta: «¡Superstición e incredulidad!».[130] Esta «incredulidad» es, en alemán, «Unglauben». La misma incredulidad que Hölderlin ve «generalizada» [*der Allgemeinheit des Unglaubens*] en el *Comunismo de los espíritus*. Y en ambos casos Hölderlin parece apostar no por la llana y simple «aniquilación», sino por una «nueva organización» (en la carta) o por que ciencia y cristianismo sean «uno» (en *CdG*).[131]

Algunos detalles más. En el *Comunismo de los espíritus*, Hölderlin reflexiona sobre la «influencia [de las órdenes monásticas] sobre la religión y al mismo tiempo sobre la ciencia. Ambas direcciones se han separado». Esta contradicción entre religión y ciencia está en la base del manuscrito del *CdG*. En su *Hiperión* vemos reflejado el mismo conflicto:

> ¡Cuando expiréis interiormente, no se os ocurra consultar ni a vuestros médicos ni al sacerdote!

---

[129] En esta carta, Hölderlin enumera hasta una docena de contraposiciones que, a su entender, dan «colorido» al «caos humano» de su tiempo (*Ibid.*).

[130] *Ibid.*

[131] La «unificación» y la «disolución» es el tema central de todo su ensayo *El devenir en el perecer*. Creemos que un estudio comparativo sistemático entre este ensayo y el *CdG* sería más que provechoso, puesto que tratan con precisión el mismo asunto. Sólo un ejemplo: «Por lo tanto, la disolución, en cuanto necesaria [...] llega a ser, como tal, objeto ideal de la vida que ahora acaba de desplegarse, una mirada hacia atrás sobre el camino que tuvo que ser dejado atrás desde el comienzo de la disolución hasta allí donde a partir de la nueva vida puede producirse un recuerdo de lo disuelto y, de ahí, como explicación y unificación del vacío y del contraste que tienen lugar entre lo nuevo y lo pasado, el recuerdo de la disolución. Esta disolución ideal no encierra temor. El punto de comienzo y el de fin están ya puestos, encontrados [...], y, en cuanto este recuerdo de lo disuelto, de lo individual, ha sido, mediante el recuerdo de la disolución, unificado con el infinito sentimiento de vida y llenado el vacío entre ambos, entonces procede, de esta unificación y comparación de lo singular pasado y lo infinito presente, el estado propiamente nuevo, el paso próximo, que debe seguir a lo pasado». ¿No es evidente que cabría ver el *CdG* como una precisa extrapolación literaria de este párrafo ensayístico? (*Ensayos*, pp. 102-103.)

> Habéis perdido la fe en todo lo grande; por eso, por eso debéis desaparecer si esa fe no vuelve como un cometa de lejanos cielos.[132]

Precisamente porque ciencia y religión «se han separado», ninguno de los exponentes respectivos de ambos caminos –médicos y sacerdotes– pueden ya curar unilateralmente la expiración interna del espíritu, que anhela algo más, el retorno de un principio superior y unificador. ¡«Habéis perdido la fe en todo lo grande»!; por eso esta «incredulidad generalizada» (completamente «necesaria» para Hölderlin tras la revolución kantiana) debe ser superada por una fe que vuelva como un cometa, es decir, que irrumpa desde el cielo (dominio divino) «como de un solo golpe».

Es algo que obsesiona a Hölderlin. Más adelante, en *Hiperión*, aparece el mismo tema de nuevo:

> ¿Qué es todo el saber artificial del mundo, qué es toda la orgullosa emancipación del pensamiento humano comparada con los acentos espontáneos de aquel espíritu que no sabía lo que sabía ni lo que era? [...]
>
> ¿Qué es la sabiduría de un libro frente a la sabiduría de un ángel?[133]

Este espíritu que no sabía qué sabía ni lo que era, este ángel, es Diotima, que representa, como ya hemos visto, la perfección natural, la coincidencia espontánea de divinidad y humanidad, el estadio áureo que, perdido, anhela recuperar el poeta. O, mejor dicho quizá, la corporización individual de un estadio que se

---

[132] *Hiperión*, p. 66. La misma contradicción aparece también cuando Hiperión dice: «Otro, que se consideraba ilustrado, se burlaba del cielo y afirmaba que más valía pájaro en mano que ciento volando» (*Ibid.*, p. 42).
[133] *Ibid.*, p. 85.

busca recuperar para toda la especie.[134] Por eso se le contrapone «la orgullosa emancipación del pensamiento humano» –evidente alusión a la revolución filosófica kantiana–: la *fría* sabiduría que, emancipándolo, ha dejado huérfano al espíritu humano.[135]

Al final del volumen primero de *Hiperión*, tras el pasaje que más arriba hemos emparentado con el revolucionario comunista Babeuf, Hölderlin resume todo su anhelo en unas pocas líneas:

> ¡Ya llegarán tus hombres, naturaleza! Un pueblo rejuvenecido te rejuvenecerá también a ti [...] y el antiguo vínculo de los espíritus [*Bund der Gesiter*] se renovará contigo.
>
> Sólo habrá una belleza; y humanidad y naturaleza se unirán en una única divinidad que lo abarcará todo.[136]

Ese «vínculo de los espíritus» es «antiguo» porque esa Edad de Oro, semejante «mundo más hermoso» ya «existió»[137];

---

[134] Quizá es por esto que Diotima debe morir en la novela: ya vimos más arriba que Hölderlin, aunque con sus reservas, coincide con Kant en cuanto a la necesidad de haber «perdido» la Edad de Oro para que la humanidad emprenda su camino de autoformación: «Hay dos estados ideales para nuestra existencia: el de la extrema simplicidad, en el que nuestras necesidades, *en virtud de la mera organización natural*, sin nuestra intervención, concuerdan consigo mismas [...]; y el de la extrema cultura [*höchsten Bildung*], en el que, *gracias a la organización que somos capaces de darnos nosotros mismos*, se obtiene el mismo resultado que antes, pero ahora con necesidades y energías infinitamente más complejas y poderosas. La órbita excéntrica que el hombre, tanto la especie como el individuo, recorre desde un punto [...] hasta otro [...] parece ser, *en sus direcciones esenciales*, siempre idéntica a sí misma» (*Versiones previas*, p. 35).

[135] Dice Hölder: «Encontré que, examinándolo con detalle, lo cierto es que con la *razón*, la *fría* razón alejada del corazón, *tiene* uno que llegar forzosamente a sus ideas si quiere explicarlo todo. Pero, aun así, me seguía quedando la fe de mi corazón, a la que le ha sido dada incontestablemente un ansia de lo eterno» (*Correspondencia*, p. 116).

[136] *Hiperión*, p. 126.

[137] «[...] ¿sabes qué es lo que te consume, lo único que te falta, lo que buscas [...], lo que te entristece en todas tus tristezas? Es algo que no ha desaparecido hace sólo algunos años; no se puede decir exactamente cuándo existió

quienes lo traerán de vuelta son hombres por venir; y dicha alianza espiritual entre humanidad y naturaleza será una divina belleza que lo abarque, de nuevo, «Todo». Es, exactamente, lo que reclama *CdG*: y es en este mismo texto estos *hombres por venir* parecen exclamar, bíblicamente:

> [...] nos hemos vuelto pobres [*arm*] para poder volvernos ricos [*reich*].

Albernaz destaca este pasaje (y su léxico), que según él «es sumamente significativo para corroborar la autoría de Hölderlin del *Comunismo de los espíritus*»[138] por su contenido paulino. Coincidimos. Pero es que, además, figura un pasaje prácticamente idéntico en *Hiperión*. Le dice Diotima:

> ¿Ves ahora lo pobre [*arm*] que eres y, al mismo tiempo, qué rico [*reich*]?[139]

Cuadra el sentido del pasaje, y las palabras alemanas también: pobre, *arm*, y rico, *reich*. Si en *CdG* esta riqueza y esta pobreza están directamente vinculadas al espíritu –pues para ellos «todo se concentra en lo espiritual» y la «materia muerta» no es nada–, lo mismo ocurre en el texto de la novela. Justo antes, le había dicho Diotima a Hiperión que lo que realmente deseaba el héroe era «el espíritu de todos los espíritus de un tiempo mejor»:

---

ni cuándo desapareció, ¡pero existió, existe, está en ti! Lo que buscas es un tiempo mejor, un mundo más hermoso. Era ese mundo únicamente lo que abrazabas cuando abrazabas a tus amigos; tú, junto a ellos, eras ese mundo», le dice Diotima (*Hiperión*, p. 97). En este «existió, existe, está en ti» Hölderlin parece contradecir directamente a su apreciado Rousseau, cuando habla de un «estado [originario] que ya no existe, que tal vez nunca ha existido, que probablemente no existirá jamás» (*Rousseau II*, p. 129).

138 *Supra*, pp. 155-156.

139 *Hiperión*, p. 98.

> Porque posees todo y nada: porque el espectro de los días de oro que deben venir te pertenece [...porque] eres un dios entre dioses en los hermosos sueños que te invaden durante el día, y cuando despiertas te encuentras en el suelo de la Grecia actual».[140]

Un dorado sueño del que uno se despierta violentamente sintiendo algo similar a un «abismo entre aquí y allá»; un doloroso contraste entre aquellas «glorias pasadas» y un presente que cabe calificar de indigente, insatisfactorio, desdivinizado. Es, una vez más, la misma reflexión que informa explícitamente el texto del *Comunismo de los espíritus*.

¿Cómo podría negarse, ante tantísimos indicios directos e indirectos, su paternidad hölderliniana?[141]

4.3. Últimos indicios textuales y propuesta de datación alternativa

Sobre la datación del *Comunismo de los espíritus*, nos parece perfectamente plausible la fecha de composición que propone Joseph Albernaz en su trabajo (entre finales de 1790 y 1796, siendo el semestre de mediados-finales de 1794 lo que considera más probable). No obstante, creemos que es también muy verosímil situar el texto al final de la década, específicamente entre 1797 y 1799. Los indicios los hemos ido exponiendo más arriba: ahora los ubicaremos y enlazaremos cronológicamente. Aportaremos por el camino algunos indicios más que, en nuestra opinión, hacen definitiva la autoría de Hölderlin.

---

140 *Ibid.*

141 Aunque no podemos explorarlos todos aquí, hay más. Por ejemplo, respecto al uso que hace Hölderlin de la «melodía» [*Melodien*] tanto en *CdG* como en el conjunto de su obra; lo mismo con la unicidad de la verdad (*Versiones previas*, p. 125), etcétera, etcétera.

Albernaz cita con muy buen criterio una carta del poeta a Hegel. En ella, el primero le dice al segundo (enero de 1795) que:

> […] hace tiempo que me ronda el ideal de una educación del pueblo, y dado que te estás ocupando precisamente de una parte de la misma, la religión, tal vez elija tu imagen y tu amistad como hilo de los pensamientos que me conduzcan al mundo externo sensible y escriba lo que tal vez hubiera escrito más tarde, *cuando vengan tiempos mejores*, en cartas dirigidas a ti, que tú deberías juzgar y aprobar…[142]

Consideramos, efectivamente, que esta alusión bien podría referirse a lo que después será el *Comunismo de los espíritus*. Pero, salvo que Hölderlin esté mintiendo a su «hermano» sin motivo aparente, lo que menciona es un proyecto que «tal vez» ejecute. La idea le ronda la cabeza desde «hace tiempo» (¿desde la visita en 1790 a la capilla de Wurmlingen?), pero en principio pensaba escribirlo «más tarde, *cuando vengan tiempos mejores*». Esos «tiempos mejores» se refieren seguramente al momento en que se cumpla el anhelo de Hölderlin: «desearía muy a menudo estar cerca de ti».[143] Esta circunstancia se cumple relativamente pronto. Hölderlin y Hegel coinciden en Fráncfort casi dos años, desde enero de 1797 hasta septiembre de 1798, cuando Hölderlin abandona la casa de los Gontard y va a Homburgo con Sinclair.[144] ¿No discutirían largo y tendido ambos amigos sobre el contenido del *Comunismo de los espíritus*, teniendo en cuenta las significativas similitudes que tanto D'Hondt como Albernaz perciben entre el manuscrito y, precisamente, los textos del Hegel de Fráncfort? ¿No es posible que Hölderlin se decidiese a escribirlo en esta

[142] *Correspondencia*, p. 233.

[143] *Ibid.*, p. 198. Hölderlin media para conseguirle un «ventajoso» puesto de preceptor a Hegel cerca de él, como tarde, desde principios del verano de 1796 (*Ibid.*, p. 308). Para el otoño el asunto está «arreglado» (*Ibid.*, p. 310).

[144] *Hölderlin o El fuego*, pp. 319-320.

ciudad (1797-1798) mientras duraba la compañía de Hegel o, si no, poco después de partir a Homburgo, en recuerdo de sus diálogos con su «querido hermano»?

Repasemos las pruebas textuales y contextuales, añadiendo algunas más aún, para intentar hacernos un cuadro temporal.

1. *La influencia de Schiller*. Schiller publica las nueve primeras de sus *Cartas para la educación estética del hombre* en enero de 1795, en su revista *Die Horen*. La influencia de estas cartas sobre Hölderlin es mayúscula, en cuanto se comparan las ideas de Schiller allí expresadas con las del joven Hölderlin. En la novena carta de Schiller encontramos un pasaje que parece concentrar todos los conceptos nucleares en el *CdG*: Grecia (la Antigüedad), el cielo, la contradicción entre materia y forma, el éter, la unidad del ser, la referencia ideal de edades más nobles, la belleza…:

> Que una deidad bienhechora arrebate oportunamente al infante del pecho de su madre, que lo nutra con la leche de una edad mejor y lo conduzca a la mayoría de edad bajo el lejano cielo de Grecia. Cuando se haya hecho un hombre, regrese entonces a su siglo como si fuese un extranjero; pero no para alegrarlo con su aparición, sino, terrible como el hijo de Agamenón, para purificarlos. Del presente, por cierto, tomará la materia [*Stoff*], la forma [*Form*], en cambio, de una edad más noble e incluso, más allá de toda edad, de la unidad absoluta e inmutable de su ser. Aquí, el puro éter [*Aether*] de su naturaleza demónica, mana la fuente de la belleza […].[145]

Lo que Schiller prescribe para el artista, Hölderlin lo escribe sobre el espíritu que debe someter al Todo en la nueva era. Sin probar nada, nos parece que Hölderlin bien podía tener presente (o sedimentado) este pasaje u otros muchos similares de Schiller. Y, dada su publicación en 1795, es un primer indicio de que el *CdG* pudo ser escrito más tarde de 1794.

---

[145] *Cartas sobre la educación estética del hombre*, p. 119.

2. *Destruir* [*vernichten*], *destrucción* [*Vernichtung*]. Este otro vínculo formal aparece a inicios de 1797 (enero), en la ya citada carta a Ebel. Aunque nada nos confirma respecto a la fecha de redacción de *CdG*, nos pone sobre la pista temporal de un tema que preocupa a Hölderlin en términos muy similares a los del *Comunismo de los espíritus*. Como ya indicamos a pie de página, este asunto nos parece exactamente el mismo que el del importantísimo fragmento *El devenir en el perecer*, fechado inciertamente parece precisamente que entre 1797 y 1799.

3. *Como un criminal ante la historia / ante ella*. Hölderlin termina el segundo volumen de su *Hiperión* hacia noviembre de 1798.[146] Es en este segundo volumen donde aparece definitivamente la frase [*wie ein Verbrecher, vor…*] que vimos calcada en el *Comunismo de los espíritus*. Cualquiera que sea el manuscrito que se escribió primero, nos parece lo más plausible pensar que su redacción es virtualmente simultánea, ni demasiado distante en el tiempo (1790 o 1794) ni reescrita literalmente tras la publicación (octubre de 1799) de la segunda mitad de la novela.

4. *Jakob Friedrich Gutscher*. Paisano de Hölderlin y secretario de la delegación de Wurtemberg en el Congreso de Rastatt, «en 1798 se mostró muy radical, llegando a pedir la supresión de la propiedad privada». Hölderlin dice a la madre: «Me reúno con frecuencia con mi paisano»; al hermano, poco después: «Hablo casi a diario con […] Gutscher. Es un hombre comprensivo».[147] Hölderlin coincidió con Gutscher precisamente a finales de 1798. ¿Pudo influir en el poeta de algún modo en este tiempo? Hölderlin volvió de Rastatt habiendo «ganado mucha fe y valor» por sus «nuevos amigos», como le dice a Sinclair.[148] Hegel conservó en su biblioteca textos de esta época escritos por Gutscher.

---

146 *Hölderlin o El fuego*, p. 320.

147 *Correspondencia*, p. 391 (n. 1); p. 391; p. 395.

148 *Ibid.*, p. 399. En la misma carta dice que «es bueno, y hasta constituye la primera condición de toda vida y organización, que no haya ninguna fuerza monárquica en el cielo ni sobre la tierra».

5. *Un poema.* Hay un poema de 1798-1799 con algunas ligazones textuales adicionales respecto al *CdG* que, aunque quizá casuales, no deberíamos pasar por alto. Recordemos que la primera palabra que aparece en el intento de ejecución del *CdG* es *Sonnenuntergang*: «Puesta de sol». Hölderlin escribió un poema homónimo, probablemente redactado en 1798 y publicado en 1799. En él, algunas similitudes léxicas y temáticas con nuestro texto:

> ¿Dónde paras? Ebria trasluce mi alma
> de todas tus delicias; pues acabo de oír
> cómo, rebosante de dorados sones,
> el encantador vástago del sol
>
> toca su canción de la tarde en la lira celestial;
> bosques y colinas se hacían eco en derredor,
> aunque ya se fue lejos, donde los pueblos devotos
> que todavía lo veneran.[149]

¿Acaso no se verá transportado el lector atento al mismo exacto lugar y momento y a la misma sensación de resignada nostalgia que evoca el *Comunismo de los espíritus*? No sólo la imagen pintada es indistinguible, sino que comparte el léxico atmosférico y topográfico: Puesta de sol [*Sonnenuntergang*]; bosques [*Wälder*] y colinas [*Hügel*]. Una imagen de tonos dorados en ambos casos: en uno por los sones [*goldner Töne*], en otro por los rayos [*goldenen Strahlen*]. En *CdG*, Eugen se pregunta dónde está aquel [*wo is jener*] espíritu devoto [*fromme*] que lo sometió Todo; en el poema, el sol (símbolo del espíritu, de lo divino) también se ha retirado, se ha ido lejos, por lo que Hölderlin le pregunta directamente dónde está [*Wo bist du?*] y cierra los versos respondiendo que con los pueblos devotos [*frommen Völkern*] que *todavía* lo veneran.

---

[149] *Poemas*, p. 159. Traducción ligeramente modificada.

6. *Un texto de Hegel.* En el otoño de 1798, precisamente cuando se separa de Hölderlin tras la partida de éste a Homburgo, Hegel comienza a escribir sus primeros esbozos para *El espíritu del cristianismo*. El primer párrafo del primer esbozo es más que elocuente acerca de las preocupaciones compartidas entre ambos amigos en Fráncfort, y además de ser un indicio más para constatar la autoría hölderliniana –y la influencia hegeliana– del *CdG*, refuerza nuestra hipótesis temporal:

> En la época en que Jesús apareció en medio de la nación judía, ésta se hallaba en el estado que es siempre la condición previa de una revolución más o menos inminente y que tiene siempre los mismos caracteres generales. Si el espíritu se ha retirado de una constitución y de las leyes y si, en virtud de su metamorfosis, no concuerda ya con las mismas, surge una búsqueda, una aspiración hacia algo diferente. Pronto cada cual encuentra este «algo diferente» en una cosa distinta; así surge una multiplicidad de formaciones culturales, de maneras de vida, de exigencias, de necesidades que, en la medida que lleguen a divergir, poco a poco, hasta tal grado que ya no puedan subsistir una al lado de la otra, producen finalmente una explosión, dando nacimiento a una nueva forma general, a un nuevo vínculo entre los hombres.[150]

Vemos que el objeto de estudio de Hegel es aquí exactamente el mismo que el de Hölderlin en el *Comunismo de los espíritus*, sólo que vinculándolo explícita y sugerentemente con el vocablo «revolución». El primero nos dice que, cuando «el espíritu se ha retirado» de una determinada configuración histórica, «surge una búsqueda» que anhela «una nueva forma general» para constituir «un nuevo vínculo entre los hombres»; el segundo desarrolla narrativamente la misma búsqueda de una nueva forma general (a la que Hölderlin llamará *Communismus*): por eso se pregunta en

[150] *Escritos de juventud*, p. 267.

«dónde está aquel espíritu» capaz de someter al Todo «como de un solo golpe». El primero adopta este punto de vista para estudiar el surgimiento del cristianismo en el mundo antiguo; el segundo explora literariamente su caducidad en este *Neue Zeit*. Ambos textos encajan demasiado bien entre sí como para explicar sus similitudes por circunstancias meramente casuales. Nos parece mucho más sensato pensar que ambos son, respectivamente, el producto filosófico-literario del largo pensar en común de los dos amigos durante su estancia en Fráncfort.[151]

7. *Una carta al hermano*. En la nochevieja de 1798 Hölderlin comenzó una carta al hermano. La continuó en Año Nuevo, en un particular estilo reflexivo y meditabundo. Allí piensa detenidamente en los temas que informan el *CdG*; es también la carta donde habla anhelosamente de «un honor y una propiedad comunes». Pero el resto de la carta no tiene desperdicio:

> Puesto que la mayoría de los alemanes se encontraba hasta ahora en este estrecho y temeroso estado, no pudieron experimentar un influjo más saludable que el de la nueva filosofía, que exige hasta el extremo la generalidad del interés y desvela en el pecho del hombre la aspiración infinita y que, aun cuando insista demasiado y con una visión muy parcial en la gran espontaneidad de la naturaleza humana, con todo, como filosofía *de la época*, es la única posible.[152]

151 De hecho, tenemos evidencia documental de que era éste un pensamiento compartido entre los dos amigos. Escribiendo a su madre (enero de 1799) precisamente de cómo «los escribanos y fariseos de nuestro tiempo [...] convierten la sagrada y querida Biblia en un parloteo frío que mata el espíritu», dice poco después: «Tenía que acabar todo exactamente en el punto en el que estamos ahora especialmente en materia de religión y cuando Cristo apareció en el mundo casi ocurría ya lo mismo que ahora con la religión. Pero, al igual que tras el invierno llega la primavera, así también llegó siempre nueva vida tras la muerte espiritual del hombre y lo sagrado sigue siendo siempre sagrado por mucho que los hombres no lo respeten» (*Correspondencia*, pp. 411-412).

152 *Correspondencia*, p. 405.

Este fragmento es el correlato exacto de parte de la *Disposición* del *Comunismo de los espíritus*: de aquella que nos habla de que «tal incredulidad es necesaria en nuestro tiempo» porque «está relacionada con la crítica científica propia de nuestros tiempos, que adelanta a la especulación positiva». La carta sigue diciendo:

> Kant es el Moisés de nuestra nación, que la conduce desde la postración egipcia al desierto libre y solitario de su especulación y trae la enérgica ley desde la montaña sagrada. ¡Claro que siguen bailando alrededor de sus terneros de oro y que reclaman sus ollas de carne!, y seguramente él mismo tendría que emigrar con ellos, en sentido propio, a algún retiro solitario, si es que han de dejar de servir a su estómago y abandonar los usos y opiniones ya muertos, sin corazón y sin sentido [...].[153]

O sea, traducido en el idioma de la *Disposición* del *CdG*: «La ciencia debe o bien destruir el cristianismo o ser uno con él, y ya que sólo puede haber una verdad, se trata de no permitir que la ciencia dependa de circunstancias externas». Se pregunta Hölderlin, finalmente:

> ¡Oh, Grecia, con tu genialidad y tu devoción [*Frömmigkeit*]! ¿A dónde has ido a parar?[154]

Y decía el *CdG*: «¿Dónde está aquel espíritu devoto [*fromme*] y poderoso...?». Este nuevo año 1799 lo comienza Hölderlin con una mezcla de reflexión taciturna y esperanza belicosa. Los temas son, constantemente, los mismos que los del *CdG*: el abismo que se ha abierto con la emergencia de la filosofía kantiana, la supervivencia relativa del peso muerto del cristianismo, etcétera.

---

153 *Ibid.*

154 *Ibid.*, p. 408.

8. *Otra (curiosa) carta al hermano*. En marzo de 1801[155], Hölderlin le envía una curiosa carta a Karl. Comienza lamentándose de que entre ellos ya no media el amor fraternal de antes. Más adelante, continúa diciendo: «Sigo pensando como pensábamos antes en compañía, sólo que dándole mayor aplicación». Nos preguntamos, primero: ¿*cuándo* es ese «antes», en el que estaban en mutua compañía? Sabemos que Karl visitó a Friedrich en la Pascua de 1797, estando el poeta en Fráncfort[156], y no nos constan otros encuentros posteriores antes de esa carta (¿o se refiere a la distante compañía del pensar juntos de la última misiva que hemos citado?). Segundo: ¿qué contiene ese «como»?; ¿*cómo* pensaban en compañía? Hölderlin lo dice a renglón seguido:

> ¡Sea todo una unión infinita, pero en ese Todo un *uno sobresaliente* y unificador que *en sí* no es *ningún Yo*, y que Dios sea éste entre nosotros![157]

El tema es, de nuevo, el mismo que el del *CdG*: un principio unificador, vinculado al infinito [*Unendliche*], que someta a la totalidad, al Todo [*Allem*]. Hölderlin pone en mayúscula la primera letra de *Allem*, y por eso los traductores castellanos lo vuelcan como «Todo», también con mayúscula.[158] Exactamente el mismo recurso usa en el *Comunismo de los espíritus*:

---

155 *Ibid.*, pp. 536-537.

156 *Hölderlin o El fuego*, p. 320.

157 *Correspondencia*, p. 537. Esta insistencia en la idea de una totalidad ordenada por un espíritu (re)unificador aparece claramente en una anterior carta a la madre (enero de 1798), en la que Hölderlin dice que «tanto en lo singular, como en el todo y en medio de las tormentas, reina infinitamente un espíritu que todo lo sostiene, un espíritu de la paz y del orden, que sólo acepta la lucha, el sufrimiento y la muerte para conducir todo en todas partes, a través de las disonancias de la vida, a la suprema armonía» (*Ibid.*, p. 354). Esta armonía es, sin duda, la *armonía de los espíritus*, el *comunismo de los espíritus*.

158 Parece que el recurso es casi típico en Hölderlin. Lo encontramos también en *Hiperión* (aunque en la clásica versión castellana que utilizamos suele

> [...] y Todo [*Alles*] como de un solo golpe, que, desde un punto central que le elevó por encima del mundo de entonces lo sometió Todo [*Alles*] a su inteligencia y su fe.

En la misma carta Hölderlin habla con su hermano «como si el otro no creyera» [*nicht glaubte*], y menciona tres veces en pocas líneas la «falta de fe», *Unglaube*, el mismo vocablo alemán que en el *CdG* se ha traducido como «incredulidad». ¿Qué siente Hölderlin que le «falta» [*es fehlt*] hablando con su hermano? En la carta, amén de «hombres» y «signos», «palabras» [*Worten*]; en el *CdG*, hay un enigma al que «le falta [*fehlt*] la palabra [das *Wort*]». Bien podrían ser todas coincidencias, semejanzas fortuitas normales en un poeta al que obsesionan los mismos temas durante algo más una década. Pero, todas juntas, y gobernadas por la «renovación de nuestra alianza» (de la alianza entre Hölderlin y su hermano), parecen obviamente emparentadas con el *CdG*. Cabría pensar que, «en compañía» –¿en abril de 1797?–, Hölderlin está ya reflexionando intensamente sobre los temas que reflejará, quizá inmediatamente o poco después, en el *Comunismo de los espíritus*. Discute estos temas «en compañía» de su hermano, al que contagia de su entusiasmo. Y, cuando casi 4 años después siente que la relación con él se enfría, quizá echa mano del manuscrito para recordarle casi con las mismas palabras la «alianza» que por entonces les unió.

9. *Una posibilidad inexplorada*. Tanto D'Hondt como Albernaz mencionan que, a pesar de todo, sigue siendo posible que Rétif de la Bretonne fuera el primero en acuñar la palabra «comunismo» [*communisme*] en 1797, en su muy extensa autobiografía *Monsieur-Nicolas; ou le Cœur-Humain dévoilé*. ¿Cómo formula o

---

perderse): «¿Sabéis su nombre? ¿el nombre de lo que es Uno [*Eins*] y Todo [*Alles*]? Su nombre es belleza» (*Hiperión*, p. 80). Sobre el Uno y Todo, recomendamos estudiar el incisivo análisis de Helena Cortés en *Claves*, pp. 40-51.

define Rétif esta idea de «comunismo»? En la sección «La política» de este libro, aparece como la octava forma de gobierno:

> El comunismo, que sería el mejor de los Gobiernos, el Único digno de Hombres racionales, sólo existe en América, en algunos Pueblos, tales como los Otomacos […]: la Naturaleza ha hecho aquello que la Revolución y la más sublime Filosofía no han podido hacer aquí. […]
>
> ¿En qué consistiría el comunismo, o la comunidad? En poner en común, en cada Ciudad, toda la superficie de la Tierra […]; en poner en común todos los productos, tanto los de los campos, las viñas, los prados y las bestias de toda especie; como los productos de las profesiones, de las artes y de las ciencias […]; de tal modo que […] cada uno se beneficia del trabajo de Todos; Todos del trabajo de cada uno […].
>
> ¿Quién nos impide traer de vuelta sobre la tierra la edad de oro, la inocencia, la fraternidad, todas las virtudes?[159]

Son sólo algunos ejemplos entre muchos otros, pero creemos que bastante elocuentes. Todos los investigadores parecen desestimar la posibilidad de que Hölderlin leyera a Rétif o conociera su obra; en cualquier caso, creemos que aceptarán que, si el poeta hubiera llegado a leer pasajes como el anterior, sin duda habrían captado su interés y curiosidad: Rétif está hablando de una comunidad dorada que es tanto una posibilidad teórica –que la Revolución y la Filosofía aún no han logrado replicar– como una realidad empírica que es obra de la Naturaleza.

Pero creemos que es una conclusión apresurada afirmar sin discusión crítica, como hace Albernaz, que es «poco probable»[160] que Hölderlin pudiera tomar el término («*Communismus*») de Rétif (*Communisme*). Disponemos de algunos testimonios históricos del

---

159 *Communisme/Kommunismus/Communism*, pp. 350, 351 y 359. La traducción es nuestra.

160 *Supra*, p. 145.

alcance que tuvo entre los intelectuales alemanes este *Monsieur Nicolas*. Y nada menos que de la pluma directa de tres de los grandes nombres de la cultura alemana de la época, los tres relacionados directamente con Hölderlin: Goethe, Schiller y Humboldt.

Schiller abre la veda en su carta a Goethe del 2 de enero de 1798, y le pregunta a Goethe:

> ¿Ha visto u oído mencionar alguna vez el extraño libro de Rétif: *Cœur humain dévoilé*? Ahora lo he leído hasta donde llegó a publicarse, y me he divertido mucho a pesar de todo lo que contiene de asqueroso, chato y repulsivo.[161]

Al día siguiente, Goethe le responde: «El libro de Rétif no lo he visto todavía, intentaré obtenerlo».[162] Meses después, el 21 de septiembre, el nombre de Rétif vuelve a aparecer en una carta de Schiller a Goethe, junto al tercer implicado: «También escribe [Humboldt] algunas palabras acerca Rétif, a quien conoce personalmente, pero no dice nada de sus obras».[163]

Pasan algunos meses y, el 18 de marzo de 1799, Humboldt inserta en su carta a Goethe una extensísima semblanza de Rétif. Damos cuenta sólo de lo que viene al caso, a saber:

> Schiller me escribe que usted siente un gran afecto por el *Monsieur Nicolas* de Rétif y que le gustaría saber algo sobre él. [...] *Le Cœur-Humain* de Rétif también me causó una impresión extraordinaria.[164]

---

161 *Epistolario*, p. 277.
162 *Ibid.*
163 *Ibid.*, p. 360.
164 Consultada en la *Online-Edition der sprachwissenschaftlichen Korrespondenz* [wvh-briefe.bbaw.de, carta n. 650], proyecto de la Academia de Ciencias y Humanidades de Berlín-Branderburgo. La traducción es nuestra.

En resumen: Schiller lee *Monsieur Nicolas*, y dice haberle «divertido mucho». Goethe se interesa por él, manifiesta su intención de «obtenerlo» y la cumple, al punto de sentir por el libro «gran afecto» e interesarse profundamente por la figura humana de Rétif, de la que Humboldt, a quien la novela también le ha causado «una impresión extraordinaria», le presenta una extensa semblanza. Todo esto, entre los años decisivos de 1798 y 1799. La pregunta es obvia: ¿por qué desestimar directamente que Hölderlin llegara a leer el libro o tener conocimiento de algo de su contenido? Aunque su último encuentro con Goethe tuvo lugar en 1797[165], antes de que éste conociera el libro, Hölderlin sigue carteándose con Schiller, por irregularmente que fuera. De hecho se han perdido algunas cartas, como una precisamente del verano de 1799.[166] Independientemente de que Hölderlin pudiera conocer o no el libro de Rétif por mediación directa de Schiller, lo importante de la correspondencia cruzada entre aquellos tres grandes nombres es que atestigua que la obra que primero enuncia el vocablo «comunismo» (al menos en francés, *communisme*) llegó a Alemania casi de inmediato, y específicamente a algunos círculos intelectuales directa e indirectamente vinculados con Hölderlin. ¿O quizá supo de él en el Congreso de Rastatt, donde se reunían prusianos, austríacos… y franceses?

Esta posibilidad inexplorada, de ser cierta, podría explicar uno de los extremos más polémicos del manuscrito del *Comunismo de los espíritus*: la ubicación espacial de su título. Como comenta Albernaz, el editor Beißner considera inauténtico el manuscrito entre otras cosas por esta circunstancia, por aparecer el título tan apretado en el borde superior de la hoja. Cree que tuvo que ser

---

165 *Hölderlin o El fuego*, p. 320.

166 *Correspondencia*, p. 471, n. 1. Schiller, Goethe y Humboldt coinciden en cómo destaca en Rétif su descripción de caracteres humanos. Schiller y Goethe pensaban que ésta era una debilidad en Hölderlin, algo que debía aprender a dominar. ¿No podría haberle recomendado Schiller a Hölderlin la lectura de una obra que le había impactado precisamente en ese aspecto?

añadido después. ¿Y si fue así, pero tiene una explicación coherente con la historia del manuscrito y la autoría hölderliniana? Según cita Albernaz, Zinkernagel –quien halló el manuscrito– admite que Schwab copia «de manera facsimilar».[167] ¿Quizá ubicó el título donde aparecía en el manuscrito original que él copió? Y, si así, ¿por qué habría ubicado Hölderlin el título en un lugar tan aparentemente antinatural? La alternativa que proponemos da una posible explicación de la forma material del manuscrito: Hölderlin habría escrito el cuerpo del texto previamente (quizá en 1794, como propone Albernaz; quizá en 1797-1799[168], como ha sugerido nuestra investigación), y sólo después (¿1799?), al leer o conocer la definición que Rétif da del neologismo *communisme*, decide aplicárselo a su manuscrito por considerar que esa forma de gobierno, espiritualmente considerada, era el fiel correlato de lo que él quería había expuesto en el esbozo que después titulará *Communismus der Geister*.

Además, como ha comentado Helena Cortés, el ya citado poema *Sonnenuntergang* (1798-1799) piensa en las Américas cuando menciona a los «pueblos devotos» que «todavía» [*noch*] veneran al sol. Es lógico: el sol se pone por el occidente, y pareciera partir hacia el Nuevo Mundo cuando se retira del Viejo Continente. Es, entonces, una metáfora profunda, bella, completa: el poema habla simultáneamente tanto de cada revolución

---

[167] *Supra*, 136, n. 9.

[168] Esta propuesta de datación, además, resulta más fácil de reconciliar con la apreciación de Goethe (agosto de 1797), de que «un poco triste y enfermizo [..., Hölderlin] parecía mostrar alguna inclinación hacia los tiempos medievales» (*Epistolario*, p. 233). Siendo que Hölderlin siente una predilección por Grecia sobre cualquier otro referente comparativo a lo largo de su vida, para demostrar la autoría hölderliniana del *CdG* es efectivamente *poca cosa* este comentario de Goethe si, además de aislado, se constata lejano a la fecha de escritura propuesta para el *Comunismo de los espíritus* (1790, 1794). Pero si, por el contrario, el texto fue pensado y escrito entre 1797 y 1799, el comentario de Goethe adquiere todo su sentido: Hölderlin debía estar algo obsesionado, pesado, con la idea que le rondaba la cabeza, hasta el punto de que Goethe, nunca excesivamente interesado en él, lo destaca. ¿Y no es lógico también que, de ser así, estuviera Hölderlin «triste» al hablar de ello?

que la Tierra da sobre sí misma como de cada revolución epocal, de cada retirada y reaparición del Espíritu.

En cualquier caso, en el contexto de esta posibilidad alternativa, el poema nos parece verdaderamente significativo. Para Hölderlin, venerar al sol es una imagen que equivale a existir en aquello opuesto a la noche de su presente, significa vivir en la bella unión inmediata entre hombre y divinidad. Rétif, precisamente, fundamenta su definición de comunismo en la *forma* comunista de vida social de pueblos indígenas del Nuevo Mundo. Así, la imagen del poema nos dibujaría al Sol retirándose hacia el Poniente, hacia las Américas, hacia esos buenos otomacos que, según habría leído Hölderlin en Rétif, *todavía* veneran al sol y viven de manera comunista, como en la Edad de Oro que el poeta quiere traer de nuevo a la Tierra toda: el espíritu se retira allí donde tiene aún un hogar natural, a la espera de poder reaparecer universalmente como comunismo de los espíritus. El vínculo temático (y, también, potencialmente temporal) entre la posible lectura de *Monsieur Nicolas*, la escritura del poema *Sonnenuntergang* y el extraño y apretado título del *Communismus der Geister* podrían, así, explicarse mutuamente de un modo verosímil y congruente con la información de que disponemos al respecto.

Como hemos visto en la primera parte de este estudio, los vínculos de Hölderlin con la idea comunista son más que variados: sólo le faltaba la palabra, y Rétif la usó decidida y sistemáticamente en su libro. De ser así, Hölderlin quizá no habría bautizado él mismo al comunismo; pero seguiría ostentando el nada desdeñable mérito de haber acuñado el vocablo en alemán. «Mas lo que permanece lo fundan los poetas», dice Hölderlin en *Andenken*. Él, como individuo de vanguardia de su tiempo, habría fundado la denominación (aunque fuera *sólo* en su idioma) de lo que Marx llamará, casi hölderlinianamente, «el enérgico principio del próximo futuro»: *Communismus*. Un principio que, sin duda –y como hemos visto–, permaneció y permanece vivo a lo largo del tiempo. Un principio al que hasta entonces le faltaba la palabra, sí, pero también, y sobre todo, nuevas ideas que estuvieran a la altura de la Nueva Era.

5. Hölderlin (y Hegel) y Marx

> Del sistema de Kant y de su último perfeccionamiento espero una revolución en Alemania basada en principios que ya están ahí y sólo necesitan ser elaborados universalmente y ser aplicados a todo el saber anterior. [...] Las consecuencias que se van a seguir asombrarán a ciertos señores. Va a dar vértigo esta suprema cumbre de toda la filosofía, que eleva de tal forma al hombre. Pero ¿por qué se ha tardado tanto en revalorar la dignidad humana, en reconocer su capacidad de libertad, que le sitúa en un orden de igualdad de todos los espíritus [*in die gleiche Ordnung der Geister*]? En mi opinión, no hay mejor signo de nuestro tiempo que éste de que la humanidad se presente como tan digna de respeto en sí misma. Es una prueba de que desaparece el nimbo de las cabezas de los opresores y dioses de esta tierra. Los filósofos demuestran esta libertad, los pueblos llegarán a sentirla y, en vez de exigir sus derechos pisoteados, se los volverán a tomar por sí mismos.[169]

Esto le escribía Hegel a Schelling en abril de 1795. Es difícil pensar en un alegato revolucionario de más largas consecuencias para la Alemania de la época. Para empezar, refuerza la verosimilitud de que Hölderlin escribiera el *Comunismo de los espíritus*: si el texto le fue sugerido por su diálogo con Hegel en su famoso paseo a la capilla de Wurmlingen, no es de extrañar que Hegel exprese ideas tan similares. Un orden de igualdad de todos los espíritus. Dignidad humana. Libertad contra opresores y dioses terrenales. Revoluciones políticas como la francesa. Y, por encima de todo, una revolución que viene en el campo de las ideas.[170]

---

[169] *Escritos de juventud*, p. 61. Cfr. *Cartas sobre la educación estética*..., p. 97.
[170] Estas ideas se repiten, como hemos visto, en el *Primer programa*.

Esta revolución filosófica que anticipa Hegel –y de la que será activo partícipe– no le es ajena a Hölderlin. Queda muy elocuentemente expresada en una carta ya citada a Ebel de enero de 1797. Allí consigna un «preanuncio de las cosas más extraordinarias»:

> Creo en una futura revolución de las ideas y modos de representación que hará enrojecer de vergüenza a todo lo anterior. Y Alemania tal vez pueda contribuir mucho a ello.[171]

¡Y vaya si Alemania contribuyó a ello! Su amigo Hegel –que, como reconocen los especialistas, recibió el impulso teórico inicial del propio Hölderlin[172]– culminó el periplo de la filosofía occidental con un sistema que no permitía un más allá especulativo. A nuestro juicio, y al de muchos otros, después de Hegel no hay –porque *deja de ser posible*– filosofía en mayúsculas. Y aunque la idea se le atribuye con frecuencia a Marx, que habla de la *realización* o *superación de la filosofía*, Hegel había anunciado casi 40 años antes esta superación. Lo confiesa él mismo, nada más arrancar el prólogo a su *Fenomenología del Espíritu*:

> Contribuir a que la filosofía se aproxime a la forma de la ciencia –a la meta en la que pueda abandonar su nombre de *amor al saber* y sea *saber efectivamente real*–: eso es lo que yo me he propuesto.[173]

---

[171] *Correspondencia.*, p. 319.

[172] Ver, para un enfoque de la influencia del poeta en el filósofo, *Hegel en su contexto*, pp. 11-35. Por el contrario, para estudiar las diferencias entre ambos pensadores respecto a la cosa misma y no sus mutuas influencias, *Hölderlin y la lógica hegeliana*.

[173] *Fenomenología*, p. 59. Como vimos *supra* [p. 234], el *Primer sistema* es incluso aún más precoz al enunciar esta idea (alrededor de una década antes que la *Fenomenología*), por lo que se le puede atribuir a Hölderlin, que quiere superar la filosofía con la poesía.

El sistema de Hegel será la más elevada expresión consciente de la burguesía en cuanto clase ascendente, revolucionaria: es el más acabado intento de la burguesía de racionalizar especulativamente el dominio sobre el mundo que estaba comenzando a ejercer materialmente. Este ambicioso intento fracasa y triunfa al mismo tiempo. Si Hegel dio con la clave de inteligibilidad del mundo burgués comprendido desde sí mismo[174], aunque idealistamente, no es menos cierto que la burguesía renunció a cualquier ontología dialéctica asustada por las consecuencias sociales que de ella se derivaban, a saber: la historicidad, y por tanto caducidad, de su propio dominio de clase. Sólo el proletariado hereda y se atreve a desarrollar el método revolucionario-dialéctico de Hegel.[175] Marx toma directamente tal testigo[176], y busca

---

[174] Pongamos sólo dos ejemplos: como han observado numerosos comentaristas de *El capital*, la dialéctica hegeliana es imprescindible para acometer la exposición científica del automovimiento del modo de producción capitalista; igualmente, la filosofía del derecho de Hegel acierta fundamentalmente, por idealista que sea su formulación, al exponer la racionalidad y relacionalidad del Estado moderno: éste es la unidad diferenciada capaz de absorber indefinidamente la distinción, de integrar la particularidad en la generalidad… en la generalidad de los intereses de clase y la libertad de la burguesía.

[175] La burguesía desarrollará, en todo caso, el contenido conservador de su sistema. Un ejemplo paradigmático, precisamente alrededor de la crucialísima cuestión del Estado: «[...] la filosofía, por ser la *investigación de lo racional* es –precisamente por eso– la *comprensión de lo real y presente*, y no el establecimiento de *un más allá*, que sabe Dios dónde estaría [...]» (*Filosofía del Derecho*, p. 17). Nos parece claro que este aspecto de la filosofía hegeliana (que se corresponde con la segunda parte del famoso retruécano: «lo que es efectivamente real, eso es racional»), aislado, abre la puerta a una actitud que reduzca la filosofía a la racionalización acrítica del presente. Así será, claramente, con el temprano nacimiento del positivismo en la década siguiente, positivismo que, en sus variantes, ha seguido siendo la apuesta intelectual fundamental de la burguesía desde entonces.

[176] Hasta el punto de que, ya en 1844 y aún transitando hacia una nueva concepción del mundo, Marx reconoce que el comunismo es *sólo* el siguiente paso en la evolución humana, su condición de desarrollo ulterior, pero no el fin de la historia ni de sus contradicciones: «El comunismo es la afirmación como negación de la negación, y por consiguiente, en la próxima

denodadamente la forma práctica de *superar la filosofía*. Pero esta superación, como sabe bien el renano, es en alemán *Aufhebung*: *superar la filosofía implica realizarla*, esto es, llevarla a cumplimentación.[177] Y esta realización es, por supuesto, un asunto praxeológico. En efecto, la «revolución en las ideas» que cumplimenta Marx no es sino la trasposición, al reino consciente del espíritu, de una revolución económica que sólo entonces revelaba todas sus consecuencias, puesto que «la existencia de ideas revolucionarias en una determinada época presupone ya la existencia de una clase revolucionaria».[178]

Esta clase revolucionaria, el proletariado, estaba en tiempos de Hölderlin en vías de formación: no era una realidad efectiva para él. Al poeta le era inasible una visión materialista de la necesidad de la revolución o del comunismo. La anterior clase revolucionaria, la burguesía, ya había demostrado su egoísmo y su particularismo en Francia y su absoluta pacatería filistea en Alemania. Como señala Lukács, Hölderlin no se reconcilia con la sociedad burguesa –ni personal ni doctrinalmente–, y por eso necesariamente huye hacia el espíritu y queda suspendido en tierra de nadie, en el cielo mitológico de sus sueños comunitarios, en el dominio de un verbo poético que aún no tiene carne social. Así lo reconoce, en su realista ficción, el Marx de Peter Weiss, al decirle al poeta: «Cuando usted comenzó su obra no había nadie capaz de escucharle y de responderle».[179]

---

evolución histórica, el factor *real*, necesario de la emancipación y recuperación del hombre. El *comunismo* es la figura necesaria y el enérgico principio del próximo futuro; pero el comunismo no es como tal la meta del desarrollo humano, la figura de una sociedad humana» (*OME*, v. 5, p. 388).

177 P. ej.: «La filosofía no se puede realizar sin suprimir el proletariado; el proletariado no se puede suprimir sin realizar la filosofía» (*OME*, v. 5, p. 223).

178 *La ideología alemana*, pp. 51-52.

179 *Weiss*, p. 227. También: «El que usted hace medio siglo no describiera la Revolución como una necesidad científicamente determinada sino como una intuitiva visión mitológica no es ningún fallo por su parte» (*Ibid.*, p. 223).

Volvamos al argumento. Aunque Hegel sí es capaz de reconciliarse con la prosa de la sociedad burguesa, Hölderlin había visto más lejos que él. Mientras Hegel termina sancionando la división social del trabajo y el Estado, Hölderlin sabe, como ya hemos visto, que aquellas dos realidades limitan la libertad individual y colectiva del hombre, y que más le valdría a nuestra especie ir más allá de ellas por el bien de su espíritu. Esto emparenta a Hölderlin no sólo con el comunismo premarxista, sino también con el propio Marx. Ya vimos como Hölderlin dijo:

> ¡Por lo tanto, tenemos que ir más allá del Estado! Porque todo Estado tiene que tratar a hombres libres como a engranajes mecánicos, y puesto que no debe hacerlo debe *dejar de existir*.[180]

Marx, por su parte, y por otro camino, dirá casi 50 años después:

> Los franceses modernos lo han interpretado en el sentido de que el *Estado político tiene que desaparecer* en la verdadera democracia [...].[181]

Hölderlin ha llegado a esta conclusión por el camino de un radical humanismo espiritual; Marx mediante la crítica de los intereses económicos particulares que toman forma aparentemente general en el Estado.

Pero los vínculos entre Hölderlin y Marx no terminan, ni mucho menos, ahí. Parece que los especialistas no han encontrado pruebas fehacientes de que el autor de *El capital* leyera nunca la obra del poeta alemán.[182] Pero sí tuvo necesariamente que conocer, al menos, un breve pasaje de *Hiperión* con el que Arnold Ruge encabezó su carta al renano en marzo de 1843; concretamente

---

180 *Escritos de juventud* (Hegel), p. 219.
181 *OME*, v. 5, p. 38.
182 *Marx leyendo a Hölderlin*, p. 2.

ése citado más arriba, en el que el que Hölderlin vilipendia la filistea realidad alemana, donde uno ve artesanos, pensadores, señores y siervos… «pero no hombres». La carta de Ruge es explícitamente continuadora del tono elegíaco del fragmento particular –y del sentir general– de Hölderlin respecto de la Alemania de su tiempo. Pero Ruge lo entona en otro tiempo, casi medio siglo después del poeta, con todo lo que ello comporta de evoluciones sociales y nuevas posibilidades revolucionarias. Resulta extemporáneo, y una nulidad en términos políticos: así se lo hace saber Marx. Pero ¿se limita Marx a responder a la carta de Ruge, o aprovecha su cita para leer el *Hiperión*? Encontramos al menos una pista de que así pudo ser. En la novela de Hölderlin, Diotima le dice al héroe:

> Si tu carácter y tu actividad no hubieran madurado tan pronto, no sería tu espíritu lo que es; no serías el hombre pensante, el hombre que sufre, el hombre agitado que eres.[183]

Marx, precisamente en su respuesta a Ruge, dice por su parte:

> Sólo quiero llamarle la atención sobre […] los enemigos del filisteísmo, […] los hombres que piensan y sufren [...].[184]

De nuevo, las similitudes entre los pasajes son notables. Primero, por su literalidad. La frase de Hölderlin reza, en alemán: «du wärst der **denkende Mensch** nicht, wärst du nicht der **leidende**, der gärende **Mensch** gewesen»; la de Marx, «alle **denkenden** und alle **leidenden Menschen**». Las palabras, y su orden, son exactamente las mismas en ambos casos, sólo que Marx las usa en plural.[185]

---

183 *Hiperión*, p. 124.

184 *OME*, v. 5, p. 172; *Anales*, p. 56. Traducción ligeramente modificada.

185 El aparato crítico de las *OME* vincula esta mención parafrástica a la dupla intelectualidad/proletariado con un fragmento de Feuerbach, donde

Pero los pasos son también coincidentes por su sentido. En el de Hölderlin, es Diotima quien le explica a Hiperión por qué no debe encerrarse en un dulce olvido de sí mismo; por eso le pregunta, pocas líneas más abajo: «¿Puedes apartar tu corazón de los necesitados?».[186] Tras esto, Hiperión entona precisamente la exclamación que más arriba hemos vinculado al *Manifiesto* de Babeuf. Es decir: Diotima le empuja a cumplir su misión revolucionaria. En el fragmento de Marx, se trata de la explicación que éste da a Ruge para convencerle de que hay esperanza y de que deben actuar y cumplir también su misión revolucionaria, no dar por perdida a Alemania ni resignarse en el lamento elegiaco.

Supongamos, entonces, el siguiente cuadro. Ruge ha citado el *Hiperión* de Hölderlin en su carta de marzo de 1843 a Marx. Marx, ávido lector pero que quizá no conoce la obra en cuestión, decide buscarla (pues en mayo está el Alemania, e *Hiperión* acababa de republicarse) y leerla para mejor refutar el pesimismo político de su interlocutor. En su respuesta de mayo de 1843, desde Colonia, Marx critica las posiciones derrotistas de Ruge, y se permite al final de su carta una típicamente marxiana licencia literaria, parafraseando la obra que Ruge le había citado en la suya, y usando el tropo literario de Hölderlin en beneficio de su propia argumentación contra la de su corresponsal. No nos parece descabellado.[187]

---

dice: «Sólo lo que puede sufrir merece la existencia. Sólo es divino el ser doliente». Nos parece insuficiente, sobre todo porque no resuelve el vínculo inmediato entre sufrimiento y pensamiento en la fórmula de Marx. La fuente hölderliniana nos parece mucho más convincente y completa (*OME*, v. 5, p. 172).

186 *Hiperión*, p. 124.

187 Aunque no lo teníamos presente al plantear esta hipótesis, vemos ahora que Francisco Fernández Buey ya la había explorado tímidamente en *Marx leyendo a Hölderlin*: «Marx pudo leer a Hölderlin en el año de la muerte de éste, en 1843»; pero, concluye él mismo a renglón seguido: «Probablemente no lo leyó» (*Ibid.*, p. 16).

El caso es que esta mención a la humanidad que piensa y que sufre ocupa un lugar fundamental en la evolución del pensamiento de Marx. Lo han comentado profusamente, por ejemplo, Michael Löwy[188] o Juan Manuel Bermudo Ávila.[189] Ellos lo relacionan conceptualmente, y no sin razón, con la idea feuerbachiana de que la filosofía es la cabeza y el proletariado el corazón de la transformación que viene. Pero ambas fuentes no son incompatibles. De hecho, aunque Marx refina esta idea hasta darle la forma propiamente marxista cambiando a la abstracta y pasiva «humanidad sufriente»[190] por el concreto y activo proletariado, el fondo relacional de la misma sigue presente en el *Manifiesto del Partido Comunista*[191], por el sencillo hecho de que describe poéticamente una dialéctica factual entre intelectuales y explotados. Más abajo volveremos sobre esto, y sobre sus (im)posibilidades presentes.

Marx, por lo tanto, no sólo pudo haber efectivamente leído a Hölderlin: si nuestra suposición es correcta, extrajo de él una profunda reflexión, fundamental en su evolución intelectual. Porque no sólo tomó la formulación hölderliniana del «hombre

---

188 *La teoría de la revolución en el joven Marx*, pp. 71 y ss.

189 *El concepto de praxis en el joven Marx*, pp. 102 y ss.

190 Digamos de pasada que hay otras coincidencias indirectas entre Hölderlin y Marx a propósito de esta «humanidad sufriente». El poeta exhortaba a su hermano, en el año nuevo de 1799, a tomarse «con todo amor y seriedad» la máxima de Terencio: «homo sum, nihil humani a me alienum puto» (*Correspondencia*, p. 408); Marx identificó la misma máxima como su «favorita» en sus *Confesiones* de 1860.

191 Entre otros fragmentos: «Por último, en tiempos en los que la lucha de clases se acerca a su desenlace [...] una pequeña parte de la clase dominante se separa de ella y adhiere a la clase revolucionaria, a la clase que tiene el futuro en sus manos. De ahí que, así como antes una parte de la nobleza se pasó a la burguesía, ahora una parte de ésta se pasa al proletariado, y en especial una parte de los ideólogos de la burguesía, quienes han avanzado hacia la comprensión teórica de todo el movimiento histórico» (*OME*, v. 9, p. 146). Aunque Marx hace a renglón su autocrítica justo después: «Pero el proletariado sólo existe para ellos [los socialistas y comunistas utópicos] desde este punto de vista: el de la clase más sufriente» (*Ibid.*, p. 166).

pensante, el hombre que sufre» –dos atributos que ahí coinciden físicamente en la persona de Hiperión–, sino que, inmediatamente después de hacerla suya, la diseccionó analíticamente para correlacionar cada uno de los dos aspectos con los ideólogos burgueses desclasados, por un lado, y los proletarios a los que éstos empezaban a orientar su mirada, por otro.[192]

Al sugerente calor de esta bastante probable lectura de Marx del *Hiperión* de Hölderlin, citemos entonces, para deshacer el entuerto de una vez por todas, el archiconocido *dictum* de Thomas Mann:

> Decía que todo iría bien en Alemania, que Alemania se encontraría a sí misma, el día en que Carlos Marx leyera a Federico Hölderlin, ocasión que, por lo demás, está en trance de realizarse. Olvidaba añadir que un conocimiento unilateral debería permanecer estéril.[193]

Esta feliz ocurrencia de Thomas Mann ha tenido verdadera fortuna. Sólo en nuestro idioma, por lo menos, la recoge en paráfrasis Cortázar en *Prosa del observatorio*; desde aquí la comenta Munárriz en el prólogo de su, por lo demás, genial versión de *Hiperión*; seguramente de esta edición la toma Javier García Sánchez en *Conocer Hölderlin y su obra*; y finalmente la comenta críticamente Francisco Fernández Buey en *Marx leyendo a Hölderlin*.[194]

---

192 Véase: «La existencia de la humanidad sufriente que piensa y de la humanidad pensante oprimida tiene, necesariamente, que llegar a convertirse en insoportable e indigerible para el mundo alemán de los filisteos que goza pasiva y obtusamente. [...] Cuanto más tiempo dejen los acontecimientos para que la humanidad que piensa reflexione y a la humanidad que sufre se una, tanto más perfecto será el fruto que el mundo lleva en su regazo» (*OME*, v. 5, p. 172. *Anales*, p. 56). Traducción ligeramente modificada.

193 *El artista y la sociedad*, p. 206.

194 Fernández Buey es consciente de la caprichosa interpretación que hace García Sánchez, y así lo hace notar con buen criterio en *Marx leyendo a Hölderlin*, p. 3.

Aquí nos interesa específicamente el equívoco sentido que a la cita de Mann le da Munárriz y que luego, con la colaboración acrítica de García Sánchez, parece haber quedado fijada como la evidente y correcta interpretación. Dice Munárriz:

> Julio Cortázar, en *Prosa del observatorio*, nos recuerda que «Thomas Mann dijo que las cosas andarían mejor si Marx hubiera leído a Hölderlin», pero complementa esta opinión con otra, sólo en apariencia antitética: «Yo creo con Lukács que también hubiera sido necesario que Hölderlin leyera a Marx». Es el mismo dilema que los surrealistas intentaron compaginar. La síntesis entre el «cambiar el mundo» de Marx y el «cambiar al hombre» de Rimbaud.[195]

García Sánchez se hace eco de esta guisa:

> Podría recordarse la mil veces repetida frase de Thomas Mann [...]. Cambiar la sociedad, las estructuras políticas, o transformar el espíritu del individuo, ¿qué es la génesis de lo otro? De un lado los políticos, de otro los poetas, solos, objeto de burla e infinitamente malentendidos. Ahí se centra la cuestión.[196]

Munárriz y García Sánchez no demuestran penetración e ingenio, sino llana ignorancia. Sin negarles otros merecidos méritos a sus respectivos trabajos[197], con su propia ocurrencia revelan no ser grandes intérpretes ni de Hölderlin ni de Marx al

---

[195] *Hiperión*, pp. 15-16.

[196] *Conocer Hölderlin*, p. 75.

[197] En el caso de García Sánchez, por ejemplo, esta justa y meritoria caracterización: «En Hölderlin lo divino, en el sentido de "revolucionario" no cae [...] en una irresoluta mezcla entre lo problemático y lo dialéctico. En el poeta encierra siempre un interés clandestino, panfletario, que no todos han querido reconocer» (*Conocer Hölderlin*, p. 86). En el de Munárriz, su genial y oportuna traducción, que abrió el *Hiperión* al público castellanoparlante.

unilateralizar el pensamiento de ambos autores. Tal y como ellos leen la cita de Mann, la cuestión no ha lugar: en realidad, Hölderlin y Marx estarían perfectamente de acuerdo en que hay que transformar *tanto la sociedad como el espíritu de los individuos*. Como mucho, tendrían un debate acerca del orden de los factores, cuestión importante pero diferente a la planteada. Que Hölderlin piensa así (espiritual y políticamente al mismo tiempo) ha quedado demostrado, pensamos, en las páginas precedentes. Una prueba adicional, por si aún hiciera falta. En una carta sin fecha a su madre, en la noche de su locura, dice lúcidamente Hölderlin:

> [...] pero el hombre no debe actuar sólo sobre la realidad, sino también sobre el alma.[198]

¿Y Marx? Veamos. García Sánchez se preguntaba, metafísico, qué es la génesis de lo otro, si el espíritu o las circunstancias. Marx ya había resuelto teóricamente este problema en su primer texto *marxista* (1845) y, en lo que podría leerse como una virtual respuesta a nuestro poeta, escrito que:

> La teoría materialista de que los hombres son producto de las circunstancias y la educación, y de que, por tanto, los hombres modificados son producto de circunstancias distintas y de una educación modificada, olvida que son los hombres, precisamente, los que hacen que cambien las circunstancias y que el propio educador necesita ser educado. Conduce, pues, forzosamente, a la división de la sociedad en dos partes, una de las cuales está por encima de la sociedad [...].
>
> La coincidencia de la modificación de las circunstancias y de la actividad humana sólo puede concebirse y entenderse racionalmente como *práctica revolucionaria*.[199]

---

198 *Correspondencia*, p. 580.
199 *OE*, v. I, p. 8.

Se trata de la tercera tesis sobre Feuerbach. El paralelo es evidente: «circunstancias» son aquí «estructuras», «sociedad», «mundo»; «actividad humana» es «hombre», «espíritu», «alma».[200] Y ninguna de las dos es la génesis inamovible de lo otro: el mismo planteamiento de la pregunta en esos términos revela o una metafísica o un estrecho positivismo. La verdad está en el todo –en la relacionalidad de los extremos–, que es un proceso vivo y no un muerto e impermeable orden de sucesión.

Téngase la opinión que se tenga sobre Marx y los marxistas: ni uno ni otros han ignorado la dimensión espiritual de la revolución comunista. De hecho, ése es su verdadero fin, la elevación espiritual de la humanidad toda. Pero, como monismo materialista, el marxismo reconoce que sólo destruyendo práctica y materialmente un modo de producción históricamente caduco puede la humanidad transformarse espiritualmente; y que sólo podrá llevar a cabo este acto destructivo si antes reconstituye la certeza de esta misión histórica. El joven Hölderlin anhelaba, lo hemos visto, «la formación *igual* de *todas* las fuerzas, tanto de las fuerzas del individuo como de las de todos los individuos»; 50 años después de escribir esta suerte de *manifiesto del espíritu comunista*, el *Manifiesto del Partido Comunista* formulaba materialistamente el objetivo de «una asociación en la cual el libre desarrollo de cada cual será la condición del libre desarrollo de todos».[201]

---

[200] Permítasenos, además, extender la refutación un siglo más allá de Marx. No sólo Marx coincidía aquí con Hölderlin; no sólo pudo haberlo leído realmente; también los más conspicuos intérpretes y ejecutores de la obra de Marx parecieran haber leído a Hölderlin. Compárese la frase de la tardía misiva de Hölderlin antes citada («pero el hombre no debe actuar sólo sobre la realidad, sino también sobre el alma») con esta conocida tesis del Partido Comunista de China durante la Gran Revolución Cultural Proletaria: «La gran Revolución Cultural proletaria que se desenvuelve actualmente, una gran revolución que llega al alma misma de la gente, representa una nueva etapa, aún más profunda y más amplia, en el desarrollo de la revolución socialista de nuestro país» (*Documento de los 16 puntos*).

[201] *OME*, v. 9, p. 157.

6. Hölderlin y el comunismo (que viene)

Y aunque nadie me oyera a mí ahora mismo
un día alguien existirá
en el que yo volveré a ser un comienzo de algo.[202]

Ya hemos visto que, mirando al pasado, la obra de Hölderlin es crucial para entender la genealogía oculta del comunismo moderno. Pero ¿puede aportarnos algo la lectura de Hölderlin para pensar el comunismo que viene? Nosotros creemos que también puede ser útil para el porvenir de este tiempo que, como el suyo –aunque por diferentes motivos–, sufre de una similar «incredulidad generalizada».

¿Qué comunidad anhelaba Hölderlin? Una comunidad de la que se pudiera decir: «qué espíritu tan colosal, tan vigoroso»; «con qué fuerza sometió al amplio mundo»; cómo llegó «a los cerros silenciosos», al «llano del valle», al «tumulto de la ciudad»; una a la que «miles de hombres le fueron súbditos»; una en la que «pobres y abandonados por la caricia de la tierra se congregaron vistiendo hábitos a su alrededor como apóstoles y obraron». Pero Hölderlin no quiere «la materia muerta» del cristianismo medieval (¡ni de la perdida Grecia!): quiere «aquella energía y resolución que parecía perderse en el infinito pero que, incluso en lo más alejado, concordaba con el punto central, que conserva, en cada variación, el sonido de la melodía original»; quiere, en definitiva, un «espíritu devoto y poderoso» capaz de someter «Todo a su inteligencia y la fuerza de su fe».

La comunidad a la que aspiraba Hölderlin tuvo lugar: él mismo pudo haberla bautizado. ¿Qué otra cosa cabe en la definición de su anhelo? El comunismo, en cuanto movimiento real, fue ese espíritu colosal y vigoroso que congregó a su alrededor a los pobres y abandonados (a los parias de la Tierra), que obraron

---

202 *Weiss*, p. 65.

como apóstoles convencidos de su misión histórica; fue el espíritu devoto y poderoso que llegó a las ciudades, los valles y los cerros, reuniendo a miles de seres humanos en un único proyecto emancipador cosmopolita y universalista, conservando en cada variación el sonido de la melodía original; el comunismo fue, en definitiva, una inédita irrupción de energía y resolución humanas que lo sometió Todo a su inteligencia y la fuerza de su fe con el solo objeto de crear para la humanidad una existencia grandiosa, digna e independiente. Después de Hölderlin, no hubo para el *Neue Zeit* otra comunidad tal que el movimiento obrero comunista y revolucionario.

¿Dónde está todo eso ahora, estimado lector? ¿Dónde quieres encontrar una comunidad, un comunismo semejante, hoy?

6.1. Poetas, vanguardias e intelectuales en la noche de un tiempo indigente

Hay, efectivamente, un *abismo* aparentemente infranqueable entre aquí y allá, entre el siglo XXI y el XX. Este tiempo de impasse está dominado por un espíritu de nostalgia y desesperanza. En esta noche del presente, ¿quién, de entre quienes aún creemos sinceramente que la humanidad puede emanciparse, no sentirá profundamente estos versos de Hölderlin?

> Hasta que haya héroes bastantes [...]
> corazones con fuerza, como antes, semejantes a los Celestiales.
> Tronando vendrán. En tanto se me viene a menudo a las mientes
> que mejor es dormir a estar sin camaradas,
> aguardar así, y qué hacer en tanto y qué decir
> no sé, ¿y para qué poetas en tiempo indigente?
> Pero ellos son como los sumos sacerdotes del dios del vino,
> que en la noche sagrada de tierra en tierra vagan.[203]

---

[203] *Pan y vino*, p. 27; ligeramente modificada según *Poemas*, p. 393.

Recordemos que, para Hölderlin, como lúcidamente señaló Octavio Paz, «la palabra poética es mediación entre lo sagrado y los hombres y así es verdadero fundamento de la comunidad»[204]; por lo tanto, el poeta es un individuo de vanguardia: literalmente, alguien que ve más lejos (= más arriba) que los demás y trata de orientar su camino (= elevarlos) para volver a fusionar humanidad y divinidad; el poeta es quien media, pues, entre el actual estado de cosas y el objetivo final comunitario. No sería descabellado pensar, de hecho, que Hölderlin tiene presente el mito de la caverna de Platón en su decir poético. Más allá de la versión vulgarizada del mismo, lo que Platón propone y casi exige en su relato es el movimiento dialéctico de cualquier vanguardia que se moleste en cumplir con su responsabilidad ontológica: se ha elevado y ha visto la luz, pero con la obligación de volver a la caverna para tratar de sacar a los que siguen presos de las sombras.[205] Salir, pero sólo para volver a entrar y, finalmente, salir todos. Un proceso, que crece concéntricamente, de escisión, fusión y escisión.

No obstante, volviendo a la elegía *Pan y vino*, Hölderlin siente la tentación de echarse a dormir: la «noche del presente» (así la llama en el *Comunismo de los espíritus*) es un «tiempo indigente» porque quien presiente el futuro está solo, casi «sin camaradas», sí; pero es asimismo una «noche sagrada»: pues ¿en qué otro momento pueden los poetas, los individuos de vanguardia, cumplir su misión? En el día claramente iluminado por la presencia inmediata de la divinidad no hacen falta: en la comunidad natural lo divino vela tutelarmente por los hombres; en la comunidad por venir todos estarán impregnados de lo divino por igual (como adelantaba el *Primer programa*).

---

204 *Los hijos del limo*, p. 64.
205 *República* (519c-520e), pp. 227-228.

Hölderlin ha anticipado la solución del dilema algunas estrofas antes, en *Pan y Vino* (p. 19):

Es un fuego divino el que empuja también, día y noche,
A echarse al camino. ¡Ven, pues! Ven a contemplar lo abierto
a que busquemos lo propio, por lejos que esté.

Resuena el «¡Atreveos!» de su *Empédocles*. La noche es indigente, pero no tolera el sueño de los poetas: se requiere «la sacra memoria, para seguir estando vigiles de noche». ¿Memoria de qué? De lo que se revela al final de la elegía (p. 29), a saber:

Lo vaticinado por el canto de los antiguos sobre los hijos de dios,
¡Mira! Lo somos nosotros, nosotros; ¡es el fruto de Hesperia!
Prodigiosamente y bien cerca está eso de cumplirse en los
[hombres.
¡Créalo quien lo haya probado!, pero por más que muchas cosas
[acontezcan,
Nada será efectivo, pues estamos sin corazón, somos sombras
[hasta que nuestro
Padre Éter, reconocido, a todos y cada uno pertenezca.

Los poetas, los mediadores, la vanguardia a fin de cuentas, es una sombra –un *espíritu*, un *fantasma*, un *espectro*– en la sagrada noche hasta que el Éter pertenezca a todos y cada uno. Por eso su deber, el de la vanguardia, es mantener encendido ese «fuego divino» en medio de la «incredulidad generalizada». Por descontado, «el lamento es inútil, la tarea es ayudar». ¿Y quién puede ayudarnos?

Nadie os ayudará
si no os ayudáis vosotros mismos,

le dice Empédocles a los agrigentos.

Retumba aquí la frase de Marx que abre los estatutos de la Asociación Internacional de los Trabajadores, según la cual «la emancipación de la clase obrera debe ser obra de los obreros mismos». Un principio ilustrado aplicado a la cuestión social: *liber esse aude*. ¿No es contradictorio, sin embargo, con esa dualidad entre la «humanidad pensante» y la «humanidad sufriente» que exploramos antes? ¿No hemos visto, con el *Manifiesto*, que en un primer momento eran los ideólogos desclasados de la burguesía quienes iluminaban teóricamente la práctica de los proletarios? Sin duda, así era. ¿Sigue siendo así? No cabe duda de que no.

Polemicemos con un ejemplo contemporáneo, para testear las ideas actuales de los intelectuales más sensibles a los problemas de la superación del modo de producción capitalista y la sociedad burguesa: Clara Ramas, traductora e introductora de esta edición del *Comunismo de los espíritus*, dice en su más reciente libro:

> Hoy en día, nos es tan imposible señalar a los responsables de la crisis climática [...] como delinear las estrategias políticas que podrían subvertir el modo de producción capitalista [...] ni siquiera podemos imaginar una alternativa.[206]

Debemos protestar contra lo que nos parece una opinión política –subjetiva y con sello de clase– presentada como una certeza objetiva y neutral. No es cierto. De serlo, sólo le cabría, a quien piense así, dar la razón a la *insidiosa sospecha* de Félix Duque, confesar abiertamente la propia impotencia y echarse a dormir:

> ¿No será también nuestra ocupación erudita y sabihonda con Hegel, Hölderlin y tantos otros amigos estelares, el mecanismo de compensación que nos permite sobrevivir en un mundo que ya empezamos a no entender? [...] Y bien, quizá sea eso la filosofía: una indolora *cámara de compensación*.[207]

---

206 *El tiempo perdido*, p. 33.
207 *Amistad estelar*, p. 78.

Si así: *¿para qué filósofos en tiempo indigente?* Nosotros, desde unas coordenadas que nos impiden darnos por aludidos, estamos de acuerdo aquí con Duque. Creemos que las más sesudas reflexiones son estériles si no nacen de la adhesión incondicional a los intereses del proletariado: ésa es la única potencia que aún contiene el mundo; el único espíritu que puede completar otro ciclo de su revolución para retornar a la Tierra… o resurgir de sus entrañas. Efectivamente, es imposible «delinear las estrategias políticas que podrían subvertir el modo de producción capitalista» desde otras coordenadas espirituales que no sean las del proletariado revolucionario, porque no hay otra potencia material objetivamente interesada en ese fin.

Durante los siglos XIX y XX este cambio de trinchera era relativamente sencillo para la intelectualidad desclasada: la sociedad burguesa parecía inmediatamente, primero, un polvorín a punto de estallar; después, un mundo que se venía factualmente abajo día tras día. Además, como recuerda Lukács, era habitual encontrarse, como en Alemania, toda una cohorte de intelectuales realmente pobres –pobres como proletarios–, extranjeros en su propia sociedad y poco reclamados o atendidos por el Estado. ¿Y hoy? Hoy las cosas no son como antes. Han cambiado. Los mecanismos compensatorios son muchos. El Estado ha extendido hegelianamente sus tentáculos hasta cada reducto de otredad, y la intelectualidad (así como una gruesa porción de los obreros, la aristocracia obrera) ha abjurado, en los contumaces hechos, del comunismo. Es un proceso histórico harto lógico. Necesario. Los obreros conscientes están, estamos solos ante el peso de la misión histórica de nuestra clase. Vino la particular noche sagrada para los proletarios: sin la tutela intelectual de los ideólogos burgueses desclasados, nos enfrentamos con nuestras propias fuerzas a los retos del futuro. Sea. No hay, tampoco, otro camino, ni nos está permitido sucumbir a la tentación de echarnos a dormir.

Creemos que, en su imponente y penetrante ensayo sobre Hölderlin, *Narcisismo y subjetividad*, José Luis Villacañas nos da la razón indirectamente en lo que atañe a este problema. Su particular lectura de la obra del poeta se podría sintetizar en esta tesis: la gran revelación que encuentra Hölderlin a lo largo de su periplo es que ha acabado el tiempo de los poetas y líderes carismáticos que vendrían a resolver la escatología de la historia; la subjetividad narcisista debe deponer sus armas para reconocerse «un instante de tiempo»[208] irrelevante para la objetividad. El nuevo modelo de poeta, de vanguardia, sería entonces, para Villacañas, el Hölderlin que escribe versos insulsos y repetitivos en sus años de locura. Pero creemos que Villacañas convierte así a Hölderlin en el exponente de una *decadente lírica jardinera*, por usar la expresión de Lukács. El propio Villacañas acepta como cierto el juicio del húngaro sobre Hölderlin:

> Hölderlin ha caído valerosamente, mártir tardío, en una abandonada barricada del jacobinismo, y además, ha dado a ese martirio –el martirio de los mejores hombres de una clase en otro tiempo revolucionaria– la forma de un canto inmortal.[209]

Pero inmediatamente alega que «es dudoso que Lukács aprendiera la lección», sugiriendo que «sus ilusiones» comunistas, por totalizantes, serían sólo otra forma del narcisismo occidental ya periclitado y sólo destructivo.[210] Creemos que es un juicio precipitado y superficial. Puede que Villacañas tenga

---

[208] *Narcisismo y objetividad*, p. 223.

[209] Cfr. *Ibid.*, p. 172.

[210] Ambas citas en *ibid.*, p. 172. A esto le sigue (p. 173 y ss.) un análisis de la recepción de Heidegger de la poesía de Hölderlin. Villacañas trata de criticar «la ruina de los proyectos mesiánicos de futuro que el propio Heidegger defiende obstinadamente», esto es: el nazismo. Por el camino, en su particular «inteligencia de las cosas», Villacañas ha igualado, con la *elegancia* del culto filósofo liberal, el comunismo de Lukács y el nazismo de Heidegger. *¿Y para qué filósofos en tiempos de indigencia?*, nos preguntamos nosotros otra vez.

razón en lo que respecta al concreto poeta Hölderlin, cuyo concreto destino en su concreto contexto histórico no encontró otra salida que el cuasisilencio respetuoso de la objetividad, el dulce olvido de sí mismo en el Todo de la naturaleza y su cíclico discurrir de las estaciones. Concedido. Para el concreto poeta Hölderlin, llegado cierto punto de su trágica peripecia vital, era esa locura silenciosa o el suicidio, tan habitual en su generación. Da igual: él ya había cumplido, y no podía pedírsele más. Pero Villacañas extrapola este concreto devenir particular a una lección universal que atañe nada menos que a toda subjetividad occidental. Es el propio Lukács el que ha dado la clave para interpretar el drama de Hölderlin, puesto que «su trágica situación no puede volver a presentarse nunca para la clase burguesa».[211]

La muerte de Empédocles, leída retrospectivamente, no marca pues el fin de ninguna subjetividad occidental narcisista; en todo caso expresa inconscientemente la caducidad del heroísmo burgués revolucionario. O, dicho de otra manera, refleja temprana y fielmente el agotamiento de la energía revolucionaria de la burguesía:

> Un Hölderlin posterior que no hubiera emprendido el camino de Shelley [pues «Shelley ha visto ya el naciente sol nuevo, el sol de la revolución proletaria»] no habría sido ya ningún Hölderlin, sino un mediocre liberal clasicista.[212]

Ya hemos dicho que durante los siglos XIX y XX resultó relativamente sencillo, para los intelectuales de vanguardia, pasarse a las filas del proletariado. Es el caso del propio Lukács. La conclusión de Villacañas en este ensayo (1997) es buena muestra del fin de este proceso histórico, de lo que hemos llamado la abjuración de los intelectuales progresistas del comunismo.

---

[211] *Goethe y su época*, p. 235.
[212] *Ibid.*, p. 235 [y 234].

6.2. Lo propio y lo ajeno. *Bildung und Wissenschaft*

Queremos, pues, que la revolución comunista vuelva a ser imaginable, una certeza aprehensible, una rejuvenecida y asombrosa posibilidad palpable; queremos poder «delinear las estrategias políticas que podrían subvertir el modo de producción capitalista», por decirlo con Clara Ramas. *¿Qué hacer?* Hegel nos puede dar una pista:

> Las grandes revoluciones visibles van precedidas de una revolución silenciosa y secreta en el espíritu de la época, revolución que es invisible a muchos ojos [...]. El desconocimiento de esta revolución dentro del mundo espiritual hace que los hombres se asombren luego ante el resultado.[213]

Para Hegel, por supuesto, esta revolución espiritual es, por definición, un proceso objetivo, abstracto e impersonal: está idealistamente concebido.[214] Pero contiene una verdad universal cuyo hilo podemos lanzar hasta de nuevo hasta 1966:

> Para derrocar el Poder político, es siempre necesario ante todo crear la opinión pública y trabajar en el terreno ideológico. Así proceden las clases revolucionarias, y así también lo hacen las clases contrarrevolucionarias.

---

213 *Escritos de juventud*, p. 149.

214 Pero Marx advierte ya en su primera *Tesis sobre Feuerbach* del interés histórico de este idealismo, *à la* Hegel o *à la* Hölderlin: «El defecto fundamental de todo el materialismo anterior –incluido el de Feuerbach– es que sólo concibe las cosas, la realidad, la sensoriedad, bajo la forma de *objeto* o de *contemplación*, pero no como *actividad sensorial* humana, no como *práctica*, no de un modo subjetivo. De aquí que el lado activo fuese desarrollado por el idealismo, por oposición al materialismo, pero sólo de un modo abstracto, ya que el idealismo, naturalmente, no conoce la actividad real, sensorial, como tal» (*OE*, v. 1, p. 7).

Esta otra tesis, descendiente de la de Hegel, es de Mao. No hace sino concretar en términos políticos e ideológicos lo que Hegel explora en un nivel religioso y espiritual. El mecanismo es el mismo: toda revolución visible (en la religión, en la política y en la sociedad) está precedida por una revolución invisible (en el espíritu, en la ideología y la economía).

Hoy, entonces, toca reconstituir los ideales revolucionarios; rejuvenecerlos de tal suerte que se eleven a «la comprensión teórica de todo el movimiento histórico». Y este movimiento histórico, desde principios del corto siglo XX, fue determinado fundamentalmente por la praxis revolucionaria del proletariado. Fue ella la que ha moldeado el devenir del mundo, primero por su enérgica actividad y, ahora, por su callada ausencia. Hölderlin puede ayudarnos a pensar esto en su propio lenguaje, aunque ahora sí usemos sus palabras para que revelen más de lo querían decir cuando fueron escritas. Reflexionando acerca de sus concepciones estéticas (que, recordemos, en él sólo son el epítome de sus concepciones políticas y sociales), dice a Böhlendorff:

> Pero debe aprenderse tan a fondo como lo ajeno [...] el uso *libre* de lo *propio* es lo más difícil.[215]

«Ven a contemplar lo abierto, a que busquemos lo propio, por lejos que esté», leímos antes. Hölderlin piensa aquí en el uso artístico de los dones nacionales alemanes (propios) y griegos (ajenos), en coherencia con la cesura patriótica que representa para él el cambio de siglo. Para él, uno debe superar en la aprehensión de lo ajeno a aquel a quien le es propio como mediación, puesto que lo propio «será siempre el menor mérito en el progreso de la formación» y aunque el uso libre de lo propio sea lo más difícil.[216]

---

[215] *Correspondencia*, p. 545.
[216] *Ibid.*

Salgamos por un momento de Hölderlin, y extrapolemos esta dialéctica entre lo propio y lo ajeno al *ser* del proletariado que, insistimos, hoy está solo con sus propias fuerzas. ¿Qué es lo *propio* del proletariado? Como consecuencia *positiva* de su universal sufrimiento como clase explotada –desatada de todo compromiso con el mantenimiento del orden social–, su *práctica revolucionaria* (1792, 1848, 1871, 1905, etc.).[217] ¿Y qué es lo *ajeno* para el proletariado? Como consecuencia *negativa* de su universal sufrimiento como clase explotada –atada al embrutecimiento que produce el trabajo manual–, la *formación cultural*, la *ciencia*. Para el proletariado, entonces, el libre uso de lo propio (la práctica revolucionaria) es lo más difícil, porque para orientarse en ella debe pasar antes por la apropiación de lo ajeno (la formación cultural, la ciencia, la teoría). Esta relación entre extremos, en las revoluciones proletarias que nos preceden, la garantizaban los intelectuales desclasados (Marx, Engels, Lenin…) que se pasaban a las filas del proletariado. Una fusión de elementos preconfigurados y externos entre sí que cristalizaba inmediatamente como partido político. Pero, como hemos visto y como salta a la vista por doquier, este modelo ha caducado tras la derrota. No es que no haga falta el saber universal que antes portaban los intelectuales para regenerar un horizonte revolucionario; es que el proletariado ya no va a recibir lo ajeno, este saber universal, como producto acabado aportado por un *otro* que deviene parte de un *nosotros*: debe apropiárselo y elaborarlo él mismo. ¿Cómo? En una carta a Ebel que ya hemos citado más arriba –en la que habla de aquella decisiva «futura revolución de las ideas»– Hölderlin se lamenta con su amigo de lo que ambos consideran, en ese momento, la derrota del inmediato referente revolucionario francés:

---

[217] Dice Marx en 1844: «Cuando el proletariado proclama la *disolución del orden actual del mundo* no hace más que pronunciar el *secreto de su propia existencia*, ya que él *es* la disolución *de hecho* de este orden del mundo» (*OME*, v. 5, p. 223).

> Es casi imposible ver sin velos la fea realidad sin arriesgarse a enfermar uno mismo [...]. Lo sé, duele infinitamente despedirse de un lugar [Francia] en que la esperanza volvió a ver florecer todos los frutos y flores de la humanidad.

Pero poco después, exclama:

> ¡Mucha formación y aún infinitamente más! ¡Materia formativa![218]

Ante la derrota, formación para rejuvenecer los mismos ideales. Esta formación [*Bildung*] es un tema recurrente en la Alemania de la época, y casi un tópico cultural de la burguesía culta alemana. Y no por casualidad, dado el terrible retraso histórico que sienten sus mejores cabezas respecto a las recientes conquistas económicas y políticas de Inglaterra, Estados Unidos o Francia. Hegel, por ejemplo, define la *Bildung* como «ese trabajo por arrancarse de la inmediatez de la vida substancial».[219] A Hölderlin también le obsesiona esta idea de formación (que vincula con «un esfuerzo autoconsciente»[220]), de la educación propia y del pueblo, como han señalado muchos de sus biógrafos y comentaristas. Lo evidencia él mismo mucho antes, demostrando la continuidad (y la constante renovación) de este principio formativo:

> Este germen de ilustración, estos callados deseos y esfuerzos de algunos por formar el género humano, se extenderá y fortalecerán y darán hermosos frutos. [...] Ésta es la meta sagrada de mis deseos y mi actividad: que yo pueda despertar en nuestra época la semilla que madurará en otra futura. [...] Y ahora,

---

[218] *Correspondencia*, p. 319. Como se ve en esta carta, en Hölderlin el cambio de siglo comporta un giro *patriótico*. Patriótico-republicano, por descontado, pero perdiendo en el camino efervescencia cosmopolita.
[219] *Fenomenología*, p. 59.
[220] *Hiperión*, p. 112.

¡hermano del alma!, esa meta, *la formación, el mejoramiento del género humano*, esa meta que tal vez sólo alcanzamos de modo incompleto en nuestra vida terrena, pero que precisamente por ello se alcanzará con más facilidad en ese mundo mejor que ha de venir, también cuanto más lo hayamos preparado en nuestro círculo de influencia [...].[221]

En otra carta a su hermano, Hölderlin le da un insistente consejo que bien cabría trasladar con la misma insistencia (y algún significativo matiz, que abajo detallaremos) a los proletarios cultos de la noche del presente:

> *Deberías* estudiar filosofía aunque no tuvieras más dinero del que hace falta para comprar aceite y un candil y no más tiempo fuera del que va de la medianoche al canto del gallo. Esto es lo que repito siempre [...].[222]

Y, en otra misiva posterior, se explaya sobre esta necesidad formativa, explicando con toda claridad un orden de jerarquías que ya hemos visto antes cuando hablábamos del *Estado libre* como mediación instrumental hacia la *comunidad divina*.

> Pues dejando a un lado todo lo demás, la formación filosófico-política encierra el inconveniente de que, aunque reúna a los hombres en los aspectos más esenciales y necesariamente imprescindibles, aunque los reúna en el deber y el derecho, ¿qué es lo que todavía sobra después de eso para la armonía de los hombres?[223]

---

221 *Correspondencia*, pp. 157-158.

222 *Ibid.*, p. 306.

223 *Ibid.*, pp. 407-408. Para Hölderlin, ese resto que garantizará la armonía de los espíritus es la poesía, pero no entendida «como un juego» no tomada en «el aspecto meramente externo», sino como «maestra de la humanidad», como nueva mitología.

De acuerdo: *Bildung*, formación. Formación activa e incansable. Formación individual y colectiva. Formación continua, tanto en momentos de pasajero entusiasmo como, y quizá sobre todo, en momentos de derrota. Formación en lo propio a través de lo ajeno. Formación, al fin y al cabo, que beba de la praxis revolucionaria del proletariado, pero comprendida desde la atalaya del saber universal alcanzado por la humanidad toda en el presente. Pero ¿formación orientada de qué manera?

6.3. Balance

Hölderlin nos sigue dando indicios universalmente útiles, aunque para ello tengamos que poner a prueba la paciencia del lector transcribiendo un larguísimo –y profundísimo– pasaje de uno de sus *Ensayos*:

> Soñamos con formación, piedad, etc., y no tenemos absolutamente ninguna [...]. *Hay, en efecto, una diferencia entre que aquel impulso de formación actúe ciegamente y que lo haga con conciencia, que sepa de dónde procede y a qué aspira, pues la única falta de los hombres es que su impulso de formación se extravía, toma una dirección indigna, falsa en suma, o yerra el sitio que le es propio, o, cuando lo ha encontrado, a medio camino se detiene y permanece cabe los medios que debían conducirlo a su fin. Que esto acontezca en grado mucho menor, se asegura mediante el hecho de que sepamos de dónde procede y a dónde se encamina en general aquel impulso de formación, que conozcamos tas direcciones esenciales en las cuales va al encuentro de su meta, que tampoco nos sean desconocidos los rodeos y descaminos que puede tomar, que, todo lo que antes de nosotros y en torno a nosotros ha surgido de aquel impulso*, lo consideremos como surgido del comunitario fundamento originario del cual ese impulso, en todas partes, surge con sus productos, que conozcamos las direcciones más esenciales que él tomó antes de nosotros y en torno a nosotros, así como sus extravíos alrededor de nosotros, y entonces, a partir del mismo fundamento que aceptamos, viviente y en todas partes igual, como el origen de todo impulso de formación, nos

proponamos nuestra propia dirección, la cual es determinada mediante las pasadas direcciones puras e impuras, las cuales, con conocimiento de causa, no repetimos, de modo que en el FUNDAMENTO ORIGINARIO DE TODAS LAS OBRAS Y ACTOS DE LOS HOMBRES nos SENTIMOS IGUALES Y EN UNIDAD CON TODOS, POR GRANDES O POR PEQUEÑOS QUE SEAN, pero en la particular dirección que nosotros tomamos.[224]

Aplicando esta reflexión hölderliniana a lo que nos ocupa, a saber: la necesidad de recuperar la certeza comunista tras su temporal derrota –que es, *mutatis mutandis*, la misma cosa por la que se interroga Hölderlin–; aplicándola a nuestro objeto, decimos, podemos sacar varias cosas en claro. Primero, que nuestra formación no puede ser esa «ocupación erudita y sabihonda» de la que se lamentaba Duque, sino que semejante impulso debe obrar «con conciencia» y no «ciegamente», debe saber «de dónde procede y a qué aspira», sí; pero tampoco nos pueden ser «desconocidos los rodeos y descaminos [...], todo lo que antes de nosotros y en torno a nosotros ha surgido de aquel impulso» puesto que ha «surgido del comunitario fundamento originario» (recordemos: la comunidad era «la más originaria exigencia del espíritu»). En definitiva, en ese «fundamento originario de todas las obras y actos de los hombres nos sentimos iguales y en unidad con todos». Ésta es la forma que tiene Hölderlin de hablar de aquello que más arriba hemos definido como el comunismo en cuanto espíritu, en cuanto espíritu del mundo, como el anhelo secular de la humanidad de una comunidad libre e igualitaria. Y este mismo ejercicio de balance, ya en términos materialistas, hemos tratado de hacer nosotros a lo largo de este estudio sobre Hölderlin: considerar su obra como un *rodeo*, como un *descamino*, como un *extravío*, que no por ser erróneo o fracasado es imposible

224 *Ensayos*, p. 36. Mayúsculas y cursivas presentes en el original.

de introducir en un orden de inteligibilidad del decurso histórico; leer su obra *limpiamente*, sí, pero como lo que es: otro intento de realización del viejo y compartido sueño comunitario de la humanidad, sueño respecto al cual el comunismo moderno, marxista, es *sólo* su posibilidad científica de cumplimentación.

Es algo que también señala tempranamente, de un modo muy similar, Marx cuando arriba hacia 1843 a la certeza comunista revolucionaria:

> Veremos entonces cómo el mundo hace tiempo que tiene un sueño, del cual basta con tener conciencia, para convertirlo en realidad. Resultará claro que no se trata de trazar una recta del pasado al futuro, sino de realizar las ideas del pasado. Veremos finalmente que la humanidad no se iniciará en un nuevo trabajo, sino que realizará desde el principio, conscientemente, su trabajo antiguo.[225]

Es en este mismo texto donde Marx, en discusión con Ruge, plantea que están de acuerdo en «desde dónde» parten (y bien podría haber dicho, citando a Hölderlin: desde un «tiempo de miseria»), pero que no coinciden en el «hacia dónde»; cosa, dicho sea de paso, que conecta perfectamente con el fragmento antes citado del poeta, que remarca precisamente la necesidad de saber «de dónde procede y a dónde se encamina en general aquel impulso de formación». Marx sigue diciendo:

> Cada uno tendrá que confesarse a sí mismo que no sólo ha surgido una general anarquía entre los reformadores, sino que ni siquiera él mismo tiene una idea precisa de lo que hay que hacer.[226]

---

[225] *Anales*, p. 69.
[226] *Ibid.*, p. 66.

De nuevo resuenan los ecos la *confesión* de Duque en determinadas latitudes. La situación entre los proclamados comunistas no es, por lo general, mejor. Pero Marx ya hizo su labor, y el movimiento obrero revolucionario puso en marcha esta razón comunista. Rejuvenecer este proyecto sólo puede pasar, siguiendo a Hölderlin y Marx –a Hölderlin *desde* Marx– por la formación, la formación consciente, por la formación en «principios y puntos de vista universales»[227] y en el profundo conocimiento tanto de las direcciones más esenciales que tomó la praxis comunista como de sus rodeos y descaminos. O, dicho en un lenguaje menos poético: no hay otro camino que el volver a ponerse a la altura del proceso histórico tomado en su conjunto para, desde semejante atalaya, escrutar críticamente la experiencia pretérita de las revoluciones que nos preceden. Cualquier otra dirección no sería inmanente, e implicaría retornar al punto de vista externo del *deber ser*, con el que filósofos, filántropos y «comunistas» de todo tipo anticipan «dogmáticamente el mundo» y tienen «preparada, sobre sus cátedras, la solución a cualquier enigma».[228]

Hemos dicho, en esta exposición que trata de ser tan materialista como tan poco tosca, que mientras no hubo otrora y no hay hoy un movimiento real correlativo, el comunismo ha sobrevivido y sobrevive como *espíritu*. Tras su derrota, tras este desgarrador abismo de aparente muerte del comunismo que nos separa del corto siglo XX, ¿cómo podría este espíritu reconstituirse como sujeto, como sujeto revolucionario, como cuerpo político?

> Pero la vida del espíritu no es la vida que se asusta de la muerte y se preserva pura de la devastación, sino la que la soporta y se mantiene en ella. El espíritu sólo gana su verdad en tanto que se encuentre a sí mismo en el absoluto desgarramiento.

---

227 *Fenomenología*, p. 59.

228 *Anales*, p. 66.

> Él no es ese poder como lo positivo que aparta los ojos de lo negativo, como cuando decimos de algo que no es nada o es falso, y liquidado eso, nos alejamos de ello y pasamos a cualquier otra cosa; sino que sólo es este poder en tanto que le mira a la cara a lo negativo, se demora en ello. Este demorarse es la fuerza mágica que torna lo negativo en ser. Tal fuerza es lo mismo que más arriba se ha llamado sujeto [...].[229]

El espíritu comunista no puede asustarse de la muerte, ni siquiera de la suya propia, decretada por la burguesía: sólo mirando a la cara a la devastación, al desgarramiento, podrá lo negativo devenir ser; sólo este demorarse en la derrota, en su comprensión, en su aprehensión como lo otro de sí del movimiento real –esto es, como derrota real–, permitirá reconstituir algo digno de ser llamado sujeto. Si se participa de este espíritu comunista, apartar la mirada del abismo y declarar llanamente el simple fracaso –o negar la derrota– del ideal es una excusa; una actitud, en primer lugar, anticientífica. Más valdría –aunque los tiempos que corren no lo permiten de este modo heroico– enloquecer dignamente por tener un pie en la abismal «noche del presente» y otro en el «grandioso futuro»[230], como Hölderlin.

Y es que él entiende, al menos tan bien Hegel en la cita anterior, la perezosa vacuidad que es el declarar lo sido, pero aún posible –por ejemplo: los objetivos comunistas–, como algo definitivamente venido a ser «nada», «falso» o un mero «error». En un pasaje similar dice el poeta:

> Sólo esto es la más verdadera verdad: aquella en la que también el error, por cuanto ella [la verdad] lo contiene todo en su sistema, lo pone en su tiempo y en su sitio, se hace verdad.[231]

---

229 *Fenomenología*, p. 91.

230 *Hiperión*, p. 154.

231 *Ensayos*, p. 50. Hegel dirá: «La verdadera figura en la que existe la verdad sólo puede ser el sistema científico de la misma» (*Fenomenología*, p. 59).

Pues, como enseña el *Comunismo de los espíritus*, «sólo puede haber una verdad», por eso ella «lo contiene todo en su sistema». ¿Cuál es la certeza comunista que hay que repetir hasta la saciedad, porque no hay otra posible? Que su derrota, su *error*, es parte constitutiva de su victoria y de su *verdad*. Que su derrota, ahora que podemos demorarnos en ella para mirarla a los ojos, era históricamente necesaria. Que fue un intento de juventud, tan heroico como inmaduro. Que la posibilidad efectiva del comunismo no ha terminado, sino que *empieza ahora*.

7. Conclusión. El fuego divino del comunismo

Hölderlin ha sido tratado groseramente por la sociedad burguesa, decíamos en la introducción de este estudio; nosotros hemos tratado de darle una más cálida y *limpia* acogida desde las posiciones del proletariado comunista. Hölderlin pertenece a las tradiciones emancipatorias de la humanidad, y por lo tanto a los oprimidos del mundo. Es absurdo preguntarse qué opinaría el poeta del curso que siguió el mundo tras su muerte, de qué lado se habría puesto. Tenemos el testimonio del partido que tomó en vida. Hölderlin fue –enunciemos la herejía una vez más– comunista, un comunista utópico a cuenta cabal. Este aserto resulta ya inobjetable siempre que no cometamos la estúpida osadía de confundir aquí comunismo con marxismo: Hölderlin fue un comunista de los espíritus.

Es por ello que, como conclusión, nos parece perentorio contradecir humildemente a los traductores: como comunistas, suscribimos el principio ilustrado de que «la crítica [aquí, revolucionaria] supone someter» Todo «a las preguntas que esgrime desde su tribunal no la autoridad, no la tradición, sino la razón argumentando públicamente».[232] Sea. La pregunta fundamental no es entonces –ni en el *Comunismo de los espíritus* ni en nuestros días

---

[232] *Supra*, p. 16.

(y el *CdG* pertenece a nuestros días, es contemporáneo nuestro)– «si el destino moderno consiste en realizar un hogar *en* nuestro mundo alienado o si más bien se trata de que ese mundo alienado constituye él mismo *el único hogar posible*; si cabe edificar un hogar en el que refugiarse de la alienación o si la pretensión de una vuelta al hogar sólo se puede cumplir en su imposibilidad, resultando en nostalgia [...]; si hay un pasado glorioso al que se puede volver o si solo queda aprender a habitar el final».[233] También rechazamos la solución que plantea Albernaz, que parece consistir en un «comunismo» relativista, en una comunidad de ontología pluralista.[234] Para nosotros no se trata de la alternativa entre refugio y nostalgia, entre añorar el pasado y habitar el final, si no de la aprehensión del pasado para la construcción volitiva –que no voluntariosa– del futuro. Si sólo nos quedase habitar el ocaso, si el comunismo fuera siempre un fantasma, si una sociedad sin explotación ni opresión constituyese también un camino asintótico de aproximación infinita; si todo eso fuese así, decimos, no quedaría otra que ser neokantianos –como lo es, hoy, de un modo u otro, casi toda la burguesía que piensa–, y tendría razón el neokantiano E. Bernstein: «lo que se llama ordinariamente objetivo final del socialismo no significa nada para mí, el movimiento lo es todo».[235] Contraponemos a Hölderlin: «Nosotros no somos nada, aquello que buscamos lo es todo».[236] Se trata, pues, de la supresión práctica de la alienación para la construcción de algo digno de ser llamado hogar. Muy convenientemente, el castellano *hogar* viene del latín *focus*: lugar donde se prende la lumbre, y alrededor de la cual se reúnen los humanos en comunidad.

---

233 *Supra*, p. 12. Rechazamos también lo que parece la solución derridiana de los traductores a esta antinomia: que «el comunismo siempre ha sido y permanecerá espectral» (*Supra*, p. 29).

234 *Supra*, p. 36.

235 *Las premisas de socialismo*, p. 259. Esta clase de ideas llevaron a gentes como Bernstein a votar a favor los créditos de guerra en 1914.

236 Cfr. *Narcisismo y objetividad*, p. 36.

Y nosotros, como dijo tantas veces Hölderlin y recuerda Lukács, no creemos en la dicha privada: se trata de que el fuego divino participe de todos; que todos participemos del fuego divino.

Leamos entonces *limpiamente*, una vez más y a tenor de todo lo visto hasta ahora e incluyendo el *Comunismo de los espíritus*, el centro de los ideales de Hölderlin.

> Ésta es también mi esperanza, lo que anhelo en las horas solitarias: que esos mismos tonos poderosos y aun otros más altos deben volver alguna vez a la sinfonía del mundo en su discurrir. [...] Los pueblos acaban de salir de la armonía infantil; la armonía de los espíritus será el principio de una nueva historia del mundo. [...] ahora el género humano, infinitamente descompuesto, yace como un caos tal que el vértigo se apodera de todos los que todavía sienten y ven; pero la belleza huye de la vida de los hombres hacia lo alto, hacia el espíritu; se transforma en ideal lo que era naturaleza [...]; lo que fue naturaleza hoy es el ideal. En él, en este ideal, en esta divinidad rejuvenecida, se reconocen los pocos y son uno, pues hay uno en ellos, y de éstos, de éstos da comienzo la segunda edad del mundo.[237]

¿Qué significa este crucial pasaje del *Hiperión*? ¿Qué es esta «belleza» que «huye de los hombres»? Belleza es el nombre de «lo que es Uno y Todo»[238]: la única «forma aprehensible del Absoluto».[239] Esta belleza, que antes fue «naturaleza», que ahora «huye hacia lo alto» –«hacia el espíritu»– «se transforma en ideal», ideal que es «divinidad rejuvenecida»: Hölderlin identificó después (según nuestra propuesta de datación del *CdG*) este ideal con el comunismo, el comunismo de los espíritus.

---

237 *Hiperión*, pp. 93-94.
238 *Ibid.*, p. 80.
239 *Claves*, p. 47.

Que esta interpretación es legítima lo confirma el resto del pasaje: estos individuos de vanguardia, «en cuyos ideales se reconocen los pocos» pero también son «uno» en comunidad (lo que recuerda a las primeras comunidades cristianas), están llamados a traer «la segunda edad del mundo», que comienza virtualmente en ellos. Así, podemos decir que el *Comunismo de los espíritus* representa en Hölderlin la síntesis final de su programa para el futuro, otra denominación para su ideal de belleza. El *Comunismo* es en Hölderlin, entonces, su propuesta de nueva mitología, su Reino de Dios, la religión racional no institucionalizada, o esa «invisible iglesia en lucha»[240] tal y como emerge su posibilidad en el umbral de la era contemporánea, científica e incrédula.[241]

Veámoslo una vez más. Hölderlin expresa esta disposición sacrificial y combativa claramente, en una carta al hermano en el Año Nuevo de 1799 ya citada más arriba. En ella atestigua sin ninguna clase reparos que la pluma, la poesía –o, si se quiere, *el arma de la crítica*, de la reflexión– no es bastante por sí misma. Requiere de su contraparte, de *la crítica de las armas*:

> [...] y si acaso el reino de las tinieblas quiere irrumpir con violencia, arrojaremos la pluma bajo la mesa e iremos en nombre de Dios al lugar en el que exista más miseria y seamos más necesarios.[242]

---

[240] *Correspondencia*, p. 269.

[241] El poeta, con sus dudas, con sus contradicciones, con sus quimeras, con su horror ante los excesos revolucionarios, con su entusiasmo tiranicida, con todo… estaba del lado de la emancipación de la humanidad, y no del de los verdugos de los pueblos, por muy «republicanos» o «demócratas» que sean los ropajes con los que cubren sus egoístas, estrechos e inhumanos intereses de clase. Así, visto el asunto con una mínima distancia crítica, resultan ridículas las palabras del imperialista exembajador alemán en España, queriendo convertir a Hölderlin en un ciudadano europeísta del siglo XXI preocupado, por «principio», por «el cambio climático, la migración, el desarrollo sostenible, el comercio libre y justo» (*Amistad estelar*, p. 8). ¡Eso sí que es manipular y no leer limpiamente a Hölderlin!

[242] *Correspondencia*., p. 409.

Arrojar la pluma e ir a los miserables, para enfrentar la sagrada violencia de los oprimidos a la infame violencia de los opresores. La sagrada noche requiere de los poetas que mantengan vivo el fuego de los dioses, sí; pero también, llegado cierto punto, que traigan el incendio sobre la tierra para regenerarla y, sobre sus cenizas, alumbrar el nuevo día divino.

> Somos como el fuego que duerme en la rama seca o en el pedernal, y luchamos e intentamos encontrar en todo momento el fin de nuestra estrecha prisión. Pero acaban llegando los momentos de la liberación que compensan siglos de lucha, momentos en que lo divino sale de su celda, en que la llama se desprende de la madera y se eleva victoriosa sobre las cenizas, en que nos parece que el espíritu libre, olvidadas las penas y la servidumbre, vuelve en triunfo a las galerías del sol.[243]

Hölderlin pensó todo esto en clave poética e idealista, infinitamente lejos de la praxis comunista, a pesar de sus numerosos vínculos con la política radical y conspirativa de su tiempo. El comunismo quedaba relegado al espiritual reino de la belleza, de la intuición intelectual estética: era la necesaria huida utópica y mitológica de la mejor *humanidad pensante* ante el callejón sin salida de los autoengaños de la revolución burguesa; el exacto anverso del tosco e inmaduro comunismo proletario que Babeuf propuso a la *humanidad sufriente*. No obstante, como nos advierte con razón Lukács –y, en negativo, Félix Duque–, adoptar una posición semejante después de Hölderlin nos convertiría a nosotros en «mediocres liberales», y a la reflexión crítica en una «indolora *cámara de compensación*».

Hölderlin insistió en que su misión en la tierra era sembrar algo que pudiera florecer en el futuro. Hoy, *los proletarios que sufrimos y pensamos* reclamamos su obra: alienta nuestro afán, en efecto, de reconstituir científicamente tanto el *espíritu* comunista como su *cuerpo*.

---

243 *Hiperión*, p. 79.

Comentario:

Helena Cortés Gabaudan

Comunidad (y no comunismo) de los espíritus en Hölderlin

Hay que celebrar que una editorial española rescate un texto que apenas se conocía hasta ahora en lengua castellana y que contribuye a avivar un debate muy constructivo en torno al pensamiento político de Hölderlin. La suma de textos muy variados, pero todos profundos e interesantes, que aúna la edición, logra crear una lectura polifónica de lo más enriquecedora en torno al debate sobre la autoría y la intención del texto, aunque desde luego siempre desde una óptica favorable a su atribución a Hölderlin. Aunque sea un detalle menor, se agradecen sobremanera las dos bellas fotos de la capilla de Wurmlingen que abren y cierran la edición y cuya intención se explica adecuadamente.

A los filólogos nos gusta darle vueltas a cada detalle de un texto, incluso a un punto o coma tal vez mal transcritos y que pueden cambiar el sentido aunque solo sea sutilmente. Aunque esta labor resulta apasionante para los que la realizamos –y todos caemos tarde o temprano en esta obsesión–, lo cierto es que el exceso de filología a veces empaña un abordaje más intuitivo y directo de los textos (aunque por supuesto sea imprescindible y altamente meritoria la labor filológica a cuyo rigor debemos lecturas más fieles). Todo esto es para decir que en mi opinión me parece que el objetivo que persigue esta obra es equivocado, lo que, no obstante, aunque parezca paradójico, no le resta ni un ápice de interés a su contenido, que es interesante en sí mismo al margen de su intención.

Porque, ¿para qué tanto empeño en tratar de defender la dudosa autoría de Hölderlin del texto sobre el *Comunismo de los espíritus*, cuya exacta datación también es muy problemática, y la aún más dudosa autoría de semejante título, solo por contar con el placer de poder atribuirle a alguien tan grande como Hölderlin la primicia mundial del uso de la palabra "comunismo" ya hacia 1794 (aunque en pugna con un par de "usuarios" muy próximos en el tiempo como el escritor francés Restif de la Bretonne o el jacobino vienés Andreas Riedel, que de hecho se le habrían anticipado si el texto no es de 1794, sino, cosa probable, unos años posterior)? En realidad, lo importante no sería si Hölderlin fue el primero en usar tal palabra (no pasaría de ser una curiosidad filológica), sino determinar si, en caso de haberla usado, lo hizo en el sentido que adquirió algo después, cuando se acuñó para siempre el término gracias a la célebre frase inicial del *Manifiesto Comunista*. Pero los propios firmantes de las diversas contribuciones se apresuran a indicar que para que el título sea de Hölderlin habría que desligar la palabra «comunismo» del sentido que adquirió después en la práctica marxista; sería solo en su caso un comunismo de tipo «espiritual». Obviamente, lo contrario hubiera sido un total anacronismo.

Ahora bien, para demostrar que Hölderlin se interesaba por esas fechas por lo que él (y Hegel) llamaba en su vocabulario habitual «comunidad» (*Gemeinschaft*) o «liga» (*Bund*) (y nunca "comunismo") «de los espíritus», no hace falta irse a buscar precisamente un texto tan dudoso, sino que hay otros muchos (y en buena parte citados en el libro) que atestiguan ese uso y que están fielmente documentados como suyos. Lo de veras importante, y que de nuevo vuelve a demostrar este volumen, es el hondo calado de lo que Hölderlin llama «comunidad», «nueva Iglesia», «alianza de los espíritus» y otros términos afines y que tiene que ver con su pensamiento político, por cierto no único e inamovible, sino más bien moviéndose siempre en serias contradicciones y derivando hacia un cada vez más angustioso debate entre un deseo revolucionario pero utópico, que suscribe, y su cruda realización en la práctica social, que él acaba rechazando.

A estas alturas yo no creo que sea necesario seguir rescatando a Hölderlin del "nazismo" de Friedrich Beißner y la *Stuttgarter Ausgabe* (suponiendo que eso fuera lo que influyó en la decisión de no tomar muy en serio el texto del *Comunismo de los espíritus*), pues ni la *Frankfurter Ausgabe*, que es posterior y de orientación justo contraria, ni la también interesante edición cronológica de E. Sattler (*Bremer Ausgabe*), ni la edición en tres volúmenes de Michael Knaupp, es decir, las ediciones de los especialistas más reconocidos le atribuyen ese texto al poeta. Pensar que esto se debe todavía a la influencia de Beißner me parece mucho suponer, teniendo en cuenta la ingente cantidad de artículos de lo más variopinto que se escribe cada año sobre Hölderlin. El propio Pierre Bertaux, que fue uno de los primeros en rescatar brillantemente a Hölderlin de aquella tradicional línea interpretativa sesgada hacia la derecha, admitía que «el texto no suena auténtico» (Bertaux 1990: 111, 172). Es verdad que muy poco más dijo también Beißner para decidir que el texto era de autoría dudosa, y eso es lo que todos critican ahora, pero sin embargo ese comentario tan vago encierra una gran verdad: a cualquiera que tenga en su oído la forma de expresión de Hölderlin le "suena" poco auténtico el tono del texto. Y es que, mientras no se produzca un hallazgo revelador, nunca podremos ni afirmar ni negar de un modo palmario de quién es ese texto, solo podemos decir cosas como que "suena" o "no suena" a Hölderlin. Y, no, la verdad es que "no suena" a Hölderlin: el vocabulario (salvando términos como "éter" o "comunidad" y algún giro como «el criminal») no acaba de "sonar" a Hölderlin, el estilo y formulación no "suenan" a Hölderlin, el contenido sí, pero solo parcialmente –por ejemplo lo que dice de la ciencia chirría bastante–, y hasta provoca serias dificultades, ya que por mucho que a Goethe se le ocurriera decir brevemente en carta a Schiller que a Hölderlin le gustaba ocuparse de la Edad Media, la verdad es que no se encuentra en ningún otro lugar de sus obras una mención de ese tipo a las comunidades monásticas medievales, sino que suele vincular siempre la idea de "comunidad" o democracia con Grecia, y cuando se ocupa de la Edad Media es para buscar modelos patrióticos de heroísmo libertario afines a su idea revolucionaria de renovación en su entorno alemán, pero para eso acude también a otros como el querusco Arminio, de la época romana. No obstante, hay que admitir que esta sería una objeción menor, ya que hemos perdido muchos textos suyos y pudo ocurrir que en un determinado contexto, por qué no tras su paseo –este sí documentado, a la capilla de Wurmlingen en compañía de Hegel y puede que de otros compañeros del *Stift* en noviembre de 1790– se le ocurriera reflexionar sobre ese tema de las órdenes monásticas. Pero posiblemente con otro estilo y otra formulación. Nunca sabremos cómo se pergeñó este texto, que toca sin duda ideas muy cercanas a las de Hölderlin y su entorno más próximo antes de 1800, y que exhibe un tono que solo podemos calificar de "epocal", por lo que, llevándolo al extremo, encajaría con todos, pero parece probable que el texto no fuera redactado nunca bajo su forma actual por Hölderlin. Que Beißner lo dejara dentro de la *Stuttgarter Ausgabe*, aunque fuera dentro del «convoluto» de textos dudosos, demuestra que las ideas sí le parecían afines, pero el estilo y tono no. El texto, por cierto, tiene muchos momentos y expresiones que "suenan" bastante más a Hegel que a Hölderlin, aunque en aquellos momentos de estrecha comunidad de ideas de los amigos de Tubinga fuera difícil diferenciar lo de unos y otros. No obstante, entrando en los temas concretos que aborda el texto, la verdad es que es el joven Hegel y no Hölderlin el que por aquel entonces consideraba la ciencia en sentido positivo y hubiera tratado de aunar religión y ciencia, es Hegel el que trataba de rescatar la religión como principio unificador, Hegel el que se ocupaba con tanto interés de la Historia, de la «*Weltgeschichte*», y también era él, el que separaba tajantemente «forma» y «materia» («*Stoff*», en el texto), sosteniendo que esta última no puede traer la verdad, a no ser que se trate de la materia que el propio "espíritu" (o "forma") genera. Finalmente, es Hegel el que postula la libertad como ***ley*** a modo de principio de su Filosofía de la Historia, y esto nunca lo haría Hölderlin, pues para él "ley" y "libertad" son principios contradictorios.

Dicho esto, el ideal republicano («ya no es tiempo de reyes»); ideas que incluso llegan a esbozar una comunidad de bienes en la línea de Babeuf («compartid los bienes»); la visión fuertemente idealizada de una sociedad en la que el espíritu lo une todo y es un espíritu divino «propio a cada uno y *común a todos*»; incluso un debate tenso, y durante un tiempo no resuelto, sobre la legitimidad del uso de la violencia y el tiranicidio para llegar a los fines democráticos, todo eso está efectivamente en Hölderlin, está en sus poemas (*An Eduard*), en su *Hiperión* y en sus cartas, igual que está parcialmente en el texto aludido y eso es lo que importa realmente y no quién lo escribió bajo la forma poco hölderliniana que actualmente tiene. Algo parecido le ocurre al famoso texto *Más antiguo sistema del Idealismo alemán*, del que nunca sabremos exactamente cómo se pergeñó, más allá de que está escrito de puño y letra de Hegel, pero que refleja ideas tanto suyas como de Schelling y Hölderlin (y posiblemente de algunas personas más) de aquellos años del *Stift* de Tubinga, los años más revolucionarios de Alemania y de los tres amigos. De parecida manera, hay que admitir que el texto *Communismus der Geister* también refleja ideas que parecen generadas en ese mismo entorno de amigos, pero nunca sabremos si se trata de algo escrito bajo esa forma por uno de ellos o una reelaboración posterior de alguien (ya sea una versión tardía del copista del texto, Schwab, o de alguien del momento del grupo del *Stift*), por no hablar del título, que resulta extraño al vocabulario de la época. Pero el caso es que hay textos mucho mejores para analizar el importante tema de la comunidad de los espíritus en Hölderlin, aunque no lleven en el título la palabra "comunismo".

Para mí, uno de los textos más bellos de Hölderlin en torno a este ideal comunitario es su poema *Los robles* [*Die Eichbäume*], pero en él Hölderlin –que nunca abandona el ideal de mejora de la sociedad de su tiempo, un ideal que pasa por la instauración de la democracia a ser posible bajo la forma republicana– ya se ha alejado del jacobinismo más radical, pues piensa que el Estado, incluso el Estado republicano, no puede imponerse por la fuerza («siempre que el hombre ha querido hacer del Estado su cielo, lo ha convertido en su infierno»), sino que tiene que nacer de un libre consenso. Como dice en la bella carta que le escribe a su hermano en la Nochevieja de 1798: «la formación político-filosófica encierra en sí misma el inconveniente de que aunque consiga unir a los hombres para los asuntos más esenciales y necesariamente imprescindibles, aunque los una en el deber y el derecho, ¿qué queda todavía después de eso para la armonía de los hombres?».[244] "Derecho" (político) y "armonía" son incompatibles, pues para Hölderlin la armonía solo procede de la naturaleza. Lo que él piensa es que, desde el momento en que el Estado se impone de modo violento, se pervierte, y se convierte en una opresión; esto lo convierte en un ideal de casi imposible realización, y por ello Hölderlin pospone el «otoño alemán», en que debería nacer el libre Estado republicano, a un futuro mejor, el de «los nietos», muchas veces con la convicción de que en realidad es algo completamente imposible, de donde deriva su propia angustia vital y el tono elegíaco de sus muchos textos al respecto (como el impresionante final de *El Archipiélago*).

El poema contrapone la vida civilizada de «los jardines», en donde la naturaleza ha sido ya domesticada, con la libre naturaleza de «las montañas»: allí se alza el «pueblo de titanes» (los robles), que no le debe nada a nadie. Ellos han sabido constituir una «libre alianza», pero sin dejar de ser al mismo tiempo «cada uno un dios». En contraste, la sociedad –a la que el Yo lírico empero no renuncia– es comparada a la «esclavitud».

> Desde los jardines marcho ahora hacia vosotros, hijos de la montaña,
> desde esos jardines donde la naturaleza, paciente y **domeñada**,
> la que cuida y a su vez es cuidada, vive en comunión con los hombres.
> Mas vosotros, oh magníficos, os erguís como **un pueblo de titanes**
> en medio de este mundo más humilde, y sólo a vosotros os debéis,
> y al cielo que os alimenta y que os crio, o a esa tierra que os diera el ser.
> **Ninguno de vosotros pisó nunca todavía la escuela de los**
> **[hombres**,
> y **libres** y dichosos os alzáis emergiendo de vuestras recias raíces,
> **formando un círculo entre vosotros**; y como el águila su presa,
> así aferráis con poderoso brazo el espacio, y hacia las nubes
> orientáis grandiosa y alegre vuestra copa inundada de sol.
> **Un mundo es cada uno de vosotros**; como las estrellas del cielo,
> **cada uno un dios, unidos vivís en libre alianza entre vosotros**.

---

244 *Cartas filosóficas de Hölderlin*. Edición de H. Cortés y A. Leyte con estudio de A. Leyte. La Oficina, Madrid, 2020.

¡Ah! Si yo pudiera soportar **la esclavitud**, ya nunca envidiaría
este bosque y con gusto me abrazaría a la vida en sociedad.
¡Y si ya no me atara a esa vida en sociedad este mi corazón
que al amor aún no renuncia: cuánto me gustaría habitar entre
[vosotros![245]

El conflicto entre libertad y sociedad se convierte de este modo en algo casi irresoluble, es de facto una contradicción, pues toda sociedad necesita unas normas y por ende una constricción y toda sociedad "domestica" al ser humano sin remedio. El sacrificio del individuo en aras del bien común puede ser válido y noble para los héroes que se inmolan voluntariamente, y Hölderlin gusta de citar esos ejemplos, pero se convierte en una opresión dictatorial cuando se le exige e impone de modo general a toda una sociedad. ¿En dónde queda la libertad individual, a la que Hölderlin no quiere renunciar, en una comunidad reglada por la autoridad estatal? Y, por otro lado: ¿se puede conciliar una política realista y pragmática con eso puramente natural o espiritual que Hölderlin llama «primavera» o «lluvia del cielo», algo que ningún Estado puede darnos, pero sin lo que la vida carece de belleza y tal vez no merece la pena?

El libro *Comunismo de los espíritus* tiene la virtud de hacernos reflexionar de nuevo sobre estos temas de tan hondo calado. Gracias por ello a la editorial *Mnemosyne*.

---

245 Poema de 1796/1797. *Friedrich Hölderlin. Poesía esencial.* Edición de H. Cortés, La Oficina, Madrid, 2017.

Bibliografía de
Hölderlin y el comunismo *

Obras de Friedrich Hölderlin:

Correspondencia completa [*Correspondencia*]. Traducción e introducción de Helena Cortés y Arturo Leyte. Ediciones Hiperión, Madrid, 1990.

Emilia en vísperas de su boda. Introducción, traducción y notas de Anacleto Ferrer. Edición bilingüe. Ediciones Hiperión, Madrid, 1999.

Ensayos. Traducción, presentación y notas de Felipe Martínez Marzoa. Ediciones Hiperión, Madrid, 2017.

Hiperión o el eremita en Grecia [*Hiperión*]. Traducción y prólogo de Jesús Munárriz. Ediciones Hiperión, Madrid, 1998.

Hiperión. Versiones previas [*Versiones previas*] Edición de Anacleto Ferrer. Prólogo de Michael Franz. Ediciones Hiperión, Madrid, 1989.

La muerte de Empédocles [*Empédocles*]. Traducción de Feliu Formosa. El Acantilado, Barcelona, 2001.

Pan y vino. Edición bilingüe de Félix Duque. Abada Editores, Madrid, 2022.

* Ponemos entre corchetes la referencia utilizada a pie de página a lo largo del texto cuando se trata de una abreviación del título original completo. Todas las citas del *Comunismo de los espíritus* quedan deliberadamente sin referencia: dada su brevedad, recomendamos su constante e íntegra relecura. [La Editorial usa las mismas abreviaciones que figuran en esta Bibliografía cuando acorta o añade referencias; también cuando, a pie de página, indica versiones castellanas de las obras en otros idiomas citadas por otros autores.]

Poemas. Versión e introducción de Eduardo Gil Bera. Prólogo de Félix de Azúa. Lumen, Madrid, 2012.

Poemas de la locura precedidos de algunos testimonios de sus contemporáneos sobre los «años oscuros» del poeta [*Poemas de la locura*]. Edición bilingüe. Ediciones Peralta, Madrid, 1978.

Poesía completa. Edición bilingüe en dos tomos traducida por Federico Gorbea. Ediciones 29, Barcelona, 1977.

»Von der Realität des Lebens« – Hir das Blatt. Nachrichten aus dem Alltag mit Friedrich Hölderlin mitgeteilt von Lotte Zimmer [*Realität*]. Friedenauer Presse, Berlín, 1997.

Obras sobre la vida, el pensamiento, la obra y la figura de FRIEDRICH HÖLDERLIN:

BERTAUX, P.: *Friedrich Hölderlin. Eine biographie* [*Biographie*]. Insel, Fráncfort, 2000.

- *Hölderlin y la Revolución Francesa* [*Hölderlin y la RF*]. Ediciones del Serbal, Barcelona, 1992.

BLAY, E.: Píndaro desde *Hölderlin (Odas olímpicas y Odas píticas)*. Oficina de Arte y Ediciones, Madrid, 2018.

CORTÉS GABAUDAN, H.: *Claves para una lectura de Hiperión. Filosofía, política, ética y estética en Hölderlin*. [*Claves*]. Ediciones Hiperión, Madrid, 1996.

- *La vida en verso. Biografía poética de Friedrich Hölderlin* [*La vida en verso*]. Ediciones Hiperión, Madrid, 2019.

EGUIZABAL, J. I.: Hölderlin no estaba loco. La isla de Siltolá, Sevilla, 2013.

FLÓREZ, R.: *La correspondencia entre Hegel y Hölderlin*. Separata artesanal, Madrid, 1986.

FERNÁNDEZ BUEY, F.: *Marx leyendo a Hölderlin.* Eutopías, Valencia, 1985.

FERRER, A. *La reflexión del eremita* [*Reflexión*]. Ediciones Hiperión, Madrid, 1993.

GARCÍA SÁNCHEZ, J.: *Conocer Hölderlin y su obra* [*Conocer Hölderlin*]. Dopesa, Barcelona, 1979.

MARTÍNEZ MARZOA, F.: *Hölderlin y la lógica hegeliana.* Visor, Madrid, 1995.

SAFRANSKI, R.: *Hölderlin o El fuego divino de la poesía* [*Hölderlin o El fuego*]. Tusquets Editores, Barcelona, 2021.

VILLACAÑAS, J. L.: *Narcisismo y objetividad. Un ensayo sobre Hölderlin* [*Narcisismo*]. Ediciones Verbum, Madrid, 1997.

VV.AA.: *Hegel – Hölderlin. Una amistad estelar* [*Amistad estelar*]. Círculo de Bellas Artes, Madrid, 2021.

VV.AA.: Hölderlin. Poesía y pensamiento. Pre-Textos, Valencia, 2002.

WAIBLINGER, W.: *Vida, poesía y locura de Friedrich Hölderlin.* Ediciones Hiperión, Madrid, 2003.

WEISS, P.: *Hölderlin* [*Weiss*]. Hiru, Hondarribia, 1996.

Obras de HEGEL:

Correspondance. Éditions Gallimard, [sin ciudad,] 1962.

Escritos de juventud. Fondo de Cultura Económica, Madrid, 1978.

Fenomenología del Espíritu [*Fenomenología*]. Abada Editores / UAM Ediciones, Madrid, 2020.

Filosofía real. Fondo de Cultura Económica, Madrid, 1984.

Fundamentos de la Filosofía del Derecho o Compendio de Derecho Natural y Ciencia Política [*Filosofía del Derecho*]. Editorial Tecnos, Madrid, 2017.

Introducción a la Historia de la Filosofía. Alba Libros, Madrid, 1998.

Lecciones sobre la historia de la filosofía. Fondo de Cultura Económica, México D. F., 1955.

Obras sobre HEGEL:

D´HONDT, J.: *Hegel secreto*. Ediciones Corregidor, Buenos Aires, 1976.

HENRICH, D.: *Hegel en su contexto*. Monte Ávila Editores, Caracas, 1987.

ROCCO LOZANO, V.: *La vieja Roma en el joven Hegel* [*La vieja Roma*]. Maia Ediciones, Madrid, 2011.

Obras de MARX Y ENGELS:

Contribución a la crítica de la economía política. Siglo XXI Editores, Madrid, 2008.

El capital. Siglo XXI Editores, Madrid, 2008.

La ideología alemana. Ediciones Grijalbo / Ediciones Pueblos Unidos, 1968/1970.

Los anales franco-alemanes [*Anales*] Ediciones Martínez Roca, Barcelona, 1970.

Obras Fundamentales de Marx y Engels [*OFME*]. Fondo de Cultura Económica, México D. F., 1981.

Obras de Marx y Engels [*OME*]. Editorial Crítica, Barcelona, 1978.

Obras Escogidas. Editorial Progreso, Moscú, 1976.

Obras sobre MARX Y ENGELS:

La teoría de la revolución en el joven Marx. Siglo XXI Editores, Madrid, 1973.

El concepto de praxis en el joven Marx. Ediciones Península, Barcelona, 1975.

Otras obras:

ARISTÓFANES. *La Asamblea de las Mujeres*. Ediciones Cátedra, Madrid, 2016.

BABEUF, G.: *El tribuno del pueblo* [*Tribuno*]. Ediciones Roca, México D. F., 1975.

BERNSTEIN, E.: *Las premisas del socialismo y las tareas de la socialdemocracia* [*Las premisas del socialismo*]. Siglo XXI Editores, Madrid, 1982.

DROZ, J. (Director): *Historia general del socialismo*. Ediciones Destino, Barcelona, 1976.

GOETHE, J. W.; SCHILER, F.: *Epistolario completo* [*Epistolario*]. Miño y Dávila editores, Buenos Aires, 2017.

GRANDJONC, J.: *Communisme/Kommunismus/Communism. Origine et développment international de la terminologie communautaire prémarxiste des utopistes aux néo-babouvistes. 2: Pièces justificatives* [*Communisme/Kommunismus/Communism*]. Karl-Marx-Haus, Tréveris, 1989.

HEINE, H.: *Lutèce: lettres sur la vie politique, artistique et sociale de la France* [*Lutèce*]. Michel Lévy Fréres, Éditeurs, París, 1853.

HEINSE, W.: *Ardinghello y las islas afortunadas* [*Ardinghello*]. Editorial Pre-Textos, Valencia, 2004.

HESÍODO. *Trabajos y días*. Editorial Gredos, Madrid, 1978.

HORACIO: *Odas y Epodos*. Ediciones Cátedra, Madrid, 2023.

KANT, I.: *Crítica del Juicio / ¿Qué es la ilustración / El conflicto de las facultades* [*Kant III*]. Editorial Gredos, Madrid, 2010.

MANN, T.: *El artista y la sociedad.* Ediciones Guadarrama, Madrid, 1975.

MAO: *Poemas*. Ediciones en Lenguas Extranjeras, Pekín, 1978.

OVIDIO. *Metamorfosis*. Ediciones Cátedra, Madrid, 1995.

PAZ, O.: *Los hijos del limo*. Seix Barral, Barcelona, 1974.

PÍNDARO: *Obras completas* [*Píndaro*]. Ediciones Cátedra, Madrid, 2000.

PLATÓN: *Obras completas*. Aguilar, Madrid, 1979.

- *República*. Editorial Gredos, Madrid, 2011.

PORFIRIO MIRANDA, J.: *Comunismo en la Biblia*. Ediciones Mnemosyne, Madrid, 2024.

RAMAS SAN MIGUEL, C.: *El tiempo perdido*. Arpa Editores, Barcelona, 2024.

ROUSSEAU, J.-J.: *Discurso sobre las ciencias y las artes / Discurso sobre el origen y los fundamentos de la desigualdad entre los hombres / El contrato social* [*Rousseau II*]. Editorial Gredos, Madrid, 2011.

SAINT-JUST, L.-A-: *La libertad pasó como una tormenta. Textos del período de la Revolución Democrática Popular* [*La libertad*]. El Viejo Topo, Barcelona, 2006.

SCHILLER, F.: *Cartas sobre la educación estética del hombre. De lo sublime. Sobre lo sublime*. Editorial Losada, Buenos aires, 2022.

VV. AA.: *Babeuf et les problèmes du babouvisme* [*Babouvisme*]. Éditions Sociales, París, 1963.

ÍNDICE